工业和信息化部"十四五"规划教材

船舶与海洋工程结构物强度

主　编　康　庄

副主编　闫发锁　王　玮　康济川

科学出版社

北　京

内 容 简 介

结构强度是船舶与海洋工程结构物在设计过程中必须要考虑的核心内容之一，直接影响其运营过程中的安全性。本书主要围绕船舶和海洋工程结构物强度的计算分析方法进行论述，主要内容分为船体强度分析(第1~6章)和海洋工程结构物强度分析（第7、8章）两部分。第1章对船舶与海洋工程的结构物强度、船舶与海洋结构设计方法及评估方法的发展进行概述，第2章介绍船舶和海洋工程结构物受到的环境载荷计算分析方法，第3~6章分别介绍船舶总纵强度、局部强度、扭转强度和疲劳计算分析方法，第7章介绍典型浮式海洋工程结构物的强度分析方法，第8章介绍有限元分析方法的应用案例。

本书可作为船舶与海洋工程专业本科生的教材，也可作为船舶和海洋平台设计人员的参考书。

图书在版编目（CIP）数据

船舶与海洋工程结构物强度 / 康庄主编. —北京：科学出版社，2024.3
工业和信息化部"十四五"规划教材
ISBN 978-7-03-076235-1

Ⅰ. ①船… Ⅱ. ①康… Ⅲ. ①船体强度—教材②海上平台—结构强度—教材 Ⅳ. ①U661.43②TE951

中国国家版本馆 CIP 数据核字（2023）第 156892 号

责任编辑：朱晓颖 张丽花 / 责任校对：王 瑞
责任印制：师艳茹 / 封面设计：迷底书装

科 学 出 版 社 出版
北京东黄城根北街 16 号
邮政编码：100717
http://www.sciencep.com
北京建宏印刷有限公司印刷
科学出版社发行 各地新华书店经销
*
2024 年 3 月第 一 版 开本：787×1092 1/16
2024 年 3 月第一次印刷 印张：13 1/4
字数：311 000

定价：69.00 元
（如有印装质量问题，我社负责调换）

前　言

进入 21 世纪以来，海洋在国际政治、经济、军事、科技竞争中的战略地位明显上升。党的十八大提出"建设海洋强国"，十九大进一步作出"坚持陆海统筹，加快建设海洋强国"的战略部署，二十大报告指出"发展海洋经济，保护海洋生态环境，加快建设海洋强国"。海洋资源开发与利用是发展海洋经济、建设海洋强国的核心，船舶与海洋工程是海洋资源开发的重要载体，也是支撑海洋强国建设的重要组成部分。

船舶与各种海洋工程结构物，特别是浮式结构物，长期在海洋上漂浮，时时刻刻受到风浪流等各种海洋环境载荷的作用，因此船舶与海洋工程结构物抵抗外力（载荷）破坏的能力，即结构强度显得尤为重要，直接影响其结构设计方案，因此强度一直是船舶与海洋工程领域的核心关键问题。

随着人类科技的进步，探索海洋已经逐步迈入深远海等未知领域，且为了扩大货物运输量，满足多种作业需求，延长在海上作业的时间，各类船舶与海洋工程结构物有越造越大的趋势，如大型矿砂船已经突破了 40 万吨载重量，各种海洋平台已经迈入水深超 3000m 的海域且排水量超 10 万吨、抗风浪等级也越来越高……这些都给强度问题带来了新的挑战，要求船舶和海洋工程结构物能够在安全有效作业的同时，寻求结构的最优设计。

本书从船舶与海洋工程结构物受到的风浪流等海洋环境载荷分析方法开始，介绍船舶结构强度分析中的核心内容，包括船舶总纵强度、局部强度、扭转强度与疲劳强度的基本分析方法。以典型海洋浮式平台为对象，对海洋工程结构物的基本强度分析方法和流程进行介绍。本书力求将基础理论和工程应用相结合、综述性和专业性相结合、经典知识和最新科技成果相结合，融入了我国在船舶与海洋工程结构物强度领域取得的最新研究成果，将船舶与海洋工程结构物的强度分析方法系统地传递给读者。

本书编写分工如下：第 1 章由康庄和李辉编写，第 2 章由康庄、孙士丽编写，第 3 章由康庄、康济川编写，第 4、5 章由王玮编写，第 6 章由董岩编写，第 7、8 章由康庄、闫发锁编写，康庄统筹全书。

在本书编写过程中得到了哈尔滨工程大学船舶工程学院各位老师的大力支持和帮助，在此表示感谢。在编写过程中引用了一些参考文献，在此对参考文献的作者表示感谢。

由于编者能力有限，若书中存有疏漏之处，恳请专家和读者给予批评和指正。

编　者

2023 年 9 月

目　　录

第1部分　船体强度分析

第 2 部分 海洋工程结构物强度分析

第1部分 船体强度分析

第1章 绪 论

1.1 船舶与海洋工程结构物强度概述

船舶为目前主要的海洋交通运输工具，其结构安全可靠性决定了海上人员和海洋生态环境的安全，引起各国船舶设计和研究工作者的重视。船舶主要由船体、动力设备和航行设备组成，船体由板材和骨架构成。在船舶航行过程中，船体受到的外部载荷极其复杂且不规则，船体承受着船舶的重力、浮力、波浪及其他不同外力的作用，其各层甲板也承受着货物重力和各种惯性力的作用。船舶所受外部载荷不可能是单一的载荷，也不是简单的载荷组合，而是与其装载工况有关，每一组装载工况对应特定的货物压力、舷外水压力等局部载荷和水平弯矩、扭矩等外部载荷。当这些载荷超过船舶结构自身的极限承载能力时，船体结构将会崩溃进而断裂，引起海难事故，不仅会导致巨大的财产损失和生命安全，其泄漏出的燃油和其他危险货物还有可能引起严重的海洋环境污染，造成巨大的生态灾难。在船舶设计和分析上，将船舶结构抵抗船体发生极限变形和损坏的能力称为船舶强度。船体在外力作用下的变形和破坏，有的属于整体性，有的属于局部性，而外力作用的方向也分为纵向和横向两种，因此船舶强度又分为总强度（包括总纵强度、横向强度、扭转强度）和局部强度。

总纵强度指船体结构抵抗纵向弯曲不使整体结构遭受破坏或不允许变形的能力，总纵强度对应的外力是总纵弯曲应力。船体的重力分布沿船舶长度方向不均匀，同时由于船舶艏艉形状尖瘦、中部肥大，各部分排开水的体积不同，所产生的浮力也不同，重力和浮力沿着船长方向分布不均匀，因此产生了总纵弯曲应力。船体产生的总纵弯曲有两种情况：一种是在船体中段发生拱起，而艏艉部下垂，称为"中拱弯曲"；另一种是船体中段下垂，艏艉部上翘，称为"中垂弯曲"，前一状态造成甲板纵向构件受拉，船底纵向构件受压；后一状态则相反。在总纵弯曲时，船体中受压的构件，常因过度受压而产生屈曲，大大降低船体抵抗总纵弯曲的能力。在船体结构中，横梁、肋骨、肋板，以及由它们构成的肋骨框架和横舱壁等都是保证横向强度的主要构件。对船形比较瘦长的水面船舶来说，若船体总纵强度有充分保证，则横向强度也可得到满足。当船体斜向处于波浪中时，船体艏艉部在波浪表面具有不同的倾斜方向；或艏艉载荷置于不同的舷侧时，都会使重力与浮力分布不均匀，引起船体扭转。通常甲板大开口的船只，在设计时须重视扭转强度，而开口较小的船舶扭转强度是有保证的。局部强度指不涉及船体总纵强度的局部结构抵抗外力的能力，几乎包括船体的每一局部结构和构件，如板架强度、舱壁强度、上层建筑强度、炮座加强结构强度等。局部强度不足，在多数情况下仅会导致船体局部结构破坏，但有时局部破坏，也会造成全船断裂。

船体的破坏，事实上是一个渐进的过程，当断面上的一个最弱的构件因屈服、屈曲或者两者的某种组合而不能有效地承担载荷时，将使船体的刚度减小，但由于其他构件仍可以进一步承担载荷，包括失效构件转嫁来的载荷，因此船体仍能继续承载。随着一个又一个构件发生破坏，船体的刚度逐渐减小，直到变形急剧增加而发生崩溃。

据统计，2005～2014 年，全球有超过 1200 艘大型船舶发生海难事故，其中有接近 10% 被认为与船体结构损坏有关。不同类型的船舶对船体结构强度有不同的要求，对于油轮和集装箱船等大型船舶，波浪载荷为其在海洋中航行时遭遇的主要外部载荷，当船舶遭遇到大波高的波浪时，将是对其总纵强度和扭转强度的极大考验。如图 1-1 所示，2002 年 11 月 13 日晚，希腊油轮"威望"号在航行时遭遇大风暴，船体崩溃折断成两截，沉入 3500m 深的海底，2.5 万吨燃油倾泻到海上，沉没油轮中还有 5 万吨燃油一起沉入海底。

图 1-1 "威望"号油轮遭遇风暴折断沉没

除了单个周期波浪海况对船舶结构强度的要求，船舶在连续遭遇多个周期性小波浪时产生的塑性或屈曲等非线性响应累积也会导致船舶结构超过其强度极限，产生崩溃断裂。2013 年 6 月 17 日，在新加坡装载完毕后的日本"舒适"号集装箱船启航前往沙特阿拉伯，在距离沙特阿拉伯的阿曼塞莱拉港 430n mile 处船体中部突然发生断裂，这艘超巴拿马型货轮随即折断为前后两截，然后沉入汪洋大海，如图 1-2 所示。

图 1-2 "舒适"号集装箱船中拱折断沉没

对军舰来说，舰艇在航行和战斗过程中，经常承受周期干扰力或瞬时冲击力，如其他舰船的撞击，火炮发射时的气浪和后坐力，空中、水下爆炸的冲击波压力等，如图 1-3 所示的爆炸冲击试验。这些力会产生全舰或局部的周期或短时振动，造成船体构件的破损。2017 年 8 月 21 日早晨，美国海军伯克级宙斯盾舰"麦凯恩"号（DDG-56）在马六甲海峡被撞，事故造成 10 名舰员失踪，5 人受伤，但军舰受损较轻，只在船侧中部位置造成了局部结构损坏，如图 1-4 所示。类似的事件也曾发生在新加坡军舰上，但造成的损伤却远大于"麦凯恩"号事件。如图 1-5 所示，2003 年 1 月 3 日，在白礁岛西北 0.8n mile 处，新加坡海军"刚勇"号反潜艇在执行任务过程中与荷兰注册的一艘集装箱船"印度尼西亚"号撞击，事故造成多人死亡失踪，并且"刚勇"号受损严重，接近报废程度。

图 1-3 航空母舰服役前的爆炸冲击试验

图 1-4 撞击造成"麦凯恩"号局部结构受损

图 1-5 "刚勇"号艉部结构受损严重

随着船舶建造、使用经验的积累，船体强度理论在 20 世纪初开始形成，并在此后的几十年间获得了很大进展，其内容包括分析外力、研究结构应力和破损模式、制定强度衡量标准、提出校核计算方法等。对于新设计的船舶，按船体强度的要求进行结构设计，合理确定其结构形式和构件尺寸；对于正在运营的船舶，也可依据相应的强度衡量标准，进行船体强度校核，检查其是否满足规定的强度要求，以保证运营过程中的安全。因此在船舶结构设计中，引入船舶设计的一个必需且重要的安全指数——极限强度。其中，船体极限承载能力的确定至关重要，在船体极限强度的评估过程中，船体在垂向弯矩作用下的总纵极限强度通常被当作船体的最大承载能力。除此之外，对于带有甲板大开口的集装箱船，甲板结构特殊导致其扭转强度相对较小，因此对此类船舶进行扭转极限强度分析也是十分必要的。

船舶极限强度概念自提出以来，就一直受到众多学者的密切关注。根据极限强度的概念，当外部载荷超过极限承载能力时，船体会发生崩溃破坏。

船舶结构在设计过程中通常都会保证设计时的结构强度满足一定的安全裕度，即船舶在运营过程中所承受的实际海况载荷必须小于其设计载荷，从而保证船舶结构的设计强度能够满足安全使用的要求。当船舶在恶劣海况下航行时，常常遭遇迎浪和斜浪的联合作用，此时船舶受到的水平弯矩和扭矩将接近甚至超过垂向弯矩，因此，在船舶结构设计阶段评估船体梁在垂向弯矩、水平弯矩及扭矩联合作用下的极限强度非常必要。

各类海洋工程结构物是人类开发利用海洋资源的载体，目前最常见的海洋工程结构物是海洋油气资源开发平台。在海洋油气资源的开发中，海洋平台为海上作业和生活提供场所，承担一切设施设备和人员载荷，同时要抵御恶劣的海洋环境作用，保证作业安全。随着海洋石油事业的不断发展，各类适用于不同水深和环境条件的海洋平台应运而生，主要可以分为固定式平台和浮式平台两类，其中固定式平台包括导管架平台（Jacket Platform）、重力式平台（Concrete Platform）、坐底式平台（Bottom-supported Platform）和自升式平台（Jack-up Platform），而浮式平台则包括顺应式平台（Compliant Platform）、半潜式平台（Semi-submersible Platform）、张力腿平台（Tension Leg Platform）、单柱式平台（Spar）和浮式生产储油轮（Floating Production Storage and Offloading）等。各类深海海洋平台系统如图 1-6 所示。

图 1-6 各类深海海洋平台系统示意图

虽然从外观上来看，各类海洋平台和船舶存在明显差异，但是这些平台和船舶的结构一样，都是板梁结构，因此海洋平台的结构强度分析和船舶相比，基本分析原理、分析方法类似，但对于不同的平台又存在特殊性，所以在本书中关于海洋平台的结构强度部分将重点讲述其特殊性。

1.2 船舶与海洋工程结构设计方法

船舶与海洋工程结构在服役过程中会遭受由环境和操作引起的各种类型的载荷和载荷效应。结构设计者的首要任务是使设计的结构在预期寿命周期内能够承受指定的操作和环境引起的载荷和载荷效应。需要注意的是，结构的载荷效应或者最大承载能力受到各种因素的影响，这些因素本质上具有不确定性。例如，研究表明如果没有特殊的质量控制，中碳钢屈服应力的变化范围达到 10%。工程上，为了考虑这些不确定性的影响，一般采用以下的结构设计方法。

1.2.1 许用应力法

在许用应力法设计中，重点是将设计载荷导致的工作应力保持在一定的许用应力水平下。许用应力法设计的准则通常为

$$\sigma \leqslant \sigma_{a}$$

式中，σ 是工作应力；σ_{a} 是许用应力。

在行业实践中，监管机构或船级社通常将许用应力的值指定为一定比例的材料机械属性（如屈服强度）：

$$\sigma_{a} = \frac{\sigma_{y}}{n}$$

式中，σ_y 是材料的屈服强度；n 是安全系数。

以上两式就是所谓的"许用应力法"。其中，安全系数根据以往经验确定。在最初的结构设计规范中，安全系数由最有经验的工程师确定，供所有设计者使用。当材料或构件的强度不确定性高的时候，会使用高的安全系数来保证结构的安全性。安全系数也可以由后面将要介绍的极限状态法的分项安全系数合并，或者由概率方法校准得到。

许用应力法的优点是简单方便，但是该方法并没有显式地考虑各个因素的不确定性。一个安全系数不能覆盖所有的设计因素的不确定性，无法设计一个可靠性水平一致的结构。此外，该方法建立在弹性理论基础上，不考虑材料、几何非线性的影响，忽视了结构的实际承载能力。

1.2.2　极限状态法

在过去的几十年中，对结构的设计已经从许用应力设计转向极限状态设计。与许用应力设计不同，极限状态设计明确地考虑了结构可能失效的各种情况，可以使得结构设计更加严格和经济。极限状态定义为特定结构构件或整个结构不能执行事先设计的功能状态，从结构设计的角度来看，四种极限状态与结构相关：

（1）正常服役极限状态（Serviceability Limit State）；

（2）强度极限状态（Ultimate Limit State）；

（3）疲劳极限状态（Fatigue Limit State）；

（4）事故极限状态（Accidental Limit States）。

正常服役极限状态涉及常规功能恶化，包括以下三点：

① 局部损伤降低了结构的耐久性或影响结构/非结构单元的有效性；

② 不可接受的变形影响了结构/非结构单元的有效使用或设备的功能；

③ 过度的振动或噪声会导致人体不适，影响设备的正常运行。

强度极限状态导致结构崩溃，包括以下三点：

① 被认为是刚体的部分或整体结构力学平衡的丧失（如翻转或倾覆）；

② 结构区域、构件或连接部位的大范围的屈服或断裂，达到最大的抵抗能力；

③ 部分或整体结构的失稳，如板、加强板和支撑构件的屈曲。

疲劳极限状态表示在应力集中和循环载荷作用下的损伤累积或裂纹扩展。

事故极限状态表示事故造成的结构损坏，如碰撞、搁浅、爆炸和火灾等。

基于极限状态的结构设计一般采用如下的关系式：

$$S_d \leqslant R_d$$

式中，S_d 是设计载荷，$S_d = S_k \cdot \gamma_f$；R_d 是设计强度，$R_d = R_k / \gamma_m$；S_k 是特征载荷，R_k 是特征强度，γ_f 是载荷系数，γ_m 是材料系数。特征载荷或特征强度代表相应随机变量的概率密度曲线下的面积百分比，即一定超越概率对应的载荷或强度值。例如，通常特征载荷取5%超越概率值，如图 1-7 所示，而特征强度取 95%超越概率值。

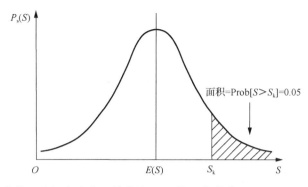

图 1-7 载荷 S 的概率密度函数曲线 P_s 和特征载荷值 S_k（5%超越概率值）

图 1-8 描述了设计载荷和强度与特征载荷和强度之间的关系。可见，设计载荷大于特征载荷，而设计强度小于特征强度，意味着载荷系数和材料系数都大于 1。以上设计格式中只涉及一个载荷成分，而实际结构分析中可能涉及多个载荷成分，因此 $S_d = \sum S_k \cdot \gamma_f$。

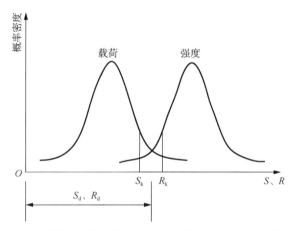

图 1-8 设计载荷和强度与特征载荷和强度之间的关系

上面描述的设计称为载荷抗力系数设计（Load Resistance Factor Design，LRFD），其中载荷系数或材料系数称为分项安全系数或偏安全系数。分项安全系数依赖于计算载荷或强度方法的准确性、概率模型、测量数据和以往经验，往往是通过概率方法校准得到的，可在相应设计规范中查到。

1.2.3 概率方法

概率方法即可靠性方法，将多个基本变量作为随机变量以概率方式处理，其中每个随机变量由相应的具有均值和标准差的概率密度函数来表征，用随机变量来表示不确定性。船舶与海洋工程结构物分析中的不确定性可以分为三类：固有不确定性、模型不确定性和统计不确定性。固有不确定性是由环境作用和材料特性的自然变化引起的。模型不确定性来自于对各种现象不完全认识，以及分析模型的理想化和简单化，导致模型预测值的偏差和离散。统计不确定性是由建立某一物理量的概率模型时观测样本数据有限导致的，用数量有限的不同组样本数据得到的概率模型分布参数不同。

　　结构构件可以分为安全和失效两种状态，两种状态之间的分界线（面）称为极限状态。若考虑最简单的载荷强度问题，不同的状态可以表示为

$$g(\boldsymbol{Z}) = R - S, \begin{cases} g(\boldsymbol{Z}) < 0, & \text{失效状态} \\ g(\boldsymbol{Z}) > 0, & \text{安全状态} \\ g(\boldsymbol{Z}) = 0, & \text{极限状态} \end{cases}$$

式中，$g(\boldsymbol{Z})$ 为极限状态函数；R 和 S 表示强度和载荷的随机变量；$\boldsymbol{Z} = [R, S]^{\mathrm{T}}$ 是由基本随机变量组成的随机矢量。在 R-S 坐标系中，$g(\boldsymbol{Z}) = 0$ 代表了一条直线，将整个坐标系分成两个区域，分别为安全区和失效区，如图 1-9 所示。

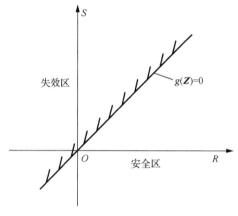

图 1-9　失效区和安全区

　　若已知 R 和 S 的联合概率密度分布函数 $f_z(\boldsymbol{Z})$，那么结构的失效概率的计算为

$$P_{\mathrm{f}} = P[g(\boldsymbol{Z}) \leqslant 0] = \int_{g(\boldsymbol{Z}) \leqslant 0} f_z(\boldsymbol{Z}) \mathrm{d}\boldsymbol{Z}$$

结构可靠度为

$$R = 1 - P_{\mathrm{f}} = P[g(\boldsymbol{Z}) > 0]$$

　　通过数值积分计算结构失效概率只适用于很有限的一些简单问题。如果极限状态函数是涉及多个随机变量的复杂函数，那么数值积分将变得十分困难，不仅是因为联合概率密度函数难以确定，还因为需要进行多重积分。为了解决积分困难的问题，提出了一系列的近似方法计算失效概率，如一阶可靠性方法（First Order Reliability Method，FORM）、二阶可靠性方法（Second Order Reliability Method，SORM）、蒙特卡罗法（Monte Carlo Method，MCM）等，在实际工程中得到大量应用。

　　基于概率方法的设计通常有以下步骤：

（1）目标可靠性的定义；

（2）确定结构所有不利的失效模式；

（3）确定（2）项中每种失效模式的极限状态函数的表达式；

（4）确定极限状态函数中随机变量的概率特征（均值、方差、概率密度分布）；

（5）对于结构的每种失效模式计算极限状态下的可靠性；

（6）评估预测的可靠性是否大于目标可靠性；

（7）若（6）项中为否，则重新设计结构；

（8）参数敏感性分析。

目标可靠性或所需的结构可靠性水平可能因行业而异，取决于各种因素，如失效的类型、后果的严重性、公众和媒体的敏感性等。一般由管理机构、船级社或行业根据已有的经验或者已有的设计规范确定一个合理值，也可以通过最小化结构服役期内的预期总成本来确定目标可靠性。

1.3　结构强度评估方法的发展

船舶与海洋平台是非常复杂的海上工程建筑，其特点是技术复杂、投资较大、服役期较长，与国防建设、资源开发、国民经济等许多方面有着密切的关系。结构强度评估方法是研究船舶与海洋平台结构安全的科学，结构的安全性是指结构能够承受在正常施工和使用时可能出现的各种载荷或载荷效应，并在偶然事件发生时及发生后，仍能保持必须的整体稳定性。此外，结构在正常使用时，还必须适合运营的要求，并在正常维护保养条件下具有足够的耐久性。船舶与海洋工程结构强度评估目前主要有规范方法和直接计算方法。

1.3.1　规范方法

规范是以往船舶设计、建造和运营实践的经验总结，反映了成功的使用经验，是直接用来选取船体材料尺寸的指南。另外，规范也逐渐运用了船舶强度理论，具有一定的理论依据，但它并不是依照基本原理进行结构设计的手册。规范反映了从现有的各种船型所得的某些参数范围的经验，其中的重要参数包括长深比、深宽比、吃水与船长比。过去的规范一般以一艘或多艘假定的标准船为基础；后来的规范仍然以某些重要特性，如尺度比、材料性能及几何形状的标准极限值为基础。因此，给定的一套规范不能合理地适用于这些限度以外的船。

规范是由经验方法发展起来的，在通过研究和试验取得了更精确的载荷和外力计算方法后，规范就要进行相应的修订。通过对船级社规范持续不断的改进，已使基于规范进行船舶结构设计时更趋于安全。

船级社规范要在技术委员会审议批准后才能颁布，技术委员会是造船和有关工业的全权代表，这就保证了规范按照今天的标准来看还具有实用性和适合性。因为船级社对航运组织很有帮助，所以它们的影响在不断扩大，并且越来越重要。

1．规范的发展

1）船舶规范的发展

18 世纪 40 年代以前，船舶结构主要凭设计者的经验进行设计，由于缺乏科学性，造成了巨大的损失。

第一部规范是英国劳氏船级社（Lloyd's Register of Shipping，LR）于 1834 年根据吨位

颁布的木船入级规范，1855 年颁布了它的第一部铁船入级规范，1870 年颁布了新的钢质船入级规范，根据铁船的主尺度数值来计算船体构件尺寸，1885 年颁布了铁船和钢船入级规范，许多年来该规范被定为英国载重线规范的法定强度标准。

美国造船协会（1898 年改名为美国验船局）第一部木制船舶检验与入级规范发布于1870 年，在 1877 年和 1890 年又分别发布了铁质和钢质船舶检验与入级规范。

1916 年，英国劳氏船级社规范做了全面的修订，广泛采用简单的公式来计算诸如舱内肋骨、横梁、纵桁及舱壁扶强材这类构件的尺寸。这部规范有明显的优点，即设计者能够容易地估算吃水、肋距等变化的影响。美国验船局在 1916 年改组后采用了这部规范，并且做了某些修改以适应美国的习惯。此外，意大利船级社和日本海事协会也采用了这部规范。

在 2000 年以前，各船级社的规范都是相对独立的，各自构建了针对不同船型的结构规范和指南。由于规范技术体系十分庞杂，各船级社规范又有所不同，因此这种自成体系的船舶规范给设计者的实际应用带来了挑战。2000 年，英国劳氏船级社（LR）、美国船级社（American Bureau of Shipping，ABS）和挪威船级社（Det Norske Veritas，DNV）三家船级社（简称 LAN）达成一致意见，为提高船舶安全性，进行油船的共同结构规范研究，主要内容是建立一套适用于 150m 及以上的双壳油船的共同规范。2003 年，这一计划被国际船级社协会（International Association of Classification Societies，IACS）接受，成立了 JTP（Join Tanker Project）项目组。与此对应，当时的另外七家船级社成立了 JBP（Joint Bulker Project）联合项目组，制定散货船共同规范草案并征求意见。经 IACS 理事会批准，为满足工业界对船舶"坚固、耐用"的需求，IACS 于 2006 年 1 月 1 日出版了《双壳油船共同结构规范》和《散货船结构共同规范》，其生效日期为 2006 年 4 月 1 日。

为了解决共同结构规范中的应用维护问题和不协调问题，满足工业界和船东的需求，IACS 将《双壳油船共同结构规范》和《散货船结构共同规范》合二为一，编制了一本《协调共同结构规范》（Harmonized Common Structural Rules，HCSR），于 2015 年 7 月 1 日正式生效。

2）海洋工程规范的发展

在海洋平台规范方面，美国石油协会是最早制定相关规范的机构。美国石油协会（American Petroleum Institute，API）成立于 1919 年，是一个标准制定组织，是召集各部门专家建立、维护和发布石油和天然气行业通用标准的全球领导者。在其第一个 100 年中，API 制定了 700 多个标准，以提高整个行业的运行安全性、环境保护性和可持续性。自 1924 年以来，美国石油协会一直是建立和维护全球石油和天然气行业标准的主要机构。

美国船级社和挪威船级社是海洋工程领域制定规范较早且技术体系比较全面的船级社。两个船级社分别在 1968 年和 1976 年颁布了海洋工程方面的规范，并凭借其积累的经验和技术能力开发并推出了针对油气业的验证、检验和风险管理的服务体系。

中国船级社（China Classification Society，CCS）近 40 年来一直致力于海洋工程规范体系的研发和持续完善。通过参与海上移动平台、浮式装置和固定设施等海工装备的工程开发，CCS 开展了针对设计、建造和检验关键技术的研究工作，不断积累经验、集成创新，建立了完整的海洋工程入级规范体系，为我国海洋工程的自主设计、建造和安全运营提供了强有力的规范技术保障。

2. 规范技术体系

船舶与海洋工程的规范体系十分庞杂，以往各船级社针对不同的船型、海洋平台都有各自的规范，每套规范的内容都具有各自的技术特点。但从整体上讲，每一套强度规范又都遵循一个统一的原则，即都包含载荷、结构分析和校核衡准三大部分。

规范的目标是建立船级最小要求以减小主要船体结构失效的风险，以提高生命、环境和财产的安全性和船体结构在船舶设计寿命内的耐久性。船舶规范中给出了各船型结构强度评估和设计要求。例如，CCS《钢质海船入级规范》（2021）第九篇——散货船和油船结构（CSR）中关于船体结构的规定包括以下几点。

（1）载荷：给出了用于强度评估与疲劳评估的设计载荷，包括船体梁载荷与船体内、外部载荷。

（2）船体梁强度：给出了船体梁强度评估方法，包括船体梁屈服强度、极限强度和残存强度。

（3）船体局部尺寸：给出了船体局部结构最小尺寸要求，包括板、骨材和支撑构件。

（4）直接强度分析：给出了采用有限元方法进行船体结构强度评估的方法，包括舱段和局部结构的建模方法、分析流程及强度衡准。

（5）屈曲：给出了用于船体结构屈曲和极限强度评估的强度衡准，这些衡准适用于船体局部尺寸和直接强度分析的相关规定。

（6）疲劳：给出了船舶结构细节疲劳强度评估方法，包括简化方法和有限元方法。

（7）其他结构：给出了船体特殊结构的设计和强度评估方法。

（8）上层建筑、甲板室：给出了上层建筑、甲板室结构的设计和强度评估方法。

规范要求船舶应设计为：能在完整条件下，针对恰当的装载工况，承受设计寿命中预期的环境条件。首先满足屈服和屈曲强度的要求。极限强度计算应包括船体梁极限能力和板、骨材极限强度的计算。船长 L 为 150m 及以上的船舶应设计为具有足够的储备强度以承受破损条件下的载荷，如碰撞、搁浅或进水。残存强度计算应考虑到永久变形和后屈曲的船体梁极限储备能力。货舱区域内的构件尺寸应根据直接强度分析要求进行评估。船体结构的细节设计要进行疲劳寿命评估。

海洋平台结构规范中对于平台结构设计与强度评估的技术体系与船舶结构规范相似，但也有所不同。海洋平台规范首先给出了环境载荷的计算方法，包括风载荷、波浪载荷、流载荷、甲板载荷以及涡激振动载荷等；其次给出了结构设计通则，包括构件尺寸要求、结构分析方法、结构强度（包括屈服、屈曲和疲劳强度）校核方法、节点连接强度和细部设计方法、局部加强和井架结构强度校核方法；最后考虑到不同平台（包括自升式平台、柱稳式平台、坐底式平台、水面式平台、坐底箱形平台等）结构与作业特点，给出了各类平台具有特殊性的结构强度评估方法。

1.3.2 直接计算方法

近年来，随着各类新型船舶与海洋平台不断涌现，新的结构形式和材料在船舶结构设计中得到应用，传统的船舶结构设计和分析方法已难以适用，亟须找到一种更为准确、合理的结构强度评估方法。

　　船舶结构强度直接计算方法是随着结构有限元分析方法和波浪载荷理论预报方法的发展建立起来的。如图 1-10 所示，结构有限元分析方法将船体结构离散为能够模拟船体结构的微观细节的有限个单元，可准确求出各个构件或区域的变形与应力。波浪载荷理论预报方法能够根据船舶与海洋平台的实际航行或工作海况，考虑船舶与平台的船型特点，对波浪载荷进行准确的预报。将两种方法结合起来形成的直接计算方法是目前船体强度分析中能够体现使用环境和结构特点的一种先进的结构分析方法。

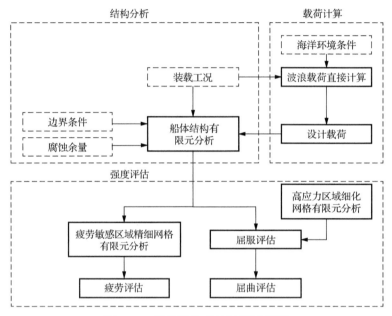

图 1-10　船体结构直接计算流程图

　　直接计算方法首先对船舶工作环境进行分析，得到作用于船体上的载荷，进而对结构进行建模分析，得到在各个工作状态下结构的内力状态，最后依据安全衡准判断结构是否安全。

　　直接计算方法的主要内容包括以下几点。

　　（1）环境载荷计算。依据相关理论方法计算不同校核工况下的船体静水载荷、波浪载荷、惯性载荷、货物载荷等。

　　（2）结构响应分析。采用有限元方法建立结构总体或局部模型，合理设定模型的腐蚀余量、边界条件等，将环境载荷施加于结构模型，通过计算得到结构的应力应变响应。

　　（3）屈服强度、屈曲强度校核。从完成计算分析的结构模型中提取应力、变形等计算结果并进行进一步的处理，将其与安全衡准对比，对结构的屈服强度、屈曲强度进行校核。

　　（4）极限强度校核。通过简化逐步破坏法（Smith 方法）或非线性有限元方法计算船体梁或局部结构的极限承载能力，基于直接计算得到极限状态下的环境载荷，将极限承载能力与极限载荷进行比较，并考虑一定的安全裕度，实现对结构极限强度的校核。

　　（5）疲劳强度校核。由直接计算得到各海况下的疲劳载荷，船舶在波浪中的运动响应及载荷响应由线性理论得到。由结构有限元分析得到应力响应和应力范围，将每个短期分布用瑞利分布表示，统计参数（方差）由谱分析法得到。总疲劳损伤是各短期疲劳损伤的组合，各短期疲劳损伤由分段连续模型得到。

1.3.3 发展趋势

随着世界航运业与海洋资源开发利用的不断发展，船舶与海洋平台的类型正在不断丰富，在船型、尺度、建造材料和使用环境等方面都和传统的船舶与海洋平台有一定的差异。为了保证各类船舶与海洋平台能够在复杂的海洋环境下具有足够的结构强度，我们对现有的船舶与海洋工程结构物强度评估方法提出了更高的要求。

在船舶与海洋平台规范方面，基于目标的船舶建造标准（Goal-based Standards, GBS）将被引入到规范体系。GBS 是基于风险评估的新船建造标准，该标准只设定目标，而没有强制规定符合标准的方法，同时允许使用经主管机关认可的替代方式实现设定目标。GBS在技术层面可以解决各船级社规范相对分散、技术水平参差不齐的问题，以及基于经验的船级社传统规范体系不能满足现代船舶设计建造要求的问题。

降低碳排放、发展绿色船舶是当今船舶行业发展的一个重要趋势。在开发绿色船舶的过程中，首先需要在保证船体结构安全的前提下尽可能实现船体轻量化设计。这就需要船舶波浪载荷预报与结构分析达到更加准确和精细化的程度，因此船舶结构强度直接计算方法的计算精度将会进一步提升，并且在结构设计中得到更为广泛的应用。

随着船舶与海洋平台结构安全监测系统在实船上的应用趋于成熟，实船测试数据将为评价船舶结构设计的合理性提供更为可靠的依据，并为提升船舶结构强度评估的准确性提供更切合实际的参考。

在未来的船舶设计中，结构设计与强度计算将进一步融合，更多新的载荷计算和结构分析方法将被引入到结构设计中。

习 题

1. 海洋平台结构规范中对于平台结构设计与强度评估的技术体系和船舶结构规范有何不同？其原因是什么？
2. 相较于规范方法，船舶结构强度直接计算方法的优点和缺点是什么？
3. 船舶与海洋平台结构强度校核一般包括哪些内容？

第2章 船舶与海洋工程结构物环境载荷

在研究船舶与海洋工程结构物的设计方法及制造过程中，环境载荷对保障设计结构的安全性至关重要，需要重点考虑。船舶与海洋工程结构物所遭受的环境载荷包括静水载荷、波浪载荷、风载荷、流载荷、冰载荷等。哈尔滨工程大学在船舶与海洋工程结构物波浪载荷方面的研究始于20世纪70年代末，结合船体结构强度理论，建立了"环境载荷与结构强度"学科方向，经过多年发展，已形成哈尔滨工程大学船舶与海洋工程学科的一个优势学科方向。本章重点介绍船舶静水载荷和波浪载荷的计算分析方法，计算结果可为船舶总纵强度、局部强度等强度校核提供输入。具体内容包括以下四点：

（1）静水载荷计算规范；

（2）波浪载荷计算方法；

（3）其他环境载荷；

（4）载荷计算分析软件。

2.1 静 水 载 荷

本节讨论船舶纵向总强度的外力计算。为了便于理解波浪中航行状态的船舶外力计算，首先讲述静水漂浮状态（静力问题）外力计算。船舶在静水中处于平衡状态（浮态）时，对于整个船体来讲，重力和浮力是相互平衡的，但对于船体某一段来讲，则不一定相互平衡，因此将产生垂向的静水剪力和弯矩，静水剪力与弯矩是使船体发生总纵弯曲的重要载荷成分。

进行船体静水剪力与弯矩计算时，通常将船体简化为自由-自由梁（边界条件：两端处剪力、弯矩均为零）模型，承受垂向载荷，选取坐标系如图2-1所示。

图2-1 船体坐标系

2.1.1　重量分布

船舶在某一装载状态下，全船的重量按船长的分布曲线称为重量曲线。在绘制重量曲线前，必须有船体各项重量、重心位置及分布范围的相应资料。若根据这些资料，对每一项重量进行精确详细的分布，将使重量曲线计算工作变得十分烦琐。因此，实际上通常将船舶重量按 20 个理论站距分布（民船理论站号从船艉至船艏，军船则是从船艏至船艉），用每段理论站距间的重量作出的阶梯形曲线，并以此来代替重量曲线，如图 2-2 所示。作阶梯形重量曲线时，应遵守以下重量分配原则：

（1）每一项重量的大小不变；

（2）每一项重量的重心沿船长方向的位置不变；

（3）重量分布范围与实际分布情形大体一致。

在每一理论站内的重量分布看作均匀分布的，在其分布范围内，曲线下的面积应等于其重量。

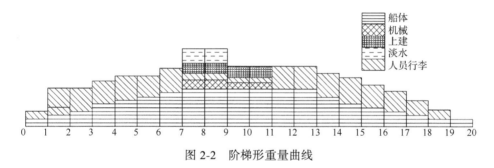

图 2-2　阶梯形重量曲线

虽然这样的分布方法与实际情况是有出入的，但它对静水弯矩和剪力所引起的误差却是很小的。

在绘制船体重量曲线时，通常将船体重量分为全船性重量和局部性重量，然后分别进行处理。

（1）全船性重量：大体沿船体梁全长分布的重量，包括船舶主体结构、油漆、索具等各项重量。

（2）局部性重量：沿船长的局部范围内分布的重量，包括货物、机械、设备、弹药、燃料、淡水、船员及供应品等各项重量。

绘制重量曲线的步骤如下：

（1）依据重量的分配原则，将每一项重量分别在各站距内均布。

（2）将同一站距内的各项重量相叠加。

1．全船性重量的处理方法

船体的重量通常是由空船重量和货物重量共同组成的，可以用空船重量曲线和货物重量曲线组成各种给定装载状态下的船体重量曲线。空船重量是最基本的全船性重量，一般有以下几种处理方法。

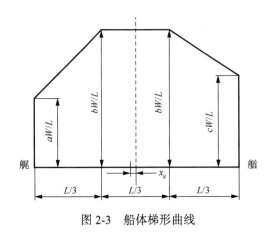

图 2-3　船体梯形曲线

1）梯形法

因为大多数船舶往往是中间肥、两端尖瘦，所以可以把船体和舾装的重量近似地用图 2-3 所示的梯形曲线来表示。

根据梯形面积等于船体和舾装的重量，以及面积形心的纵向坐标与重心的纵向坐标一致的条件，可求得梯形形状参数 a、b、c。各参数之间具有下列关系：

$$\begin{cases} 4b+a+c=6 \\ a-c=\dfrac{108}{7}\cdot\dfrac{x_g}{L} \end{cases} \tag{2-1}$$

式中，x_g 为船体重心与船舯的距离（舯后为正），m；L 为船长，m。

根据统计资料，对于瘦型船舶，$b=1.195$，于是由式（2-1）可求得

$$\begin{cases} a=0.61+\dfrac{54}{7}\cdot\dfrac{x_g}{L} \\ c=0.61-\dfrac{54}{7}\cdot\dfrac{x_g}{L} \end{cases} \tag{2-2}$$

对于肥型船舶，$b=1.174$，则

$$\begin{cases} a=0.652+\dfrac{54}{7}\cdot\dfrac{x_g}{L} \\ c=0.652-\dfrac{54}{7}\cdot\dfrac{x_g}{L} \end{cases} \tag{2-3}$$

2）围长法

围长法假设船体结构单位长度重量与该剖面围长成比例。这种方法适用于计算船主体结构重量的分布。如船体结构中的纵向连续构件：甲板板、外板、内底板、龙骨、纵桁以及横向的肋骨、肋板、横梁等的总重量，可以按与剖面围长（包括甲板）成比例分布。设距舯垂线 x 剖面处的单位长度的重量为 $w(x)$，即

$$w(x)=\frac{W_h\cdot l(x)}{A}\quad\text{(tf/m)} \tag{2-4}$$

式中，W_h 为船舶主体结构重量的总和，tf（1tf=9.80665×10³N）；$l(x)$ 为 x 剖面处的围长，m；A 为船体全表面积，m²。

3）抛物线法

假定船体和舾装构成的重量曲线，可用抛物线和矩形之和来表示，如图 2-4 所示。这种分布曲线适用于无平行中体的船型。作重量曲线时，将船体和舾装总重量的一半均匀分

布；另一半按抛物线分布，则距船舯 x 处的单位长度的重量按式（2-5）计算：

$$w(x) = \frac{W}{2l}\left\{0.5 + 0.75\left[1 - \left(\frac{x}{l}\right)^2\right]\right\} \quad (\text{tf/m}) \qquad (2\text{-}5)$$

式中，W 为船体和舾装的重量总和，tf；l 为船长的一半，m。

由式（2-5）求得的重量曲线可知，艏艉是对称的。但一般船体重心并不在船舯，所以必须对上述重量曲线进行修正。修正方法如图 2-4 所示，假定船体重心在船后 x_g 处，取 $OA = \frac{2}{5}W_0\left(W_0 = \frac{3W}{8l}\right)$，将 A 点沿水平方向移动到 B 点，令 $AB = 2x_g$，从抛物线顶点 D 沿水平方向作直线，并与 OB 延长线交于 D'，则 D' 点即为修正后重量曲线的顶点。由 PP' 线上其他各点作 OB 的平行线，并与由抛物线上相应顶点所作的水平线相交，由交点连成的曲线即为修正后的重量曲线。因为新抛物线下的面积形心在船后 $2x_g$ 处，所以整个图形的形心在船后 x_g 处。

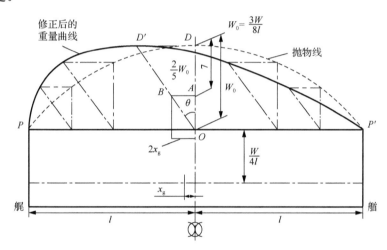

图 2-4　重量曲线修正图

2．局部性重量的处理方法

1）分布在两个理论站距内的重量

局部性重量为 P，其重心与第 i 站的距离为 a，如图 2-5 所示。在处理这种重量分布时，可将重量 P 等效为在两个理论站距内的重量 P_1 和 P_2。P_1 和 P_2 应满足以下条件：

$$\begin{cases} P_1 + P_2 = P \\ \dfrac{1}{2}(P_1 - P_2)\cdot\Delta L = P\cdot a \end{cases} \qquad (2\text{-}6)$$

由此可得

$$\begin{cases} P_1 = P\left(0.5 + \dfrac{a}{\Delta L}\right) \\ P_2 = P\left(0.5 - \dfrac{a}{\Delta L}\right) \end{cases} \qquad (2\text{-}7)$$

将 P_1 和 P_2 除以站距 ΔL，即可得到将该重量分配到两个理论站距内的重量集度。

2）分布在三个理论站距内的重量

根据静力等效原则，只能列出两个平衡方程，无法求解出所需的三个未知数。在此情况下，一般是按照图 2-6 所示的两种情形进行分配。

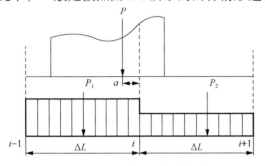 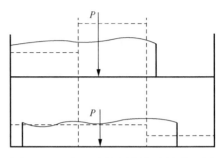

图 2-5　两个理论站距内的重量处理图　　　　图 2-6　三个理论站距内的重量处理图

3）艏艉理论站外的重量

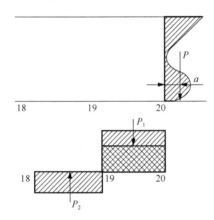

图 2-7　艏艉理论站外的重量处理图

有些船舶在艏艉垂线之外，有相当长的延伸部分，且该部分重量可能超过空船重量的 1%。对于这一类重量应按图 2-7 所示方法进行处理。把艏艉垂线之外的重量移到相邻的两个理论分段内，但不改变船舶重心的纵向坐标，则不致引起船中部弯矩的变化。根据平衡条件得

$$\begin{cases} P_1 = P\left(1.5 + \dfrac{a}{\Delta L}\right) \\[2mm] P_2 = P\left(0.5 - \dfrac{a}{\Delta L}\right) \end{cases} \quad (2\text{-}8)$$

式中，a 为重心与端点站的距离。

随着船舶设计方法和设计工具的改进，目前很多船舶设计软件在完成船舶的设计之后，能够直接按照肋距给出船体的重量曲线，计算结果较为精确。但在船舶初步设计阶段，本书所介绍的几种方法仍然适用，然而为了使结果更加准确，应对上述方法进行修正。

例 2-1　试根据静力等效原则，分别将如图 2-8 及图 2-9 所示的局部重量在相应的理论分段内均布。

（1）均布重量，其重量集度为 q_0，分布长度为 b，重心位置以距离 a 表示。

（2）梯形分布重量，三剖面处的分布集度分别为 a、b 和 c。

解：

（1）由平衡条件可知

$$\begin{cases} (q_1 + q_2) \cdot \Delta L = q_0 b \\[2mm] -q_1 \cdot \dfrac{\Delta L}{2} + q_2 \cdot \dfrac{\Delta L}{2} = q_0 b a \end{cases} \quad \text{由此可得} \begin{cases} q_1 = q_0 b \left(\dfrac{\Delta L}{2} - a\right) \Big/ \Delta L^2 \\[2mm] q_2 = q_0 b \left(\dfrac{\Delta L}{2} + a\right) \Big/ \Delta L^2 \end{cases} \text{，示意图如图 2-10 所示。}$$

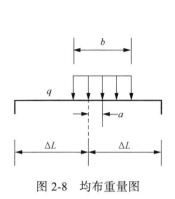

图 2-8　均布重量图

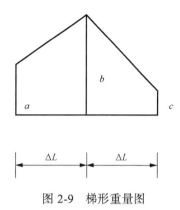

图 2-9　梯形重量图

（2）由平衡条件可知

$$\begin{cases} (q_1+q_2)\cdot\Delta L = b\cdot 2\Delta L - \dfrac{b-a}{2}\Delta L - \dfrac{b-c}{2}\Delta L \\ -q_1\cdot\dfrac{\Delta L^2}{2}+q_2\cdot\dfrac{\Delta L^2}{2} = 0+\dfrac{b-a}{2}\Delta L\cdot\dfrac{2}{3}\Delta L - \dfrac{b-c}{2}\Delta L\cdot\dfrac{2}{3}\Delta L \end{cases}$$

由此可得

$$\begin{cases} q_1 = \dfrac{1}{12}(6b+7a-c) \\ q_2 = \dfrac{1}{12}(6b+7c-a) \end{cases}$$

示意图如图 2-11 所示。

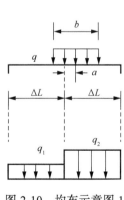

图 2-10　均布示意图 1

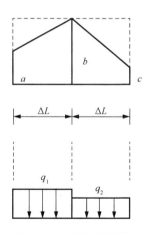

图 2-11　均布示意图 2

2.1.2　浮力曲线

　　船舶在某一装载状态下，浮力沿船长分布状况的曲线称为浮力曲线。浮力曲线下的面积等于作用在船体上的浮力；面积形心的纵向坐标即为浮心纵向位置。图 2-12 表示水线为 WL 和 $W'L'$ 时，根据邦戎曲线求浮力曲线的方法。

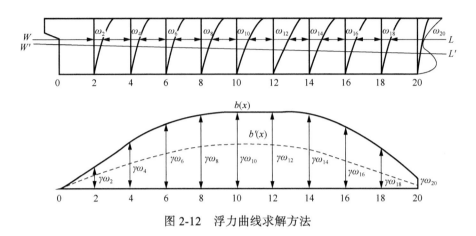

图 2-12 浮力曲线求解方法

1．平衡水线位置确定原理和方法

利用邦戎曲线求船舶在某一浮态下的浮力曲线时，关键问题是确定当时船舶的实际平衡位置。通常可根据浮力与重力相平衡的条件（2 个平衡方程），采用逐步近似法调整"顺差"来确定船舶在静水中的平衡位置。

采用逐步近似法的理论依据是等容倾斜原理，如图 2-13 所示，图中参数有：稳心 M、漂心 F、重心 G、平衡水线 WL 及浮心 B 的变化位置 B'。船体绕漂心 F（水线面的形心）旋转任意角 $\psi\left(\psi \approx \tan\psi \approx \dfrac{x_g - x_b}{R}\right)$，其排水体积保持不变。

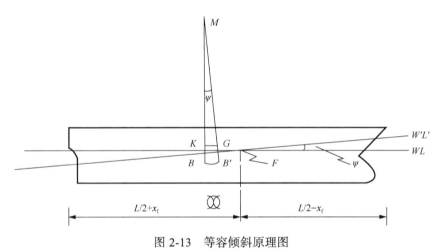

图 2-13 等容倾斜原理图

2．平衡水线位置确定步骤

（1）初值可取：$d_f = d_a = d_m$（正浮）。

确定了艏、艉吃水后，利用邦戎曲线求出对应于该水线下的浮力曲线，便可计算出排水体积 V_1 和浮心纵向坐标 x_{b1} 的数值。

（2）平衡水线位置（d_f，d_a）的迭代格式：

$$\begin{cases} d'_f = d_f + \dfrac{V_0 - V}{A_0} + \left(\dfrac{L}{2} - x_f \right) \cdot \dfrac{x_g - x_{b1}}{R} \\ d'_a = d_a + \dfrac{V_0 - V}{A_0} - \left(\dfrac{L}{2} + x_f \right) \cdot \dfrac{x_g - x_{b1}}{R} \end{cases} \quad （2\text{-}9）$$

式中，A_0、V_0 为船体正浮（吃水为 d_m）时的水线面积和排水体积；V、x_{b1} 为排水体积和浮心坐标；d_f、d_a 为艏、艉吃水。

式（2-9）的意义相当于对前一次近似计算得到的船舶浮态进行进一步的修正。由于排水体积不相等，在进行新的调整时对吃水进行修正；另外，由于浮心与重心纵向坐标也不一致，因此将再调整船舶纵倾来达到平衡状态。

（3）迭代精度控制：

$$\begin{cases} \left| \dfrac{V_0 - V}{V_0} \right| \leqslant \varepsilon_1 = 0.005 \\ \left| \dfrac{x_g - x_b}{L} \right| \leqslant \varepsilon_2 = 0.001 \end{cases} \quad （2\text{-}10）$$

一般情况下，若算得的排水量与给定的船舶重量之差不超过排水量的 0.5%，浮心与重心纵向坐标之差不超过船长的 0.1%，则认为达到了计算精度，而由此产生的弯矩最大误差不超过 $5\% M_{max}$。

2.1.3　载荷曲线、剖面剪力和弯矩

重量曲线 $w(x)$ 与浮力曲线 $b(x)$ 之差 $q(x)$ 称为载荷曲线：

$$q(x) = w(x) - b(x) \quad （2\text{-}11）$$

式中，$w(x)$ 为船体单位长度的重量；$b(x)$ 为作用在船体的单位长度的浮力；$q(x)$ 为静水载荷集度，约定向下为正。

当 $w(x) > b(x)$ 时，$q(x)$ 为正。载荷曲线与轴线之间所包含的面积之和为零；面积对纵轴上任一点的静矩也为零，即

$$\begin{cases} \int_0^L q(x)dx = \int_0^L w(x)dx - \int_0^L b(x)dx = W - B = 0 \\ \int_0^L xq(x)dx = \int_0^L xw(x)dx - \int_0^L xb(x)dx = W \cdot x_g - B \cdot x_b = 0 \end{cases} \quad （2\text{-}12）$$

载荷曲线的上述性质表明静浮状态下作用在船体上的外力是平衡的。基于船体载荷曲线，可以通过积分法或截面法计算船体剖面的剪力与弯矩。

1. 积分法

积分法公式为

$$\begin{cases} N(x) = \int_0^x q(x)\mathrm{d}x \\ M(x) = \int_0^x N(x)\mathrm{d}x = \int_0^x \int_0^x q(x)\mathrm{d}x\mathrm{d}x \end{cases} \tag{2-13}$$

当载荷分段解析时，相应的积分也需要分段进行，式（2-13）中的积分也可由相应曲线下的面积表示。因此，载荷曲线的一次积分曲线就是静水剪力曲线；两次积分曲线就是静水弯矩曲线。由于船体两端是自由端，因此艏艉端点处的静水剪力和弯矩为零，即静水剪力和弯矩曲线在艏艉端点是封闭的。

2. 截面法

取艉端至指定截面的一段船体为"隔离体"，如图 2-14 所示，根据平衡条件确定截面的剪力和弯矩：

$$M(x) = \int_0^x q(\xi)(x-\xi)\mathrm{d}\xi \tag{2-14}$$

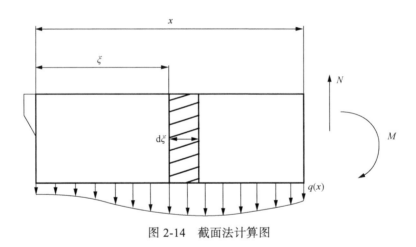

图 2-14　截面法计算图

由于计算上的误差，很难满足端点处静水剪力和弯矩值为零的条件。因此，在实际计算中如果有

$$\frac{N(L)}{N_{\max}} \leqslant 0.05, \quad \frac{M(L)}{M_{\max}} \leqslant 0.05 \tag{2-15}$$

那么就认为已经达到计算精度要求。对于军用舰船，计算精度取≤0.05 为宜。式（2-15）中，$M_{\max}$ 为总纵弯矩的最大值（绝对值）；$N_{\max}$ 为剪力的最大值（绝对值）。

　　此时只须按照图 2-15 所示的方法，用一根直线把剪力曲线和弯矩曲线封闭起来，并对每个理论站的剪力和弯矩予以修正即可。

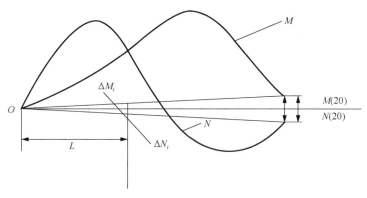

图 2-15　剪力弯矩修正方法

　　如果上述条件不能满足，则表示在计算过程中存在较大的误差，或者由于浮力与重力相差过大，或者浮心与重心坐标相差过大，因此必须进行复查或重新计算。

　　例 2-2　箱形船的静水剪力和弯矩计算。

　　某箱形（长方体）驳船长为 L，自身重量均匀，正浮水中。若在船舯处加一集中货载 P，如图 2-16 所示。问：

　　（1）船体浮态如何变化；

　　（2）绘制 q-N-M 图；

　　（3）求 $N_{\max}$、$M_{\max}$。

　　解：

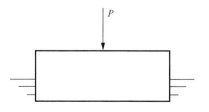

图 2-16　箱形驳船加载示意图

　　（1）仍然正浮，吃水变化 $\Delta T = \dfrac{P}{\gamma A}$；

　　（2）分析引起静水载荷的原因：P 引起附加浮力 Δb，由静力平衡条件可知 $\Delta b = \dfrac{P}{L}$，$q(x) = -\Delta b$，首先用截面法计算剪力和弯矩的表达式。

　　由截面法得

$$N(x) = \begin{cases} -\Delta b \cdot x = -\dfrac{P}{L} \cdot x, & 0 \leqslant x \leqslant \dfrac{L}{2} \\[2mm] P - \Delta b \cdot x = P - \dfrac{P}{L} \cdot x, & \dfrac{L}{2} < x \leqslant L \end{cases}, \quad M(x) = \begin{cases} -\Delta b \cdot \dfrac{x^2}{2} = -\dfrac{P}{L} \cdot \dfrac{x^2}{2}, & 0 \leqslant x \leqslant \dfrac{L}{2} \\[2mm] P\left(x - \dfrac{L}{2}\right) - \dfrac{P}{L} \cdot \dfrac{x^2}{2}, & \dfrac{L}{2} < x \leqslant L \end{cases}$$

　　然后绘制 q-N-M 图，如图 2-17 所示。

　　（3）由 q-N-M 曲线可知

$$N_{\max} = \pm \frac{P}{2}, \quad M_{\max} = -\frac{PL}{8}$$

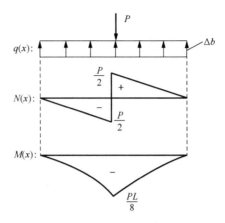

图 2-17　q-N-M 示意图

总结：

① 依据整体平衡条件确定船体的浮态，得到浮力曲线；

② 由载荷曲线计算静水剪力和弯矩；

③ 正确绘制 q-N-M 曲线（注意曲线的增减和凹凸性、极值点、角点和拐点）。

2.1.4　静水载荷计算规范

本节内容基于《钢质海船入级规范》对计算船体静水载荷时需要考虑的工况进行说明，并对船体静水载荷的计算方法进行介绍。

对于所有船舶，应根据实际的货运量、压载量、燃油、润滑油和淡水的相关数据，计算不同装载条件下的静水剪力和弯矩。如果在航行途中，上述消耗品的数量和布置发生变化且该变化对于总纵强度的影响较大时，除了出港和到港条件的计算之外，还应提交该状态的计算结果。此外，对于在航行中进行压载/排压载操作的船舶，其压载舱在压载/排压载的前后工况也应提交审核，审核批准后纳入装载手册作为操作指南。在载荷计算中要考虑实际的船体水线和重量分布。

船体梁各横剖面处的静水弯矩和静水剪力计算应包括下述工况。

（1）满载：出港、到港。

（2）压载：出港、到港。

对于不同类型的船舶，还应考虑与船型相关的一些工况。

（1）普通干货船、集装箱船、滚装船和冷藏货船、散货船、矿砂船。

① 最大吃水时的均匀装载工况；

② 压载工况；

③ 特殊装载工况，如小于最大吃水时的集装箱装载或轻载工况，重货、空舱或非均匀货物装载工况，装甲板货工况等（如适用时）；

④ 短程航行或港内工况（如适用时）；

⑤ 坞内起浮工况；

⑥ 装卸瞬时工况（如适用时）。

（2）油船。

① 均匀装载工况（不包括干压载舱和清洁压载舱）和压载或部分装载工况；

② 任何指定的非均匀装载工况；

③ 在航行途中明显不同于压载工况的、与清舱或其他操作有关的工况；

④ 坞内起浮工况；

⑤ 装卸瞬时工况（如适用时）。

（3）化学品船。

① 计算工况与油船指定的工况相同；

② 装载高密度货或加热货和需要隔离货的工况。

（4）液化气体船。

① 对所有允许装载货品的均匀装载工况；

② 压载工况；

③ 一舱或多舱为空舱或部分装载，或同时装载几种密度明显不同的货物的工况；

④ 经核准所增加蒸汽压力下的港内工况；

⑤ 起浮工况。

（5）多用途船。

计算工况与油船和货船指定工况相同。

（6）对于考虑船舶在海上交换压载水过程的典型工况，可参照《船舶压载水管理计划编制指南》。

（7）在压载工况中部分压载的压载舱。

压载工况中，在出港、到港和中途工况下，艏艉尖舱和/或其他压载舱的部分压载工况不应作为设计工况，除非上述舱室在空舱与满舱之间的所有压载高度下，满足设计应力的要求。为了证明在空舱与满舱之间的所有压载高度下满足要求，对于所有出港、到港工况以及中途工况，预期部分压载的压载舱应假定如下：

① 空舱；

② 满舱；

③ 预期高度的部分压载。

若多个压载舱需部分压载，应考虑空舱、满舱和预期高度的部分压载的所有组合。

但对于在货舱区域具有大边压载水舱的常规矿砂船，当 1 对或最多 2 对压载舱为空舱或满舱，导致船舶纵倾超过下列条件之一时，只须证明这 1 对或最多 2 对压载舱在保证船舶状态不超过以下任一纵倾限制的最大、最小和预期高度时的强度满足要求即可。所有其他边压载舱的压载高度应考虑为在空舱和满舱之间。上述纵倾条件如下：

① 3%船长的艉倾；

② 1.5%船长的艏倾；

③ 不能保持螺旋桨浸深比（I/D）不小于 25%的任何纵倾，其中，I 为螺旋桨中心线至水线的距离，D 为螺旋桨直径（图 2-18）。

上述提及的成对边压载舱的最大和最小压载高度应在装载手册中说明。

（8）在装货工况中部分压载的压载舱。

装货工况中，上述（7）中的要求仅适用于艏艉尖舱。

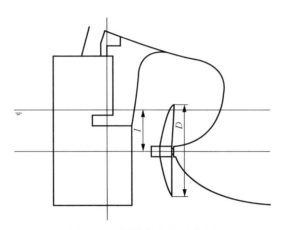

图 2-18　螺旋桨直径示意图

（9）排空注入法交换压载水。

上述（7）和（8）的要求不适于用排空注入法交换压载水的情况。但对于任何准备用排空注入法交换压载水的船舶，在装载手册或压载水管理计划中应包括针对每一个排压载/压载阶段的弯矩和剪力计算。

在计算静水剪力 $N(x)$ 和静水弯矩 $M(x)$ 时，其符号规定如图 2-19 所示，向下的载荷取为正值，向上的载荷取为负值，从船艉向船艏沿船长积分，拱形的弯矩为正值。

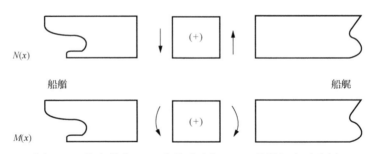

图 2-19　静水剪力 $N(x)$ 和静水弯矩 $M(x)$ 符号规定示意图

船舶静水载荷按下述方法进行计算。

①　重量曲线。将各项重量（船体、货物、设备）沿船长分解成梯形重量分布块，逐项叠加形成给定装载工况下的船体、设备及货物重量曲线 $w(x)$，详细过程和计算方法见 2.1.1 节。

②　浮力曲线。基于船舶静水平衡条件，求得船舶的平衡浮态（以艏吃水、艉吃水表达），进而求得沿船长分布的浮力曲线，详细过程和计算方法见 2.1.2 节。

③　剪力、弯矩曲线。采用积分法或截面法，可以从载荷曲线得到船体梁上的静水剪力 $N(x)$ 和静水弯矩 $M(x)$，且当船体艏艉端点处的剪力和弯矩不为零时，需要对剪力曲线和弯矩曲线进行修正，详细过程与计算公式见 2.1.3 节。

2.2　波　浪　载　荷

航行于海上的船舶，在其整个服役期中，可能会以各种不同的航速、航向角、装载状况遭遇各种不同的海况。波浪载荷是船体结构安全性评估中的关键载荷。本章将对由海浪导致作用于船体结构上的载荷（即船舶波浪载荷）进行讨论。

2.2.1　船舶静置于波浪中的剪力和弯矩——静置法

船舶在波浪中航行时，在外力的作用下将产生 6 个自由度的摇荡运动：纵荡（x_G）、横荡（y_G）、升沉（z_G）、横摇（θ_x）、纵摇（θ_y）和艏摇（θ_z）。此时船体受到的外力主要有重力和流体载荷，流体载荷包括动浮力、阻尼力和附加惯性力等，其特点是以动力的形式作用于船体。船体的运动与受力都具有随机性。

如何准确地计算船舶在波浪中的受力，一直是船舶结构强度评估的关键问题。早期，船舶设计部门采用的是一种假定性静力计算方法——静置法。静置法是建立在一系列假定的基础上，虽然无法准确地反映船舶在波浪中运动与受力的特点，但比较方便易行，因此在船舶设计和强度评估中还有应用，如我国的《舰船通用规范》。目前，较为通用的船舶波浪载荷计算方法是基于势流理论的切片法和三维方法，并结合概率统计理论来确定舰船的设计载荷。与静置法相比，切片法和三维方法的理论更为完善，计算结果也更为准确，但计算的工作量较大。

1．静置法的提出

静置法是在两个假定的基础上提出来的，即：①假定船的航速 U、波的传播速度 C 同向同速前进；②将动浮力按静水压力计算。通过以上假定，则相当于使船静止于波浪上，如图 2-20 所示。从根本上讲，静置法是采用了设计波的思想。在风暴工况下，海面上出现的波浪虽然大大小小很不规则，但其中某几个波浪往往具有更强烈显著的性质，因此计算船舶在海面上的外力时，就需要考虑哪些波会对船舶产生最不利的总弯曲，即应该取怎样的波浪参数作为设计波。

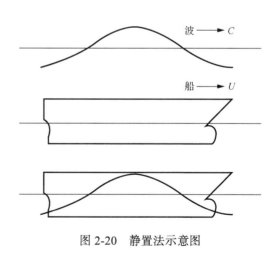

图 2-20　静置法示意图

2．计算波浪参数的选取

选取的计算波浪工况要与静水漂浮工况（浮力分布）有尽可能大的差别，这样更易于校核船体结构在不同状态下的强度。

1）波型的选取

在静置法中，通常以二维坦谷波作为标准波型。如图 2-21 所示，坦谷波波峰较陡，波谷较为平坦，故称为坦谷。

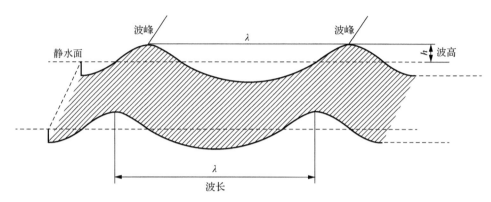

图 2-21　波型基本参数示意图

以半径为 R 的圆盘，沿直线 AB 滚动时，圆盘面上距圆心为 r 的 P 点所描出的轨迹，即为一条坦谷曲线。坦谷波的绘制方法如图 2-22 所示。通常把波长 λ 分成 8 等份，分别以各等分点 $O_0, O_1, \cdots, O_8$ 为中心，取半波高 r 为半径，数次旋转 $45°$，记下 $P_0, P_1, \cdots, P_8$ 各点的位置，用光滑曲线连接各点即可得到一条坦谷波曲线。

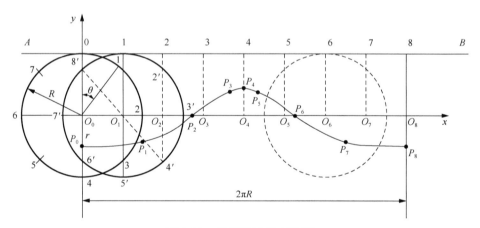

图 2-22　坦谷波绘制方法图

如果取波长为 λ，波高为 h，则 R 与 r 应由式（2-16）决定：

$$R = \frac{\lambda}{2\pi}, \quad r = O_0 P_0 = \frac{h}{2} \tag{2-16}$$

船体强度计算中，通常根据坦谷波的波面方程所求得的理论站号上的波高相对值来绘制坦谷波曲线。如果取图中的坐标系，则坦谷波的波面方程为

$$\begin{cases} x = R\theta + r\sin\theta = \dfrac{\lambda}{2\pi}\theta + \dfrac{h}{2}\theta \\ y = 0 - r\cos\theta = -\dfrac{h}{2}\cos\theta \end{cases} \tag{2-17}$$

式中，θ 为圆盘滚动时的转角；y 为波面到波轴线的垂向坐标；x 为与 θ 或 y 对应的横向坐标。

2）波长的选取

将船静置在波浪上，若波长远远大于船长，则在船长范围内的波浪表面就比较平坦，浮力相应比较均匀；若波长远远小于船长，由于波浪高度较小，并且在船长范围内有好几个波，浮力分布同样比较均匀；当波长接近船长时，浮力的分布将更具集中性，沿船长变化更大，而在中拱和中垂状态下，船舶受到最不利的浮力支持，以致船舯产生最大弯矩。因此，在静置法中取波长 $\lambda = L$。

3）波高的选取

在造船界中，通常取波高为波长的函数，例如，GJB 64.1A《舰船船体规范　水面舰艇》规定：

$$h = \begin{cases} \dfrac{1}{20}\lambda + 1, & 0 < \lambda \leqslant 60 \\ \dfrac{1}{30}\lambda + 2, & 60 < \lambda \leqslant 120 \\ \dfrac{1}{20}\lambda, & \lambda > 120 \end{cases} \tag{2-18}$$

式中，h 为波高，m；λ 为波长，m。

按照式（2-18）算得的波高与通过实际观测获得的结果比较吻合。但为了能够将静置法与现有的理论体系（如切片法）相结合，形成更为完善的计算方法，人们首先采用切片法对一系列船舶的波浪弯矩进行计算，为了使静置法获得与切片法一样的计算结果，静置法所需选取的波高，并将获得的波高数据进行数学回归。例如，我国目前的 GJB 4000—2000《舰船通用规范总册》中计算波高的公式（2-19）就是这样得到的，取波长等于舰艇设计水线长 L：

$$h = 1.75 + 3.94\left(\dfrac{L}{100}\right) - 0.30\left(\dfrac{L}{100}\right)^2 \tag{2-19}$$

式中，L 为舰艇设计水线长，m。

3．船舶静置于波浪上的平衡位置确定

为了计算船舶静置于波浪上的附加波浪剪力、弯矩，须先确定船舶在波浪上的平衡位置。按静置法的规定，当船长给定时，计算波浪的波长和波高也随之确定，并由此可得到中拱或中垂状态下波面相对于波轴的坐标。

船舶在波浪中的平衡位置（中拱或中垂）仍按照重力与浮力相平衡的条件（$D = \gamma V$，

$x_g = x_b$）确定，故在波浪中调整吃水的目的就是求出船在波中平衡时波轴的位置。如同静水中调整吃水的方法，波浪中也常采用逐步近似法。其本质为以下两点。

（1）迭代格式的确定：由第 n 次近似的波轴位置→第 $n+1$ 次近似的波轴位置；

（2）初值的选取：即波轴位置的第一次近似。

若 d_f、d_a 表示静水平衡时的艏艉吃水，考虑到坦谷波的特性及船体艏艉尖瘦的特点，波轴位置的第一次近似可取作：

$$\begin{cases} d_{f1} = d_f + \varepsilon \\ d_{a1} = d_a + \varepsilon \end{cases}$$

其中

$$\varepsilon = \begin{cases} r\left[\dfrac{\pi r}{\lambda} - 1.26(1-\alpha)\right], & \text{中拱} \\ r\left[\dfrac{\pi r}{\lambda} + 1.26(1-\alpha)\right], & \text{中垂} \end{cases} \tag{2-20}$$

式中，r 为半波高，m；α 为水线面系数。

逐步近似法的流程如图 2-23 所示。

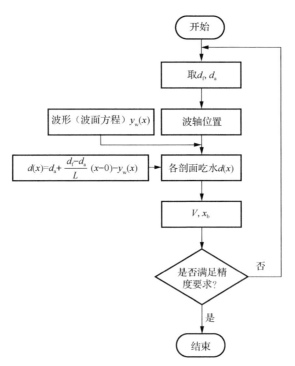

图 2-23　逐步近似法流程图

需要注意的是，按照上面的方法来确定船舶在波浪中的平衡位置时，对应的坐标系原点取在船舯。

4．波浪剪力和弯矩的计算

当船舶在波浪中的平衡位置确定后，便可计算波浪剪力和弯矩。可以不对静水和波浪中的载荷成分进行区分，直接计算：

$$\begin{cases} 载荷：q_w(x) = w(x) - b_w(x) \\ 剪力：N_w(x) = \int_0^x q_w(x)dx \\ 弯矩：M_w(x) = \int_0^x \int_0^x q_w(x)dxdx \end{cases} \tag{2-21}$$

将波浪中的浮力 $b_w(x)$ 分成静水浮力 $b_s(x)$ 与附加浮力 $\Delta b(x)$ 两部分之和，即

$$b_w(x) = b_s(x) + \Delta b(x) \tag{2-22}$$

于是载荷 $q_w(x)$ 可表示为

$$q_w(x) = \left[w(x) - b_s(x)\right] + \left[-\Delta b(x)\right] = q_s(x) + \Delta q(x) \tag{2-23}$$

而

$$\begin{cases} N_s(x) = \int_0^L \left[w(x) - b_s(x)\right]dx \\ M_s(x) = \int_0^L \int_0^L \left[w(x) - b_s(x)\right]dxdx \end{cases} \tag{2-24}$$

分别为静水剪力、弯矩。

若令

$$\begin{cases} N_w(x) = N_s(x) + \Delta N(x) \\ M_w(x) = M_s(x) + \Delta M(x) \end{cases} \tag{2-25}$$

则有

$$\begin{cases} \Delta N(x) = \int_0^L -\Delta b(x)dx \\ \Delta M(x) = \int_0^L \int_0^L -\Delta b(x)dxdx \end{cases} \tag{2-26}$$

$\Delta N(x)$、$\Delta M(x)$ 分别为附加剪力、弯矩。显然在静置法中，附加剪力、弯矩只取决于船体的型线、船舶的重量及重心位置，而与重量如何分布无关。求得附加剪力、弯矩后，再与静水剪力 N_s、弯矩 M_s 相叠加便得到波浪剪力 N_w、弯矩 M_w。

在计算波浪剪力和弯矩时，对于中拱和中垂状态要分别计算；剪力和弯矩在积分末端的不封闭值的修正方法与静水剪力、弯矩计算相同。通常情况下，波浪剪力的最大值出现在距艏艉 1/4 船长处，而波浪弯矩的最大值在船舯附近。

由于实际的海浪是随机的、不规则的，并且由于波浪运动和船体的摇摆，作用于船体的水压力是动压力，因此静置法是一种假定性的方法。此方法简便，且一般来说结果偏于安全，过去长期一直使用它。但由于静法不能准确地反映船舶的真实情况，因此用这种方法所算得的外力去校核的船体强度，自然也不是真实的强度。尽管如此，如果都采用这

种方法去计算船舶强度（相当于采用同一把尺子），那么所得的强度仍然具有相互比较的实际意义，故称这种强度为比较强度。例如，按静置法校核船体强度的结果是 B 船裕量高于 A 船，且实践表明 A 船足够安全，那么 B 船也应是安全的。

例 2-3　箱形船的合成弯矩计算。

长方形驳船如图 2-24 所示，长 $L=50\mathrm{m}$ ，宽 $B=10\mathrm{m}$ ，高 $H=6\mathrm{m}$ ，正浮于静水中。已知自重沿船长均布，其集度 $w=200\mathrm{kN/m}$ ，在甲板中部向艏、艉各 $l=10\mathrm{m}$ 的范围内堆放 $q=500\mathrm{kN/m}$ 的均布荷重。

（1）试绘出静水中的载荷、剪力和弯矩曲线，并求船舯处的弯矩值；

（2）若船体静置于波高 $h=3\mathrm{m}$ ，波长 $\lambda=50\mathrm{m}$ 的正弦波中，试计算当波峰位于船舯时的波浪附加弯矩和合成弯矩，水的比重取为 $\gamma=10\mathrm{kN/m^3}$ 。

解：

（1）根据平衡条件，有 $$\Delta b\cdot L=q\cdot 2l$$

可算得附加浮力： $$\Delta b=\frac{q\cdot 2l}{L}=\frac{500\times 20}{50}=200(\mathrm{kN/m})$$

初始状态下： $$b(x)=w(x)=200\mathrm{kN/m}$$

载荷曲线： $$q(x)=\begin{cases}-\Delta b=-200, & 0\leqslant x<15 \\ -\Delta b+q=300, & 15\leqslant x\leqslant 35 \\ -\Delta b=-200, & 35<x\leqslant 50\end{cases}$$

绘制 $q\text{-}N\text{-}M$ 曲线，如图 2-25 所示。

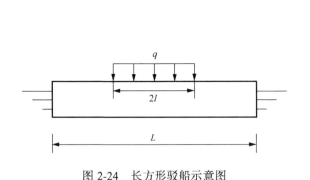

图 2-24　长方形驳船示意图

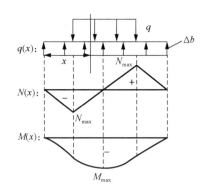

图 2-25　$q\text{-}N\text{-}M$ 图

由截面法列平衡方程： $N+\Delta b\cdot x-q\cdot(x-15)=0$ ，可得 $N=300x-7500$ 。

同理，由 $M+\Delta b\cdot\dfrac{x^2}{2}-q\cdot\dfrac{(x-15)^2}{2}=0$ ，可得 $M=150x^2-7500x+56250$ 。

$$N(x)=\begin{cases}-200x, & 0\leqslant x<15 \\ 300x-7500, & 15\leqslant x\leqslant 35 \\ -200x+10000, & 35<x\leqslant 50\end{cases}, \quad M(x)=\begin{cases}-100x^2, & 0\leqslant x<15 \\ 150x^2-7500x+56250, & 15\leqslant x\leqslant 35 \\ -100x^2+10000x-250000, & 35<x\leqslant 50\end{cases}$$

可得 $N_{\max}=3000\mathrm{kN}$ ， $M_{\max}=37500\mathrm{kN\cdot m}$ 。

（2）波高 $h=3\mathrm{m}$，波长 $\lambda=50\mathrm{m}$ 的正弦波，如图 2-26 所示，波轴位置为静水面，坐标系原点取在艉部，x 轴指向船艏。

其波形表达式：
$$y_{\mathrm{w}}(x)=-\frac{h}{2}\cos\left(\frac{2\pi}{\lambda}x\right)$$

波中附加浮力：
$$\Delta b'(x)=\gamma B y_{\mathrm{w}}(x)=-\gamma B\frac{h}{2}\cos\left(\frac{2\pi}{\lambda}x\right)$$

波中附加载荷：
$$q'(x)=-\Delta b'(x)=10\times10\times\frac{3}{2}\cos\left(\frac{2\pi}{50}x\right)$$

可用积分法求波浪载荷：
$$N'=\int_0^x q'(x)\mathrm{d}x=150\times\frac{25}{\pi}\sin\left(\frac{2\pi}{50}x\right)\approx1194\sin\left(\frac{2\pi}{50}x\right)$$

$$M'=\int_0^x\int_0^x q'(x)\mathrm{d}x\mathrm{d}x=150\times\left(\frac{25}{\pi}\right)^2\left[\cos\left(\frac{2\pi}{50}x\right)-1\right]\approx9500\left[\cos\left(\frac{2\pi}{50}x\right)-1\right]$$

可得 $N'_{\max}=1194\mathrm{kN}$，$M'_{\max}=19000\mathrm{kN\cdot m}$。

合成弯矩：　　$M_{合}=M+M'=-37500+19000=-18500(\mathrm{kN\cdot m})$

计算结果如图 2-26 所示。

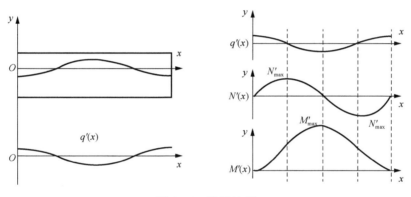

图 2-26　计算结果

2.2.2　理论计算方法

波浪载荷的预报，是在波浪载荷理论计算的基础上，应用随机过程理论实现的。由于船舶航行环境条件与使用工况的随机性和多样性，很难准确地给出整个服役周期中出现的最大波浪载荷。因此，在船舶建造规范或船舶直接计算方法中，为了简化强度分析和便于结构设计，常常针对不同构件规定一些具有代表性的、比较容易计算的、确定性的设计载荷。鉴于这些需要，本节讨论设计载荷应遵循的一些原理。

自 20 世纪 50 年代起，船舶在波浪中的载荷预报方法开始有了飞速发展。Korvin-Kroukovsky 基于细长体假说首次提出了切片理论，将船体看作细长体，沿船长方向可分为若干个分段，每段上的截面面积认为是一致的，这样就可以将船体周围的三维流动问题转化成二维流动问题，沿船长方向积分就可求出船体受到的总流体力，切片理论计算方法如

图 2-27 所示。一些学者对普通切片法进行了改进，推出了新切片法、STF 切片法等，并将时域切片法应用于船舶。切片理论计算速度快，适用于常规船型、中低航速及海况，近年来仍然有一些学者在用时域切片法进行波浪载荷预报。

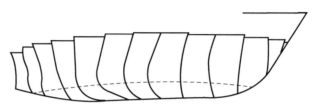

图 2-27　切片理论计算方法图

然而，切片理论是一种短波理论，基于高频低速假定，对于高速船和非直壁式船型，预报的运动及载荷与试验结果相差较多。切片理论无法考虑高速船的原因是它略去了自由面中航速项的影响，将三维有航速自由面条件简化为二维零航速自由面条件，在此基础上，一些学者拓展了三维有航速自由面条件，但控制方程及物面条件仍保持二维，修正后的方法可用于高速船舶的航行分析，称为高速细长体理论，也称二维半理论。国内的段文洋和马山教授使用二维半理论对船舶运动和波浪增阻等水动力问题进行了研究，并已经将其应用于三体船。

随着计算机效率的提升，使用三维方法求解船舶水动力问题成为一种主流趋势，主要包括三维频域方法和三维时域方法。三维频域方法主要适用于无航速船舶在微幅波作用下做微幅运动，通过摄动理论将非线性自由面和物面条件转化为线性条件。一般采用边界元方法解决该问题，其中格林（Green）函数包含自由面格林函数及 Rankine 源格林函数等，前者可以满足除物面条件外的所有边界条件，只须在物面上设置分布源或分布偶极，后者则需要在整个流域上分布源汇。由于自由面格林函数计算方便，针对无航速船舶或浮体微幅运动的结果精度较高，在工程中获得广泛应用，目前一些商业软件，如挪威船级社（DNV）的 SESAM 和法国船级社（Bureau Veritas，BV）的 HydroSTAR 均是基于该方法研制的。该方法的缺点为自由面条件只能是线性的，而 Rankine 源格林函数则可以考虑自由面条件的非线性项，因此部分学者通过 Rankine 源格林函数来研究船体和波浪的相互作用，用频域 Rankine 源和时域 Rankine 源格林函数对船体波浪载荷进行预报。

2.2.3　谱分析法与设计波法

1．谱分析法

由随机过程理论可知，对于线性时不变系统，若输入信号是平稳正态随机过程，那么该系统的输出也将是平稳正态随机过程。

$$输入 x(t) \rightarrow \begin{bmatrix} 线性动力系统 L \\ （时不变） \end{bmatrix} \rightarrow 输出 y(t)$$

1）短期预报

短期预报的时间周期一般在数小时以内，因此海浪可视为均值为零的平稳正态随机过程，此时浮体对波浪的响应可视为线性关系，则波浪载荷的响应也是均值为零的平稳正态随机过程。因此船舶波浪载荷响应谱密度可表示为

$$S_y(\omega) = \left| H_y(\omega) \right|^2 S_w(\omega) \tag{2-27}$$

式中，$S_y(\omega)$ 为波浪载荷响应谱密度；$H_y(\omega)$ 为系统传递函数（频响函数），$\left| H_y(\omega) \right|^2$ 又称幅频特性、响应幅值算子，其值为单位规则波幅下的载荷响应幅值；$S_w(\omega)$ 为海浪谱密度。

大量实践表明，船舶运动与波浪载荷的幅值短期响应服从 Rayleigh（瑞利）分布。其概率分布函数和概率密度函数为

$$F_0(y) = 1 - \exp\left(-\frac{y^2}{2m_0} \right) \tag{2-28}$$

$$f_0(y) = \frac{y}{m_0} \exp\left(-\frac{y^2}{2m_0} \right) \tag{2-29}$$

可以看出，该分布只有方差一个参数，该参数可由响应谱密度 $S_y(\omega)$ 得到，即响应谱的零阶矩：

$$\sigma^2 = m_0 = \int_0^\infty S_y(\omega) \mathrm{d}\omega = \int_0^\infty \left| H_y(\omega) \right|^2 \cdot S_w(\omega_e) \mathrm{d}\omega_e \tag{2-30}$$

式中，ω_e 是当船舶航速为 U 及航向角为 β 时对应的遭遇频率，它可以表示为 $\omega_e = \omega \cdot [1 + (\omega/g)U\cos\beta]$。这样就可以得到船舶运动和载荷负值短期响应的概率分布，以及短期预报的各种统计值，其中均值 $\overline{y}$ 为

$$\overline{y} = 1.25\sqrt{m_0} \tag{2-31}$$

有义值 $y_{1/3}$ 为

$$y_{1/3} = 2.00\sqrt{m_0} \tag{2-32}$$

此外，可进一步求得短期响应的最大值。短期响应的最大值与有义值的关系为

$$y_{\max} = \frac{\sqrt{2\ln n}}{2} y_{1/3} \tag{2-33}$$

式中，n 为该变量短期循环次数。该循环次数可以通过响应谱的零阶矩 m_0 和二阶矩 m_2 求得，如下所示（取三小时极值）：

$$n = \frac{1}{2\pi} \sqrt{\frac{m_2}{m_0}} \times 3600 \times 3$$

2）长期预报

长期预报是在给定工况短期分析的基础上按工况出现概率进行组合而得到的。由于各种海况、不同航行状态所组成的短期分布彼此相互独立，因此长期预报可看作一系列短期平稳随机过程的组合，即多个瑞利分布的叠加。

在给定装载状态下，船舶运动或波浪载荷长期分布的概率分布函数 $F(y)$ 和概率密度 $f(y)$ 是各个海况、航向角和航速的短期概率分布 $F_0(y)$ 或概率密度 $f_0(y)$ 的加权组合：

$$F(y) = \frac{\sum_i \sum_j \sum_k n_0 p_i(H_{1/3}, T_z) p_j(\beta) p_k(U) F_0(y)}{\sum_i \sum_j \sum_k n_0 p_i(H_{1/3}, T_z) p_j(\beta) p_k(U)} \qquad (2\text{-}34)$$

$$f(y) = \frac{\sum_i \sum_j \sum_k n_0 p_i(H_{1/3}, T_z) p_j(\beta) p_k(U) f_0(y)}{\sum_i \sum_j \sum_k n_0 p_i(H_{1/3}, T_z) p_j(\beta) p_k(U)} \qquad (2\text{-}35)$$

式中，$p_i(H_{1/3}, T_z)$ 为海况 $(H_{1/3}, T_z)$ 出现的概率；$p_j(\beta)$ 为航向角出现的概率；$p_k(U)$ 为航速出现的概率；n_0 为各短期工况中单位时间内船舶运动或波浪载荷响应的平均循环次数。

由于航速对线性波浪载荷影响不大，计算时通常可以取为定值，即航速出现的概率简化为 $p_k(U) = 1$。对于一般的船舶，认为航向角出现的概率可以按照在 $0° \sim 360°$ 均匀分布的原则来确定。海况出现的概率则需要按照船舶运营海域的海浪统计资料来确定。

如果船舶在波浪中运动或载荷幅值大于某一定值 Y_{max} 的概率 Q 为

$$Q = P(y > Y_{max}) = \int_{Y_{max}}^{\infty} f(y) \mathrm{d}y = \frac{1}{N} \qquad (2\text{-}36)$$

则称为超越概率，其含义是在船舶的生命周期中，遭遇了 N 次载荷循环，有 N 个载荷幅值。而在这些载荷幅值中，大于 Y_{max} 的载荷幅值仅可能出现一次。通常规定船舶生命周期中遇到的载荷循环次数为 $N = 10^8$。通过超越概率来确定的设计和计算载荷 Y_{max} 的过程，又称概率水平法。一旦船舶航行海域和概率水平确定之后，即可由式（2-36）求得 Y_{max}，此值表示船舶在循环次数为 N 的整个使用期中，平均可能出现一次的最大载荷，又称波浪载荷特征最大值。

2．设 计 波 法

在"谱分析法"小节中，已经讨论了如何根据谱分析的原理来获得船舶的长期概率密度和概率分布；通过取一定的概率水平，可以对船体各个载荷分量的幅值进行预报，从而得到一个出现概率小、值相当大的载荷幅值作为设计计算载荷。

由于上述方法中的各载荷分量的相位信息被掩盖，而且对局部载荷细节没有进行描述，因此还须引入设计波法（动态载荷法）的思想：考虑船舶实际航行状态（工况）下载荷的瞬时状态，从中选择若干严重的典型工作状态，设计出使结构上动载荷达到最大的规则波，从而能够便于用来计算结构的应力。

基于该思想，首先要在各状态中，选取一些比较重要的载荷作为主控载荷。在迎浪工作状态下，船体易发生舯拱或舯垂弯曲，因此需要着重考察垂向弯矩、剪力以及惯性力等载荷；在斜浪的工作状态下，需要着重考察扭矩、水平弯矩以及横摇惯性力等载荷。同时，对于不同状态、不同载荷，船体构件受力也不同。例如，在校核船体纵桁、纵骨、甲板、船底、甲板开口围板等构件时，应主要选取垂向弯矩；在校核横舱壁、甲板开口等构件时，应主要选取扭矩。此外，对于舷侧外板、舷侧纵桁、纵骨等构件，还需要考虑水平弯矩。

选择主控载荷后，需要对设计波参数进行确定。由于假设平台构件应力响应随环境变化为线性系统，等效设计波的幅值可以根据式（2-37）确定：

$$\zeta_a = \frac{主控载荷的设计值}{主控载荷的幅频响应最大值} \tag{2-37}$$

主控载荷的设计值也就是式（2-36）所确定的特征最大值（又称 Gumbel 值），而幅频响应最大值则可通过基于势流理论的三维线性频域方法获得。

对于设计波的频率，可对该工况下的主控载荷在给定的频率范围内进行搜索，其中浮频响应最大值对应的浪向和频率，即为设计波的浪向和频率。设计波相位和波峰位置示意图如图 2-28 所示。

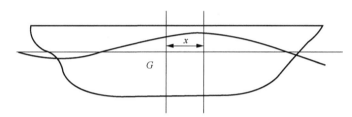

图 2-28　设计波相位和波峰位置示意图

设计波的相位可以通过设计波峰在纵向上与船重心位置之间的距离 x 进行确定：

$$x = \frac{\lambda \varepsilon}{-2\pi \cos \beta} \tag{2-38}$$

式中，λ 为波长；ε 为相位；β 为浪向角。

可以看出，设计波法是从统计意义上在随机波浪系列中选用某一特征波作为单一规则波来近似分析和模拟随机波浪对船舶或海洋结构物的作用。对于波浪载荷设计值，国际船级社协会（IACS）在 1991 年针对船舶总纵强度的统一要求问题制定了 UR-S11 规范，在 1998 年修订该规范时，对采用直接计算方法计算波浪载荷做出了如下一些规定。

（1）建议重现期至少为 20 年，对应的超越概率约为 10^{-8}；

（2）采用修正后的北大西洋海浪长期统计资料 NA-1C；

（3）航速取为船舶的操舵航速（约 5kn）；

（4）波谱采用联合北海波浪计划（Joint North Sea Wave Project，JONSWAP）谱与 Pierson-Moskowitz 谱，扩散函数取

$$f_s(\theta) = k \cos^2(\theta) \tag{2-39}$$

式中，因子 k 满足条件 $\sum\limits_{\theta-90°}^{\theta+90°} f_s(\theta) = 1$；$\theta$ 为成分波与波浪主方向的夹角。

（5）认为浪向角（0°～360°）是等概率发生的；

（6）当计算垂向波浪弯矩时，为考虑非线性效应，应采用适当的办法得到舯拱与舯垂分量（所得结果不应与 UR-S11 规范的规定产生矛盾）。

UR-S11 规范规定船舯垂向波浪弯矩设计值应按照如下公式求出：

$$\begin{cases} 舯垂： M_S = 0.11CL^2B(C_b + 0.7)(\text{kN·m}) \\ 舯拱： M_H = 0.19CL^2BC_b(\text{kN·m}) \end{cases} \tag{2-40}$$

L、B、C_b 分别为船长、船宽及方形系数，系数 C 由式（2-41）决定：

$$C = \begin{cases} 10.75 - \left(\dfrac{300 - L}{150}\right)^{\frac{3}{2}}, & 90 < L \leqslant 300 \\[2mm] 10.75, & 300 < L \leqslant 350 \\[2mm] 10.75 - \left(\dfrac{L - 300}{150}\right)^{\frac{3}{2}}, & L > 350 \end{cases} \tag{2-41}$$

式（2-40）给出的相当于大量船舶的统计平均值。对于常规船舶，为了能更好地反映设计船舶的具体特点，如果条件允许，最好还是通过直接计算来确定剖面波浪载荷设计值。波浪载荷直接计算方法的真正用途，是那些超出式（2-40）适用范围的非常规船舶的情况（如 $L \geqslant 500$，$L/B \leqslant 5$，$B/D \geqslant 2.5$，$C_b < 0.6$，具有甲板大开口、艏部大外飘及具有重货标志的船舶，D 为船舶型深）。

对于上述的波浪载荷设计值的规定，需要说明的是，按照式（2-33）求得的 $Y_{\max}$ 是 N 次载荷循环中统计意义上的最大值。如果具体到某一次试验，在 N 次循环中 $y \geqslant Y_{\max}$ 的情况可能会不止一次出现，也可能根本不会出现。但是对于多次试验而言，$y \geqslant Y_{\max}$ 的情况平均可能出现一次。这就是说，试验中将出现比 $Y_{\max}$ 还要大的值。

在统计学分析中，一般把 N 次载荷循环中出现的最大值记为随机变量 Y_N。利用原始的概率密度 $f(y)$，可以得到关于 $Y_N(\alpha)$ 的极值概率密度 $g_{Y_N}(y)$：

$$g_{Y_N}(y) = Nf(y)[F(y)]^{N-1}\overline{Y}_N \tag{2-42}$$

数学上可以证明，当循环次数足够大时，特征最大值 $Y_{\max}$ 接近于最可能极值 $\overline{Y}_N$。这个值在试验中是最可能出现的最大值，但在多次试验的最大值中超过这个值的概率还相当大。

为此，如下定义了设计极值 $Y_N(\alpha)$（α 是人为确定的小量）：

$$\int_{Y_N(\alpha)}^{\infty} g_{Y_N}(y)\mathrm{d}y = \alpha \tag{2-43}$$

其实，无论是最可能极值还是设计极值，均比较客观地反映了在使用期中可能出现的危险载荷的量级，根据合理性原则，它们都可以作为设计载荷。如果采用前者的话，那么在制定相应的强度标准时，应留有稍大一些的安全储备。原始概率密度与极值概率密度的对比如图 2-29 所示。

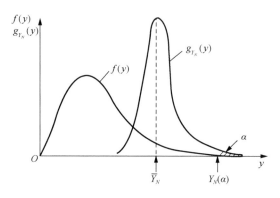

图 2-29　原始概率密度与极值概率密度对比图

2.2.4 船舶波浪载荷试验

波浪载荷船模试验一般采用分段弹性模型，其原理是用一根或多根纵向连续的梁代替船体的刚度，船壳仅起传递流体动力和组成部分压载的作用。在船舯及各测量剖面处将船体分为多段，使用铝合金或钢质的龙骨梁将分段连接起来，并在分段处设置了测量点。对于波浪载荷船模试验来说，一般要测量的物理量包含船体垂荡运动、纵摇运动、船艏舯艉加速度、船舯及测点剖面的垂向弯矩，斜浪情况还需测量横摇运动、水平弯矩及扭矩等。

为了测出船体的剖面载荷，模型需要采用分段龙骨梁模型，一般采用玻璃钢制作船模外壳。如图 2-30 所示，该模型由 5 个分段构成，船艉分段最大。每个分段接缝处均可测量出剖面载荷，且船舯剖面载荷是研究的重点。测点位置如图 2-30 所示。

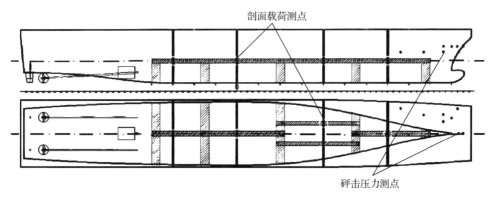

剖面载荷测点

砰击压力测点

图 2-30 测点位置示意图

模型（与实船）满足的主要相似关系包括：几何相似、运动相似、动力相似和刚度相似，其中，刚度相似可以通过固有频率相似来保证，一般至少要保证二者的一阶固有频率具有相似性。具体实施过程如下：①通过迁移矩阵法计算实船的固有频率，根据相似关系可以得到模型的理论固有频率；②根据实船剖面的惯性矩计算得到模型龙骨梁截面处的尺寸，在有限元软件中建立船体外壳即梁的有限元模型；③通过有限元软件计算船模的各阶固有频率，通过调整截面尺寸使模型的固有频率与迁移矩阵法得到的模型理论固有频率达到一致。缩尺比关系如表 2-1 所示。

表 2-1 缩尺比关系表

名目	实船/模型比值	名目	实船/模型比值
长度	λ	转动惯量	λ^5
重量	$1.025\lambda^3$	速度	$\lambda^{1/2}$
时间	$\lambda^{1/2}$	压力	λ
频率	$\lambda^{-1/2}$	加速度	1
弯矩	$1.025\lambda^4$	升沉	λ
刚度	λ^5	纵摇	1

　　为了保证船模在波浪中运动和实船相似，除了几何相似、试验速度与实船相似外，还应使自摇周期相似。对于几何形状和重量相似的船模，其升沉自摇周期是相似的。但对于横摇和纵摇还应遵守质量分布相似，即重心位置、质量惯性矩相似等。要使船模与实船的质量分布相似，船模在试验前应进行静力校准和动力校准。船模重心纵向位置及质量惯性矩，可通过转动惯量架来测量。部分结构示意图如图 2-31～图 2-33 所示。

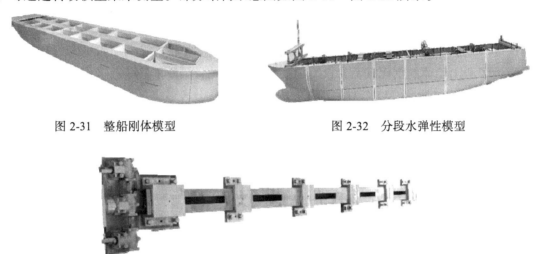

图 2-31　整船刚体模型　　　　　　　　　图 2-32　分段水弹性模型

图 2-33　龙骨梁示意图

　　试验可采用适航仪测量船模的运动，包括船模横摇、纵摇、升沉等运动信号的测量，采用应变片测量船舯弯矩，采用压力传感器测量测点压力，采用浪高仪测量浪高。若需要考虑船体弹性效应，可采用分段龙骨梁模型。为了计算大幅波浪中的失速效应，采用自航推进方式。在选择船模尺度时要考虑试验的波长范围，以保证通过试验能得到完整的船舶运动和波浪载荷的浮频响应函数。在迎浪情况下，船模的纵摇和升沉幅值通常在波长为船模长的 1.50～1.75 时达最大值，垂向波浪弯矩在波长为船模长的 0.8～1.2 时达到最大值。为了能完整做出船的运动及垂向弯矩幅频响应函数，试验波长范围应为 0.6～2.5。同时要考虑造波机的性能，试验波长应落在造波机造出比较好的波形的波长范围内。当船模要做横摇或减摇性能试验时，还应考虑能做出完整的横摇浮频响应函数所需的波长范围。为了保证船模与线性理论预报的运动对应，要求船模运动与波高成线性关系。通常要求试验波高 $h_B = L_m / 40 \sim L_m / 30$。但为保险起见，一般令 $h_B = L_m / 50$。在水池定点测量波高时，波高仪距离造波机不小于 20m，而与池壁的距离不小于 1.5m，以保证测试精度。

2.3　其他环境载荷

2.3.1　风载荷

　　随着海洋油气资源开发海域逐步扩展，海洋工程结构物在油气开发工程实践中面临日益严酷的海洋环境。在海洋油气开发的热点海域如中国南海海域、北美墨西哥湾、南美巴西近海、非洲西部海域，浮式生产储卸油装置（FPSO）、半潜式生产平台等主力开发装备面临着台风（飓风）等各种极端海况的考验。其中风载荷是一个不可忽视的因素。

现代浮式生产储卸油装置上装有大量的生产模块、火炬塔等生产处理设备，半潜式钻井平台上安装有高达数十米的钻机，这些现代海洋油气开发装备的上层建筑体积较大。而它们在风暴来临时，难以脱离井口躲避而必须在原地抵抗风暴，因此需要考虑其在极端海况和运行海况下的生存能力。考虑海洋工程装备在极端海况下的载荷与受力的时候，除了浪和流等直接作用于平台浮体的外部载荷外，风载荷也成为一个不可忽视的因素。

随着海洋油气开发日益向深海发展，各种深海工程结构物成为海洋工程测试的主要对象。由于深海结构物一般位于距离海岸较远的深水海域，必须安装大量设施设备以使平台受风面积较大。而平台自身一般采用动力定位或尺度较大的系泊系统，在风浪流载荷的综合作用下，平台系统会产生较大范围的水平漂移运动。

风的特征是用风向和风速来表示的，风速是空气在单位时间内所流过的距离，单位一般用 m/s 或 kn（n mile/h）。风向是指风的来向，在气象上用 16 个方位来表示，如北（N）、东北（NE）、东北偏北（NNE）等。平台设计中不仅要考虑风速，还要考虑风向。风的方向不同，风载荷的大小也是不一样的。因此要特别确定作业海区的强风向和正常风向。强风向是指该方向风的风速最大，正常风向是指该风向出现的频率最大。根据风向可以合理地确定平台的定位方向，减小平台所受风力。风速和风向是随着空间和时间不断变化的。在尺度上，如典型的较大的海洋结构，在 1h 持续时间量级上的风的统计性质（如风速的平均值和标准偏差）在水平面内并不变化，但在高度方向上变化（剖面系数）。在长持续时间内，存在具有高的平均风速的较短持续时间（阵风系数）。因此，只有限定风的高程和持续时间，风速值才有意义。参考值 V 是在高程 H 为 10m 处的 1h 内的平均风速（如不做特殊说明，持续时间为 1h）。

1. 基于规范的风载荷计算

大量统计资料表明，自然界中的风是脉动变化的，按照风的脉动特性，可以将风速分解为两部分：平均风速和脉动风速。

平均风即恒定风速下的结构受力相当于静力的风，并且风速越大，对结构物的作用压力也越大，风速与风压之间存在对应的关系式。由伯努利方程可导出单位面积的风压力：

$$P_0 = \frac{1}{2}\rho V^2 \tag{2-44}$$

根据 CCS《海上移动平台入级规范》给出的风压计算公式：

$$P_0 = 0.163 \times 10^{-3} V^2 \tag{2-45}$$

式（2-44）和式（2-45）表示了风速与风压的关系。将基本风压沿着作用物体的表面积分就可以求得风压合力，平均风压力下的风载荷一般表达式为

$$F = P_0 A C_h C_s \tag{2-46}$$

式中，C_h 为风中构件高度系数；C_s 为风中构件形状系数；A 为平台在平浮或倾斜状态时，受风构件的正投影面积，m^2。

计算风力时，推荐下列做法。

（1）当平台有立柱时，应计入全部立柱的投影面积，不考虑遮蔽效应。

（2）对于因倾斜产生的受风面积，如甲板下表面和甲板下构件等，应采用合适的形状系数计入受风面积中。

（3）对于密集的甲板室，可用整体投影面积来代替计算每个面积，此时形状系数可取为1.1。

（4）对于孤立的建筑物、结构型材和起重机等，应选用合适的形状系数，分别进行计算。

（5）通常用作井架、吊杆和某些类型桅杆的桁架结构的受风面积，可近似地取每侧满实投影面积的30%，或取双面桁架其中一侧的满实投影面积的60%，并按表2-2及表2-3选用合适的高度系数和形状系数。

表 2-2   构件的高度系数

构件高度 h/m（距海面）	C_h	构件高度 h/m（距海面）	C_h
0～15.3	1.00	137.0～152.5	1.60
15.3～30.5	1.10	152.5～167.5	1.63
30.5～46.0	1.20	167.5～183.0	1.67
46.0～61.0	1.30	183.0～198.0	1.70
61.0～76.0	1.37	198.0～213.5	1.72
76.0～91.5	1.43	213.5～228.5	1.75
91.5～106.5	1.48	228.5～244.0	1.77
106.5～122.0	1.52	244.0～259.0	1.79
122.0～137.0	1.55	259.0 以上	1.80

表 2-3   构件的形状系数

构件形状	C_s
球形	0.40
圆柱形	0.50
大的平面（船体、甲板室、甲板下的平滑表面）	1.00
甲板室群或类似结构	1.10
钢索	1.20
井架	1.25
甲板下裸露的梁和桁材	1.30
独立的结构形状（起重机、梁等）	1.50

对于脉动风速，采用 Davenport 风速谱来模拟风的脉动特性，该风速谱与高度无关，其表达式为

$$S_v(f) = 4\kappa \overline{U}_{10}^2 \frac{X^2}{f(1+X^2)^{4/3}} \qquad (2\text{-}47)$$

$$X = 1200 f / \overline{U}_{10} \qquad (2\text{-}48)$$

式中，f、κ 分别表示风的频率、表面阻力系数；$\overline{U}_{10}$ 为高度 10m 处的平均风速。

对于海上结构物，其水上部分受到的风载荷为

$$F_{\text{wind}}(t) = \frac{1}{2}\rho_a C_{\text{Da}} A_a [\overline{U}(z) + U_p(t) - \dot{x}(t)] |\overline{U}(z) + U_p(t) - \dot{x}(t)| \qquad (2\text{-}49)$$

式中，ρ_a 为空气密度；A_a 为迎风面面积；C_{Da} 为拖曳力系数，$C_{\text{Da}} = C_z \cdot C_s$，$C_z$ 是风压高度变化系数 $C_z = [\overline{U}(z) / \overline{U}_{10}]^2$。

2．设计风速的确定

下面主要介绍规范对设计风速的规定。按照美国船级社（ABS）移动式钻井装置（MODU）的规定，无限作业区域的平台在正常钻井作业或拖航的状态下，设计风速不小于 36m/s（约 70kn）。所有在无限作业海域的平台至少要具备能承担一次严重海洋风暴的能力，风暴设计风速不小于 51.5m/s（约 100kn）。为了能抵抗风暴环境，平台在任何时间内都具备改变操作方式以确保自存的能力。从正常作业的设计风速到自在状态的设计风速两个标准的协调，需要船东来指定其中的步骤（一般两者的安全系数是不同的）。对于在限制海域作业的平台，不必遵循上述的标准，但最小设计风速不应小于 25.7m/s（约 50kn）。CCS 采用了与 ABS 相同的标准。设计风速应在自存状态不小于 51.5m/s，在正常作业状态下不小于 36m/s，在遮蔽海区不小于 25.8m/s。

挪威船级社（DNV）关于设计风速的规定也具有相当的代表性，该船级社规定了两种设计风速标准，均考虑重现期。一是选用静水面以上 10m 处的百年一遇持续风速为设计风速。在静水面以上 z 米高处的持续风速，可用式（2-50）计算：

$$V_z = V_{10}(1.53 + 0.007z)^{1/2} \qquad (2\text{-}50)$$

式中，V_z 为静水面以上 z 米高处的持续风速；V_{10} 为静水面以上 10m 处的持续风速。

如果缺乏有关的风速数据，DNV 规定可采用表 2-4 中给出的设计风速值。表 2-4 中分别给出四种海域类型和两种季节类型，即非夏季和夏季，其中夏季是指 5 月 15 日至 9 月 15 日。

表 2-4　DNV 设计风速　　　　　　　　　　（单位：m/s）

海域类型	非夏季	夏季
遮蔽海域	40	—
正常开阔海域	45	—
风暴开阔海域（北海和挪威大陆架）	50	45
极端海域（世界范围）	50	—

另一个是采用 N 年一遇的阵风风速作为设计风速，如果缺乏详细数据，可采用式（2-51）进行计算：

$$V_z = V_{10}(1.53 + 0.003z)^{1/2} \tag{2-51}$$

式中，V_{10} 和 V_z 意义同式（2-50）。

DNV 规定的两种设计风速标准，用于不同的载荷组合，当与最大波浪力组合时，采用持续风速；当用阵风风速计算的风力比用持续风速与最大波浪力组合更为不利时，则采用阵风风速。DNV 定义的阵风风速是时距为 3s 的平均风速，而持续风速是时距为 1min 的平均风速，并给出了两者之间的换算公式：

$$V_g = 1.25V_{10} \tag{2-52}$$

式中，V_g 为海面以上 10m 处的阵风风速；V_{10} 为海面以上 10m 处的持续风速。

2.3.2　流载荷

海流又称洋流，是海水因热辐射、蒸发、降水、冷缩等而形成的密度不同的水团，再加上风应力、地转偏向力、引潮力等作用而大规模相对稳定的流动，它是海水的普遍运动形式之一。海洋里有着许多海流，每条海流终年沿着比较固定的路线流动。海洋里那些比较大的水流，多是由强劲而稳定的风吹刮起来的海流。这种由风直接产生的海流称为风海流。由于海水的连续性和不可压缩性，一个地方的海水流走了，相邻海区的海水也就流进来补充，这样就产生了补偿流。补偿流既有水平方向的，也有垂直方向的，还有一种是海水受月球、太阳引潮力而产生的水平流动现象，是同潮汐一起产生的"潮流"。海流是海洋中主要的动力现象之一，它与风、浪等要素同时直接作用在平台上，对平台的稳性和强度将产生影响。因此在设计中，必须计算流载荷的作用。

1. 海流的速度

在海洋平台结构设计中，通常选百年一遇的流作为设计值，流是随时间变化的，但一般很难确定大小。在设计中，使用有 10 年重现期的表面流。如果设计值缺乏，可以利用式（2-53）计算静水面处的流速：

$$U = 0.015U_w \tag{2-53}$$

式中，U_w 是水面下 10m 处 1h 的平均流速。

潮流的速度随深度的变化较小，而海流的速度随深度有一定变化。在有潮流的海区，一般说来，海流的速度与潮流相比是较小的。因此，在工程设计中，为简便起见，可以着眼于潮流，并近似地认为流速是垂直均匀分布的。

根据 DNV 规范中，当没有详细的流场测量值时，流速随水深变化可取为

$$v(z) = v_{tide}(z) + v_{wind}(z) \tag{2-54}$$

当 $z \leqslant 0$ 时，$v_{tide}(z) = v_{tide}\left(\dfrac{h+z}{h}\right)^{1/7}$；当 $-h_0 \leqslant z \leqslant 0$ 时，$v_{wind}(z) = v_{wind}\left(\dfrac{h_0+z}{h_0}\right)$；当 $z < h_0$ 时，$v_{wind}(z) = 0$。

式中，$v(z)$ 为高度 z 处的总流速；z 为考察点到静水面的距离，向上为正；$v_{\text{tide}}(z)$ 为静水面潮流流速；$v_{\text{wind}}(z)$ 为静水面风生流流速；h 为到静水面的水深（取正值）；h_0 为对风生流的参照深度，$h_0 = 50\text{m}$。

2．剪切流

剪切流通常随深度成线性变化或双线性变化。在海底处的流速为 0，靠近海面的流剖面成对数变化。流会改变波的形状和大小，对于均匀流所采取的近似做法是将流剖面移到自由表面上，如图 2-34 所示。

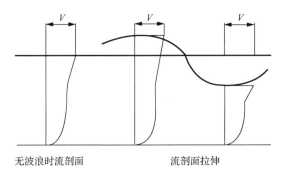

无波浪时流剖面　　　　流剖面拉伸

图 2-34　剪切流近似处理

3．流载荷计算

1）莫里森公式法

我国船检部门给出的钻井平台水下部分构件的海流力 F 为

$$F = \frac{1}{2}\rho C_{\text{D}} u^2 A \qquad (2\text{-}55)$$

式中，ρ 为海水密度，$\text{kN·s}^2/\text{m}^4$；C_{D} 为拖曳力系数；u 为设计流速；A 为构件在与流向垂直的平面上的投影面积，m^2。

当波流联合作用时，取 $u = u_{\text{w}} + u_{\text{c}}$，从而有

$$f_{\text{D}} = \frac{1}{2}\rho C_{\text{D}} A(u_{\text{w}} + u_{\text{c}})|u_{\text{w}} + u_{\text{c}}| \qquad (2\text{-}56)$$

式中，u_{w} 为波浪水质点的水平速度，m/s；u_{c} 为流速，m/s。

海流、潮流和波浪水质点的水平速度联合作用在整个桩柱上的水平拖曳力为

$$F_{\text{D}} = \int_0^{d+\eta} \frac{1}{2}\rho C_{\text{D}} A(u_{\text{w}} + u_{\text{c}})^2 \text{d}z \qquad (2\text{-}57)$$

式中，d 为水深，m；η 为波面高，m；z 为深度，m。

2）OCIMF 推荐公式

通过水池试验得到流载荷系数，然后利用 OCIMF（Oil Companies International Marine Forum，石油公司国际海事论坛）推荐公式计算流载荷：

$$F_x = \frac{1}{2}C_x\rho u^2 TL_{BP}$$

$$F_y = \frac{1}{2}C_y\rho u^2 TL_{BP} \tag{2-58}$$

$$M_{xy} = \frac{1}{2}C_{xy}\rho u^2 TL_{BP}^2$$

式中，F_x、F_y、M_{xy} 为相应方向的流载荷；C_x、C_y、C_{xy} 为相应方向的流载荷系数；T 为吃水；L_{BP} 为浮体垂线间长。

OCIMF 方向规定如图 2-35 所示。

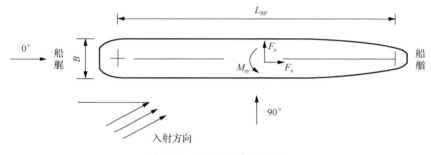

图 2-35　OCIMF 方向规定

该公式只考虑了流载荷在水平面内的力与力矩，这也是对海上浮式结构物影响最大的力与力矩。

3）API 规范方法

对于未做过水池试验或没有对应流载荷系数的浮体，可根据经验公式方法来估算流载荷。在 API 规范中，海流力通过如下的经验公式获得：

$$F_x = C_x Su^2$$
$$F_y = C_y Su^2 \tag{2-59}$$

式中，F_x、F_y 分别为固船坐标系 x 方向、y 方向的流载荷；C_x、C_y 分别为固船坐标系 x 方向、y 方向的流载荷系数；S 为浮体湿表面面积。

式（2-59）仅适用于迎流载荷的计算，对于倾斜方向的流，可通过式（2-60）来估算：

$$F_\varphi = F_x\left(\frac{2\cos^2\varphi}{1+\cos^2\varphi}\right) + F_y\left(\frac{2\sin^2\varphi}{1+\sin^2\varphi}\right) \tag{2-60}$$

式中，φ 为倾斜角度。

2.3.3　冰载荷

位于寒冷地区海域的平台要考虑冬季海面结冰造成的影响。海冰载荷的作用可表现为因海水的流动携带冰块对平台局部的撞击，也可表现为巨大冰块对平台的整体挤压，平台的局部强度和整体强度都会带来较大影响。对处于极地海域作业的平台，海冰载荷可能成为平台设计的控制载荷，海冰的破坏力还有海冰膨胀时造成的"胀压力"，海冰的温度每降低 1.5℃，1000m 长的海冰就能膨胀 0.45m，这种"胀压力"可以使被冰冻住的船只变形受损。海冰受潮汐的升降引起的向上的竖压力可以破坏被冻结的海上建筑物。

海冰很结实，它的抗压强度由海冰的含盐度、海水的温度和海冰的"年龄"决定。海水中含盐量越低，海冰抗压强度越大，所以海冰比淡水冰的坚硬程度要差，一般为淡水冰坚硬程度的 75%左右。温度越低，海冰的抗压强度越大，而新冰比老冰的抗压强度大。1969 年渤海特大冰封时，为解救被冰封的船只，在 60cm 厚的堆积冰层上投放 30kg 炸药，也没能把冰层炸破。

1．冰载荷的成分

我国渤海和黄海北部，每年冬季都有不同程度的海水结冰现象。一般冰期长达 2～3个月，其中辽东湾冰期最长，可达 3～4 个月。最大单个流冰冰块面积可达 60～70km²。每次冰封或出现严重冰情都会造成不同程度的损失，如船只被冻在海上、港湾及航道被封冻、海上建筑物遭到破坏等。渤海和黄海北部的冰情，虽不及寒冷地区严重，但遇到特殊严重的年份，会对海上钻井和平台作业带来十分严重的后果。据记载，1969 年渤海曾发生罕见特大冰封时，流冰边缘接近渤海海峡，冰封期间，海冰摧毁了由 15 根 2.2cm 厚锰钢板卷成直径 0.85m、长 41m、打入海底 28m 深的空心圆筒桩柱全钢结构的"海二井"石油平台，"海一井"平台支座钢缆也全部被流冰撞断，造成我国有记载以来最严重的一次海冰灾害。

海冰对海洋工程建筑物的作用力，习惯称为冰载荷。作用于建筑物的冰载荷的组成主要有以下几个部分。

（1）巨大的冰原包围了建筑物，整个海面处于冰层覆盖的状态。在潮流及风的作用下，大面积冰原呈整体移动，挤压平台。如果平台能承受，则冰原被桩柱切入或割裂。这种冰载荷呈周期性变化，并伴随着振动。大面积冰原在破碎前的瞬间，平台上的挤压力最大。

（2）流冰期间，自由漂浮的流冰冲击平台而产生的冲击力。

（3）在冬季气温剧变的情况下，整体冰盖层由于温度的变化引起膨胀而产生对平台挤压的膨胀力。

（4）平台周围的海冰因温度下降而结成一体，冻结成的冰盖因潮流和风的变化而移动，产生对平台的拖曳力。水位的波动会产生垂直作用力（水位下落时冰的重力，水位上升时冰块得到的浮力）。

（5）流冰期冰块对平台的摩擦作用力。

一些国家修建海上孤立建筑的实践经验表明，在上述各种可能产生的冰载荷中，前两种冰载荷是主要的，是使平台倾覆或结构损坏的主要原因。从我国渤海湾地区实际观察冰对建筑物的作用来看，主要是大面积冰原在风和潮流的作用下，对桩基式钻井平台产生周期性的挤压力，并有强烈的振动。

2．冰载荷挤压力计算

冰载荷的挤压力是由大面积冰原挤压孤立垂直桩柱所产生的冰载荷 P，根据中国船级社《海上平台状态评定指南》，有

$$P = mK_1K_2R_cbh(\text{kN}) \tag{2-61}$$

式中，K_1 为局部挤压系数，$K_1 = \left(1 + \dfrac{h}{b}\right)^{1/2}$；$K_2$ 为桩柱与冰层的接触系数，建议取 0.3；R_c 为冰块试验的极限抗压强度，kN/m^2；b 为桩柱宽度或直径，m；h 为冰层计算厚度，m，按国家主管部门提供的实测资料取得。

当计算桩群上的冰载荷时，应考虑桩群的遮蔽作用。

从式（2-61）可以看出，要正确地计算作用于桩柱上的冰压力，合理地根据平台作业地区的实际情况决定 K_1 和 K_2 是十分重要的。式（2-61）中各主要参数应尽量通过长期观测，经分析后确定。

在实测资料不足的情况下，可取下列数值：K_1 取 2.5～3.0，K_2 取 0.3～0.45。对于渤海和黄海北部沿海，R_c 取 1470 kN/m^2。关于冰层计算厚度，辽东湾取 $h = 1\text{m}$，渤海湾取 $h = 0.8\text{m}$，莱州湾取 $h = 0.7\text{m}$，黄海北部沿海取 $h = 0.8\text{m}$。

3．冰载荷冲击力计算

如图 2-36 所示为冰块冲击在平台上的示意图。

根据动能守恒定律，冲击平台的动能是不变的，由此可知

$$\Delta E = W \tag{2-62}$$

其中

$$\Delta E = \frac{1}{2}(\rho BLh)v^2 \tag{2-63}$$

$$P(x) = mK_1R_cbh, \quad 取 K_2 = 1 \tag{2-64}$$

$$b = 2x\tan\alpha \tag{2-65}$$

$$W = \int_0^x P(x)\mathrm{d}x = \frac{1}{2}Px \tag{2-66}$$

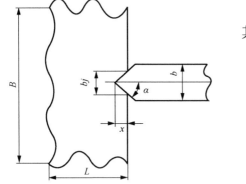

图 2-36　冰块冲击示意图

式中，$B \times L \times h$ 为冰的面积。

由式（2-62）～式（2-66）可以得出

$$x = v\sqrt{\frac{\rho BL}{2mK_1R_c\tan\alpha}} \tag{2-67}$$

将 x 代入 $P(x)$ 可以得到冲击力的大小：

$$P = vh\sqrt{2mK_1R_c\tan\alpha\rho BL} \tag{2-68}$$

若取 $K_1 = 2.5$，$\rho = 900 \text{kg/m}^3$，则

$$x = 0.424v\sqrt{\frac{BL}{mK_1 R_c \tan \alpha}} \tag{2-69}$$

$$P = 2.12vh\sqrt{mR_c \tan \alpha BL} \tag{2-70}$$

2.4　载荷计算分析软件

浮体水动力分析技术源于船舶耐波性能的研究，目前关于船舶与海洋结构物的运动响应及波浪载荷理论预报，国际上采用粘流理论和势流理论两种理论模型。粘流理论模型基于有限体积法等数值方法对纳维-斯托克斯方程进行求解，计算精度高，但是计算资源需求大。尤其是针对大型海上浮式结构物的水动力问题，以目前计算机的处理和存储能力需要付出极高的计算成本。而势流理论模型在海洋结构物水动力问题关注的运动响应和载荷响应预报上的精度尚可，同时具有计算效率高、可靠性高的优点，十分适合应用在工程实际问题中。

目前工程中广泛采用的是基于边界元方法的三维势流数值模拟方法，并且随着数值模拟技术的日臻完善，国际上一些主要船级社和科研院所相继开发了基于不同理论的水动力分析软件。这些水动力分析理论及软件的本质区别在于对航速效应和非线性因素的不同考虑。表 2-5 给出了目前国内外比较典型的三维水动力分析软件及其基本理论和数值模拟方法。

表 2-5　国内外典型三维水动力分析软件

名称	国别	频域/时域分析	核函数	自由面条件	物面条件
WAMIT	美国	频域	无航速 自由面 Green 函数	平均静水面	平均湿表面
HydroSTAR	法国	频域	无航速 自由面 Green 函数	平均静水面	平均湿表面
COMPASS-WALCS-BASIC	中国	频域	无航速 自由面 Green 函数	平均静水面	平均湿表面
LAMP	美国	时域	自由面 Green 函数	入射波面	瞬时湿表面
SWAN	美国	时域	Rankine 源 Green 函数	入射波面	瞬时湿表面
WISH	韩国	时域	Rankine 源 Green 函数	入射波面	瞬时湿表面

关键核心技术是国之重器，对推动我国经济高质量发展、保障国家安全都具有十分重要的意义。

COMPASS-WALCS 软件是哈尔滨工程大学环境载荷与结构强度"兴海"学术团队与中国船级社历经 20 余年共同开发的我国首款船舶与海洋波浪载荷计算商业软件，该软件于 2013 年发布。其包含船舶与海洋工程波浪载荷基本计算（BASIC）、三维线性水弹性分析

（LE）、非线性水弹性分析（NL）、浮体与系泊系统及立管耦合分析（CRA）和三维非线性时域分析（FNL）等模块，在我国"海洋石油 981"钻井平台、各类大型舰船、超大型集装箱船和矿砂船等设计中发挥了重要作用。该软件填补了行业在相关领域的技术空白，大力推动了我国船舶行业的 CAE 软件自主化发展，标志着我国首次拥有了具有完全自主知识产权的浮体波浪载荷计算商业软件。

　　COMPASS-WALCS-BASIC 是三维波浪载荷计算软件，如图 2-37 所示。该软件是 COMPASS-WALCS 软件系统的基本模块，秉承哈尔滨工程大学前期十余年研究成果，适用于三维无航速浮体及常规航速船舶的运动响应及波浪载荷计算。

图 2-37　波浪载荷计算软件

　　COMPASS-WALCS-BASIC 基于三维线性势流理论，用于多种海洋浮式结构物，包括单体船、双体船、三体船以及浮式平台在规则波中的水动力分析，能够考虑非线性横摇修正，输出水动力系数、静水载荷、运动响应、剖面载荷响应、指定计算点处的压力、指定计算点处的速度（加速度），以及可用于直接强度计算的有限元加载文件等。

习　　题

　　1. 如何获得实际船舶的重量分布曲线？

　　2. 说明计算船舶静水剪力、弯矩的主要步骤。

　　3. 静置法对计算波浪的波型、波长、波高及与船舶相对位置做了怎样的规定。

　　4. 区别下列名词的不同含义：静水弯矩、波浪弯矩、波浪附加弯矩。

　　5. 海洋环境载荷主要包括哪些载荷，它们各有何特点。

　　6. 长方形浮码头，长 20m、宽 5m、深 3m，空载时吃水为 1m（淡水）。当其中部 8m 范围内承受均布载荷时，吃水增加至 2m，如图 2-38 所示。假定浮码头船体重量沿其长度方向均匀分布，试绘出该载荷条件下的浮力曲线、载荷曲线、剪力曲线和弯矩曲线，并求出最大剪力和最大弯矩值。

7. 长方形货驳长 $L = 10\text{m}$，均匀装载正浮于静水中。假定货驳自重沿船长均匀分布，且在货驳中央处加一集中载荷 $P = 100\text{kN}$，如图 2-39 所示。试绘出其载荷、剪力和弯矩曲线。

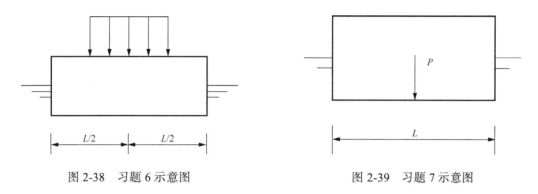

图 2-38　习题 6 示意图　　　　　　　　　图 2-39　习题 7 示意图

8. 长方形驳船长 $L = 50\text{m}$、宽 $B = 10\text{m}$、高 $H = 6\text{m}$，正浮于静水中。已知其自重沿船长均匀分布，其集度为 $w = 200\text{kN/m}$，在甲板中部向艏、艉各 $l = 10\text{m}$ 的范围内堆放了 $q = 500\text{kN/m}$ 的均布载荷，如图 2-40 所示。

（1）试绘出其在静水中的载荷、剪力和弯矩曲线，并求船舯处的弯矩值；

（2）若船体静置于一波高 $h = 3\text{m}$、波长 $\lambda = 50\text{m}$ 的正弦波中，试计算当波峰位于船舯时的波浪附加弯矩和合成弯矩。水的比重取 $\gamma = 10\text{kN/m}^3$。

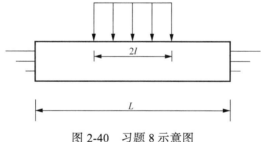

图 2-40　习题 8 示意图

9. 某箱形船长 100m、宽 18m，在淡水中正浮时吃水为 5m。假定船体重量沿船长均匀分布，现将一重量为 150t 的物体置于船艉处。

（1）求船体平衡时的平均吃水和纵倾角；

（2）计算船体的最大剪力值和最大弯矩值。

第3章 船舶总纵强度

在确定船舶总纵强度校核所需的外力后，即可进行船体结构的总纵强度校核。通常情况下，总纵强度的校核包括总合正应力校核、弯曲剪应力校核和极限弯矩校核。进行总合正应力和剪应力的校核，是为了保证船体结构在正常使用时的强度；极限弯矩的校核则是为了使船体结构具有足够的强度储备。如果按照板格长边的方向来划分船体的构架形式，那么板格长边方向垂直于船长的为横骨架式，板格长边方向平行于船长的为纵骨架式。总纵强度计算是对纵骨架式的船体结构进行的。

本章主要内容包括以下三点：

（1）船体梁结构及载荷传递；

（2）船体梁的总纵弯曲强度；

（3）船体梁的极限强度。

3.1 船体梁结构及载荷传递

船体结构是由许多构件组成的，平行于船长方向布置的构件，如外板、甲板板、纵桁、纵骨、纵舱壁，承受总纵弯曲，称为纵向构件；而垂直于船长方向布置的构件，如横舱壁、肋板、肋骨、横梁，虽不承受总纵弯曲，但起到了保证船体刚度的作用，称为横向构件。

船体构件各自承担着特定的作用。其中一些是直接承受外力的构件，另外一些构件承受其他构件所传来的力。

为了讨论方便，假定在船底板架上只作用着水压力。直接承受水压力的构件是外底板。外底板先将水压力传给骨架（纵骨、肋板和船底纵桁等），然后传到板架的支撑周界（横舱壁和舷侧），载荷的传递过程如图 3-1 所示。同样，甲板上的荷重也传给舱壁和舷侧。横舱壁在这些力及与舷侧相交处的剪力作用下取得平衡，在舷侧上作用的这些力及与舱壁相交处的剪力，构成舷侧板架所受的不平衡力，这个力以剪力的形式传给相邻的板架，它就是总纵弯曲时作用在船体剖面中的剪力。

由于构件相互连接，其作用力是很复杂的。以纵骨架式船底板架为例，外板本身承受水压力时将产生弯曲变形，与纵骨连接的外板部分又将随纵骨弯曲产生弯曲剪力。以此类推，外板中的弯曲应力将包含板的弯曲应力、纵骨弯曲应力、板架弯曲应力和总纵弯曲应力等四种应力成分。这就是船体构件承受多种作用、产生多种应力的工作特点。其变形特征如图 3-2 所示。

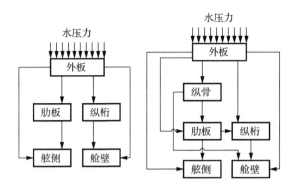

图 3-1　船体外部载荷的传递过程

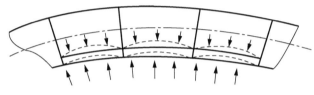

图 3-2　船体弯曲变形

　　根据上述分析，纵向构件按照在船体弯曲变形过程中所产生的应力分为四类：

　　（1）只承受总纵弯曲正应力 σ_1 的纵向构件称为第一类构件，如不计甲板荷重的上甲板纵向构件；

　　（2）同时承受总纵弯曲正应力 σ_1 和板架弯曲正应力 σ_2 的纵向构件称为第二类构件，如船底纵桁、内底板；

　　（3）同时承受总纵弯曲正应力 σ_1、板架弯曲正应力 σ_2 和纵骨弯曲正应力 σ_3 的纵向构件称为第三类构件，如纵骨架式中的外底纵骨或横骨架式中的船底板；

　　（4）同时承受总纵弯曲正应力 σ_1、板架弯曲正应力 σ_2、纵骨弯曲正应力 σ_3 和板的弯曲正应力 σ_4 的纵向构件称为第四类构件，如纵骨架式中的船底外板。

　　以上各种弯曲正应力，除总纵弯曲正应力外均称为局部弯曲正应力。在计算总纵弯曲应力时，通常将实际船体结构视作一根具有与原结构相当抗弯刚度的实心直梁来处理，称为等值梁假设。采用等值梁假设来校核船体结构的总纵强度可以使问题得到相当大的简化，但必须同时考虑总船体结构的工作特点：应力的多重作用，即总纵弯曲应力和局部弯曲应力同时存在；局部结构的稳定性，即船体板和骨架可能因刚度不足而失稳。

　　在强度计算中，考虑到船体构件这种多重作用的特征，曾经根据上述应力分类法，按照弯曲应力的合力来校核船体强度。很明显，这样的应力合成方法，仅仅是一种假定性的，并不能确切地反映出船体构件的真实受力情况。尽管如此，上述船体结构工作特征，即结构稳定性和应力的多重作用，仍旧是船体强度计算中必须考虑的两个主要问题。

3.2　船体梁的总纵弯曲强度

3.2.1　总纵弯曲正应力的计算

1．概述

根据等值梁假设，船体构件的总纵弯曲正应力可以按照梁的弯曲理论公式进行计算，即

$$\sigma = \frac{M}{I}Z \tag{3-1}$$

式中，M 为计算剖面的总纵弯矩；I 为计算剖面对水平中和轴的惯性矩；Z 为应力点至中和轴的垂直距离，向上为正。

由式（3-1）可知，船体剖面上的应力呈线性分布。一般的船舶，中和轴离船底比较近，因此上甲板是离中和轴最远的构件，其弯曲正应力最大。在船舶强度计算中通常把式（3-1）化成如下形式：

$$\sigma = \frac{M}{I}Z = \frac{M}{W} \tag{3-2}$$

式中，W 为船体剖面模数，$W = \dfrac{I}{Z}$。

船体剖面模数是表征船体结构抵抗弯曲变形能力的一种几何特性，也是衡量船体强度的一个重要标志。显然，弯矩值一定时，船体剖面模数越大，则弯曲正应力越小，最小的剖面模数对应着最大的弯曲正应力，反之亦然。

从式（3-2）可以看出，在已知外部载荷的情况下，要算出总纵弯曲正应力，还须确定对应位置的剖面模数。

2．计算剖面的选择

在求得船体的总纵弯曲力矩和剪力之后，就可计算船体总纵弯曲应力和剪应力，以便进行强度校核。因此，首先要确定对哪些剖面进行应力计算。一般沿船长选取 3～5 个危险剖面，其中包括弯矩最大的剖面（船舯附近）、剪力最大的剖面（距艏艉 1/4 船长处）和剖面最弱的位置（甲板有大开口处）。

3．剖面惯性矩的计算

计算船体剖面模数时，首先要确定哪些构件能够有效地参加抵抗总纵弯曲变形，即哪些构件可以计入计算剖面。通常，纵向连续并能有效地传递总纵弯曲应力的构件均应计入，但有些纵向构件由于形状和构造的关系，不能有效地传递总纵弯曲应力，则不能计入。船舯部船长的 40%～50%区域内的纵向连续构件，如上甲板、外板、内底板、纵桁、纵骨以及符合上述要求的其他构件，计算剖面模数时均应计入，这些构件称为纵向强力构件。此外，舯部区域只占部分船长的非连续构件（或称为间断构件），如上层建筑甲板和侧壁等，参加抵抗总纵弯曲的程度取决于它们本身的构造和长度。根据上层建筑强度理论，一般规

定，凡长度超过船长的 15%，且不小于本身高度 6 倍的上层建筑，以及同时受到不少于 3 个横舱壁或类似结构支持的长甲板室，可认为其舯部是完全有效地参加抵抗总纵弯曲。可是这些构件的端部，由于抵抗总纵弯曲的程度较小，故应按图 3-3（a）扣除斜线部分的构件剖面面积。相邻舱口之间的甲板，同样可视为间断构件，因此若计算剖面选在图 3-3（b）的斜线区域内，则斜线部分的甲板剖面面积也应扣除。强度计算中规定，凡甲板开口宽度超过甲板宽度 20% 的构件均应扣除。纵桁腹板上的开口，若大于腹板高度的 20%，则应扣除开口部分。至于纵向连续构件上的个别开口，如人孔、舷窗等，计算剖面模数时则不必扣除。

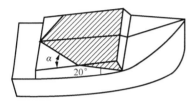 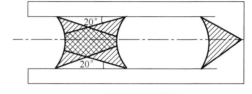

（a）上层建筑端部有效的构件　　　　　　　（b）甲板板的有效部分

图 3-3　部分参与总强度的构件剖面面积计算

图 3-3（a）中 α 角按式（3-3）计算：

$$\alpha = \arctan\left(\sqrt{\frac{2t_\mathrm{m} + 1.5t_\mathrm{d}}{1.5t}}\right) \tag{3-3}$$

式中，t_m 为上层建筑侧壁厚度，cm；t_d 为上层建筑纵舱壁厚度，cm；t 为上层建筑甲板厚度，cm；α 为角度，（°）。

4．应力分布

若参加抵抗总纵弯曲变形的构件中，有些构件采用不同材料，则应先将其换算成相当于基本材料的断面积后，再进行剖面要素计算。若被换算构件的剖面积为 a_i，应力为 σ_i，弹性模量为 E，则根据变形相等时承受同样的力 P，可得

$$\varepsilon = \frac{\sigma_i}{E_i} = \frac{\sigma}{E} \quad \text{或} \quad \varepsilon = \frac{P}{a_i E_i} = \frac{P}{aE} \tag{3-4}$$

故

$$\text{等效面积 } a = a_i \frac{E_i}{E}, \quad \text{异种材料真实应力 } \sigma_i = \sigma \frac{E_i}{E} \tag{3-5}$$

因此，计算剖面积时，只要将被换算构件的剖面积乘以两种材料的弹性模量之比 E_i/E 即可。显然，这些构件中的实际应力为基于被换算构件的等效面积计算出的应力乘以两种材料的弹性模量之比。如果有垂直板时，其高度为 h_i，厚度为 t_i，其剖面积也应乘以 E_i/E，板的自身惯性矩为

$$i_0 = \frac{\left(a_i \dfrac{E_i}{E}\right) h_i^2}{12} \tag{3-6}$$

如果船体结构是对称的，可以只对半个剖面进行计算。为了简化计算，可把与中和轴距离相同的构件划为一组，并进行编号，然后用表 3-1 计算剖面几何要素，进行第一次近似计算。

表 3-1　第一次近似计算

1	2	3	4	5	6	7	8	9	弯曲应力		欧拉应力 σ_E /（kgf/cm²）或（N/mm²）
构件编号	构件名称	构件尺寸 /mm	剖面积 A_i/cm²	与参考轴的距离 Z_i/m	静力矩 $A_i \cdot Z_i$ /（cm²·m）	惯性矩 $A_i \cdot Z_i^2$ /（cm²·m²）	自身惯性矩 i_0/（cm²·m²）	与中和轴的距离 Z'/m	中拱/（kgf/cm²）或（N/mm²）	中垂/（kgf/cm²）或（N/mm²）	
1											
2											
3											
…											
Σ				A		B	C				

注：1kgf/cm²=9.80665×10⁴Pa；1N/mm²=10⁶Pa。

计算步骤如下。

取参考轴 OO'，该轴可选在离基线 e（0.45～0.5）型深处，分别求出各组构件的剖面积 A_i、与参考轴的距离 Z_i、静力矩 $A_i \cdot Z_i$ 和惯性矩 $A_i \cdot Z_i^2$，对于高度较大的垂向构件，如船侧板等，还要计算其自身惯性矩 i_0。令

$$\sum A_i = A, \quad \sum A_i Z_i = B, \quad \sum (A_i Z_i^2 + i_0) = C \tag{3-7}$$

由此可得，剖面中和轴与参考轴的距离为

$$\varepsilon = \frac{B}{A} \tag{3-8}$$

剖面对水平中和轴的惯性矩为

$$I = 2(C - \varepsilon^2 A) = 2\left(C - \frac{B^2}{A}\right) \tag{3-9}$$

任意构件至中和轴的距离为

$$Z' = Z_i - \varepsilon \tag{3-10}$$

构件中的总纵弯曲应力为

$$\sigma_i = \frac{M}{I} Z_i' \tag{3-11}$$

式中，弯矩 M 中拱时为正、中垂时为负。由式（3-11）求得的应力 σ_i 称为总纵弯曲应力第一次近似计算值。将这样得到的各构件的应力值填入表 3-1 第 10 栏和第 11 栏内。

若甲板和船底与中和轴最远的距离分别为 Z_j 和 Z_d，则甲板和船底的剖面模数分别为

$$W_j = \frac{I}{Z_j}, \quad W_d = \frac{I}{Z_d} \tag{3-12}$$

通常，甲板的剖面模数比船底的剖面模数要小，所以有时也称甲板剖面模数为船体剖面的最小剖面模数，我国《钢质海船入级与建造规范》规定以该模数作为对船体结构总强度的要求。

3.2.2 纵向构件的稳定性校核

1．稳定性计算

在总纵强度计算中，对纵向构件的稳定性有如下要求：骨材（纵桁、纵骨）和重要部位的板（平板龙骨、甲板边板、舷顶列板）不允许失稳，其余部位的板允许失稳，但须对失稳板进行减缩。

1）杆的稳定性计算

在研究纵向骨材的稳定性时，通常可以参照结构力学中单跨压杆、多跨压杆以及平面简单板架的稳定性计算。

（1）两端铰支的单跨压杆（图 3-4）的欧拉应力 σ_E 和临界应力 σ_{cr}。

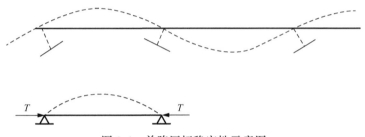

图 3-4　单跨压杆稳定性示意图

欧拉应力可以理解为压杆在弹性范围内（$\sigma_E \leqslant$ 材料比例极限 σ_p）的临界应力，即

$$\sigma_{cr} = \sigma_E = \frac{\pi^2 Ei}{l^2 A} = \frac{\pi^2 E}{\lambda^2}, \quad 柔度\ \lambda = \sqrt{\frac{i}{A}} \tag{3-13}$$

式中，i 为包括带板的骨材剖面惯性矩；l 为骨材的跨距；A 为骨材本身的剖面积；E 为材料弹性模量。

事实上，压杆在失稳时材料可能已超过弹性范围，并且实践表明超过弹性范围时的应力远小于欧拉应力，为此有必要研究压杆的非弹性稳定问题。在造船界中，通常将杆件在弹性范围外失稳的应力称为临界应力，以区别于在弹性范围内失稳的欧拉应力。

非弹性稳定性的理论分析方法有多种，其中最简单的是切线模量理论。采用这个理论处理非弹性稳定的问题时，仅需要将弹性范围公式中的弹性模量 E 用非弹性阶段应力-应变曲线的切线斜率 $E_\tau = \dfrac{\mathrm{d}\sigma}{\mathrm{d}\varepsilon}$ 来代替，E_τ 为材料的切线模量。

压杆非弹性稳定性问题除了可以用理论方法解决外，还可以通过试验方法来处理。试验方法就是通过不同材料和尺寸的压杆稳定性试验得出一条失稳应力与杆件尺度间的关系曲线。在一般工程结构中，这种曲线常以柔度 λ 为横坐标，失稳应力为纵坐标，称为"柱子曲线（Column Curve）"。

柱子曲线可分为两部分：当 λ 较大时，杆件细而长，这时失稳应力不会超过弹性范围，因此曲线与欧拉公式曲线规律应该是一致的；当 λ 较小时，杆件短而粗，失稳时材料已超过弹性范围；当 λ 相当小时，压杆不会因失稳而产生破坏，而是强度发生破坏，故相应的破坏应力为屈服极限 σ_s。对于一般屈服应力为 235MPa 的钢材，区别弹性与非弹性失稳的柔度 $\lambda_p = 100$，对应的应力为材料的比例极限 σ_p。

通常柱子曲线可用二次抛物线拟合，由结构力学的相关知识可得

$$\sigma_{cr} = \sigma_s - \frac{\sigma_p(\sigma_s - \sigma_p)}{\sigma_E} \tag{3-14}$$

在实际材料中，σ_s 与 σ_p 的数值往往在一定范围内变化，因此式（3-14）中的 σ_s 和 σ_p 数值应选取所求得的最小可能值。目前船舶工程领域通常取 $\sigma_p = \sigma_s/2$，代入式（3-14）后可得

$$\sigma_{cr} = \sigma_s\left(1 - \frac{\sigma_s}{4\sigma_E}\right) \tag{3-15}$$

为了方便起见，采用无因次量 $x \equiv \dfrac{\sigma_E}{\sigma_s}$、$y \equiv \dfrac{\sigma_{cr}}{\sigma_s}$，则柱子曲线的拟合公式可以表示为

$$y = f(x) = \begin{cases} x, & x \leqslant 0.5 \\ 1 - \dfrac{1}{4x}, & x > 0.5 \end{cases} \tag{3-16}$$

以上方法是利用试验拟合公式来对杆件的临界应力进行非弹性修正。当然还可以直接利用试验曲线来达到这一目的。在我国的《钢质海船入级与建造规范》中，给出了如图 3-5 所示的修正曲线。根据由线弹性理论算得的欧拉应力与屈服极限的比值 σ_E/σ_s，即可从该图中查到对应的临界应力与屈服极限的比值 σ_{cr}/σ_s，进而可以得到临界应力 σ_{cr}。

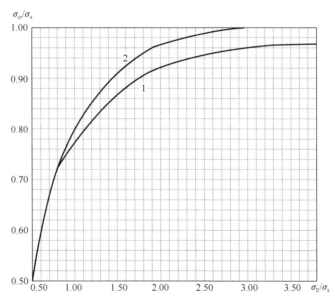

图 3-5 欧拉应力修正曲线

（2）等间距多跨压杆的稳定性。

在船体结构中的多跨压杆可分为两种：一种的中间支座是刚性的，另一种的中间支座是弹性的。如果多跨压杆的每个跨度是等间距的，则多跨压杆可分为多个情况完全相同的两端自由支持的单跨压杆，显然其欧拉应力就等于 $\pi^2 Ei/(l^2 A)$。根据《船舶结构力学》中的相关理论，中间是弹性支座的多跨压杆，其稳定性可用式（3-17）来表示：

$$\varphi \chi_j(\lambda) = \frac{l^3 K}{\pi^4 Ei} \tag{3-17}$$

式中，φ 为非弹性修正因子，$\varphi = \dfrac{E_\tau}{E} = \dfrac{\sigma_{cr}}{\sigma_E} = f(\sigma_{cr})$；$\lambda$ 为无因次的欧拉应力，$\lambda = \dfrac{\sigma_E}{\sigma_0} \leqslant 1$（由刚支座计算的纵骨欧拉应力 $\sigma_0 = \dfrac{\pi^2 Ei}{l^2 A}$）；$\chi_j(\lambda)$ 为弹性支座的刚性系数，可查《船舶与海洋工程结构力学》的相关图表获得，失稳半波数 $j = 1,2,\cdots$。

当弹性支座刚度系数 $K \geqslant K_{cr} = \dfrac{\pi^4 Ei}{l^3} \cdot \varphi \chi_j(\lambda)\big|_{\lambda=1}$ 时，等间距多跨压杆的稳定性可简化为单跨压杆的稳定性。

2）板的稳定性计算

对于纵骨架式的甲板、内底板或外底板，如果在初步计算中不考虑初挠度及横荷重等因素的影响，板的欧拉应力可按式（3-18）进行计算：

$$\sigma_E = 760\left(\frac{100t}{b}\right)^2 \quad (kgf/cm^2) \tag{3-18}$$

或

$$\sigma_E = 76\left(\frac{100t}{b}\right)^2 \quad (N/mm^2) \tag{3-19}$$

式中，b 为纵骨间距；t 为板厚。

对于横骨架式的内底板或外底板，如果在初步计算中不考虑初挠度及横荷重等因素的影响，板的欧拉应力可按式（3-20）计算：

$$\sigma_E = K \cdot 200\left(\frac{100t}{a}\right)^2\left(1 + \frac{a^2}{b^2}\right)^2 \quad (kgf/cm^2) \tag{3-20}$$

或

$$\sigma_E = K \cdot 20\left(\frac{100t}{a}\right)^2\left(1 + \frac{a^2}{b^2}\right)^2 \quad (N/mm^2) \tag{3-21}$$

式中，K 为考虑肋板对外板固定程度的影响系数；a 为肋距；b 为底纵桁间距。

当每挡肋距装实肋板时，$K=1.5$；当每两挡肋距装实肋板时，$K=1.25$；当每三挡肋距装实肋板时，$K=1$。

甲板板按式（3-22）计算：

$$\sigma_{E} = 200\left(\frac{100t}{a}\right)^2\left(1+\frac{a^2}{b^2}\right)^2 \tag{3-22}$$

式中，b 为甲板纵桁间距。

对于横骨架式的甲板边板和舷侧顶列板，由于其厚度可能比相邻板列厚许多，故可按三边自由支持、第四边完全自由的情况计算：

$$\sigma_{E} = 200\left(\frac{100t}{a}\right)^2\left[1+0.426\left(\frac{a}{b_{s}}\right)^2-0.143\frac{a}{b_{s}\left(4+\frac{a^2}{b_{s}^2}\right)}\right] \quad (\text{kgf/cm}^2) \tag{3-23}$$

或

$$\sigma_{E} = 20\left(\frac{100t}{a}\right)^2\left[1+0.426\left(\frac{a}{b_{s}}\right)^2-0.143\frac{a}{b_{s}\left(4+\frac{a^2}{b_{s}^2}\right)}\right] \quad (\text{N/mm}^2) \tag{3-24}$$

式中，b_{s} 为甲板边板宽度。

在四边自由支持的情况下，受剪力作用的板的欧拉应力按式（3-25）计算：

$$\tau_{B} = 1070\left(\frac{100t}{b}\right)^2 \quad (\text{kgf/cm}^2) \tag{3-25}$$

或

$$\tau_{B} = 107\left(\frac{100t}{b}\right)^2 \quad (\text{N/mm}^2) \tag{3-26}$$

在船的强度计算中，按表 3-2 形式计算板的欧拉应力。

表 3-2　板的欧拉应力计算

构件编号	构件名称	长边 a/cm	短边 b/cm	板厚 t/cm	a/b	$\dfrac{100a^2}{b}$	$\sigma_{g}/(\text{kgf/cm}^2)$ 或 (N/mm^2)

第一次近似计算求出总纵弯曲应力轴，对于所有柔性构件，均应使其欧拉应力值与总纵弯曲压力值进行比较，若压应力超过欧拉应力，则应当进行折减计算。下面先就折减的意义做简要说明。

当板中的压应力超过其欧拉应力时，板开始失稳，应力沿板宽不再保持均匀分布，而是自行重新分布。即把与刚性构件直接相连的、在刚性构件每一侧宽度等于该板格短边长度的 25%部分当作刚性构件，承受与刚性构件同样高的应力，不必折减；其余部分则只能承受等于其欧拉应力的压应力。显然，用上述方法计算时，必须保持原来剖面上压力值不变。因此，把待折减部分的剖面面积折减成刚性构件时，应保持下列关系：

$$\sigma_{\mathrm{E}} \cdot \frac{b}{2} t = \sigma_i \cdot b_{\mathrm{e}} \cdot t \tag{3-27}$$

或

$$\sigma_{\mathrm{E}} \cdot A = \sigma_i \cdot A' \tag{3-28}$$

式中，A 为受折减部分的实际剖面面积；b_{e}、A' 为受折减部分的剖面面积折减成刚性构件剖面面积的相当宽度和相当面积。

受折减构件的相当面积与实际剖面面积之比称为折减系数，记为

$$\varphi = \frac{A'}{A} = \frac{\sigma_{\mathrm{E}}}{-\sigma_i} \tag{3-29}$$

因此，在船体强度计算中，用板的欧拉应力与该板受到的总纵弯曲压应力之比来确定其折减系数。折减系数的变化范围是 $0 < \varphi \leqslant 1$，当 $\varphi > 1$ 时，取 $\varphi = 1$。

应当注意，板的承压能力与周界的固定条件、板格形式、初挠度以及横荷重等都有密切关系。在纵骨架式中，板的初挠度以及横荷重作用下引起的挠度，主要是沿短边方向，这种变形提高了板的抵抗纵向压缩的能力。因此，计算纵骨架式板的折减系数时不考虑这些因素是偏于安全的。在横骨架式中，上述各种因素对板的承受纵向压缩的能力都是不利的。因此，计算折减系数时，应当对上述各因素予以考虑，但在本书中不予讨论。

3）简单板架的稳定性计算

简单板架如图 3-6 所示，根据

$$\left.\begin{array}{l} \varphi\chi_j(\lambda) = \dfrac{l^3 K}{\pi^4 Ei} \\ K = \dfrac{\mu^4 EIb}{B^4} \end{array}\right\} \Rightarrow \varphi\chi_j(\lambda) = \left(\dfrac{\mu}{\pi}\right)^4 \left(\dfrac{l}{B}\right)^3 \cdot \dfrac{b}{B} \cdot \dfrac{I}{i} \tag{3-30}$$

式中，μ 取决于横梁的边界条件，横梁两端铰支时，$\mu = \pi$。

当横梁惯性矩 $I \geqslant I_{\mathrm{cr}} = \left(\dfrac{\pi}{\mu}\right)^4 \left(\dfrac{B}{l}\right)^3 \cdot \dfrac{B}{b} \cdot i \cdot \varphi\chi_j(\lambda)\Big|_{\lambda=1}$ 时，简单板架的稳定性可简化为单跨压杆的稳定性。关于板架的稳定性的两种典型计算（注意：稳定性公式中的 φ 和 λ 均与 σ_{cr} 或 σ_{E} 有关）如下所示：

$$\begin{cases} \text{已知横梁} I_{\text{实际}} \rightarrow \text{纵骨} \sigma_{\mathrm{cr}} & \text{（需要求解超越方程）} \\ \text{指定} \sigma_{\mathrm{cr}} \rightarrow \text{横梁} I_{\text{必须}} & \text{（可直接按公式计算）} \end{cases}$$

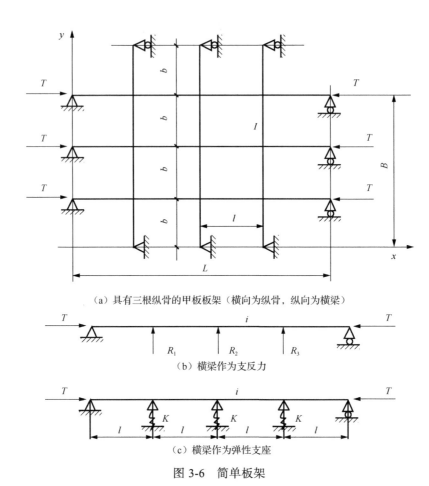

（a）具有三根纵骨的甲板板架（横向为纵骨，纵向为横梁）

（b）横梁作为支反力

（c）横梁作为弹性支座

图 3-6　简单板架

2．板失稳后的承载能力计算

1）纵骨架式

对于只参加抵抗总纵弯曲的构件（如上甲板），有

$$\varphi = -\frac{\sigma_E}{\sigma_1} \tag{3-31}$$

式中，σ_E 为纵骨架式板的欧拉应力；σ_1 为与计算折减系数的板同一水平线上的刚性构件中的总纵弯曲正应力。

对于同时参加抵抗总纵弯曲及板的弯曲的构件（如外底板、内底板），有

$$\varphi = -\frac{\sigma_E + \sigma_2}{\sigma_1} \tag{3-32}$$

式中，σ_2 为板的弯曲应力。

计算中可能出现以下两种情况。

（1）若 $\sigma_2 > 0$，则表示 σ_2 为拉应力，该板非但不会因板架弯曲应力而失稳，反而提高了抵抗总纵弯曲压应力的能力。此时使板丧失稳定性的压应力为 $\sigma_E + \sigma_2$，故第二次近似计算时，该板的折减系数为

$$\varphi = -\frac{\sigma_E + \sigma_2}{\sigma_1} \qquad (3\text{-}33)$$

（2）若 $\sigma_2 < 0$，则表示 σ_2 为压应力。如果该值超过了板所能承受的最大压应力，则该板在板架弯曲压应力作用下就要进行折减，所以不再能承受总纵弯曲压应力 σ_1，故在第二次近似计算时，该构件的折减系数 $\varphi = 0$。如果 σ_2 为压应力，但没有超过板的欧拉应力值，则板因承受板架弯曲应力而降低了抵抗总纵弯曲压应力的能力，故第二次近似计算中的折减系数为

$$\varphi = -\frac{\sigma_E - \sigma_2}{\sigma_1} \qquad (3\text{-}34)$$

这样计算是认为同时承受两种应力的构件，先承受板架弯曲应力，剩余的能力再承受总纵弯曲应力。这只是为了简化计算而采用的一种近似处理问题的方法。

对于经常承受载荷的下甲板或水面以下的舷侧板，本来也是有总纵弯曲应力和局部弯曲应力同时作用着，但因其离中和轴较近，且不如双层底结构在保证总纵强度中的重要性大，因此在第二次近似计算中只按承受总纵弯曲压应力看待，即按式（3-31）计算折减系数。

2）横骨架式

若计算中不考虑初挠度及横荷重的影响，板的折减系数为

$$\varphi = \frac{\sigma_E}{\sigma_1} \qquad (3\text{-}35)$$

式中，σ_E 为横骨架式板的欧拉应力；σ_1 为总纵弯曲应力。

对于横骨架式的舷侧板和纵舱壁板，总纵弯曲应力是呈线性分布的，为了方便计算，可将其分成若干块，在每块板内用其相应的平均应力值作为该板的压应力值。

应当指出，在横骨架式中，由于初挠度和横荷重的存在，一般来说，板的折减系数降低，因此不考虑它们的影响是偏于危险的。

从折减系数的计算中可以看到，该值的大小与总纵弯曲应力有关，而计算总纵弯曲应力值时又假定折减系数为已知。因此，总纵弯曲应力的计算必定是个逐步近似的过程。当然，若总纵弯曲压应力均未超过板的欧拉应力，则不必进行折减计算，因而第一次求得的总纵弯曲应力，就是进行强度校核的计算应力。

计算了构件的折减系数之后，可以进行总纵弯曲应力第二次近似计算，通常是用表 3-3 的形式进行计算，分别按中拱及中垂状态对第一次近似计算结果进行修正。

表 3-3　第二次近似计算

构件编号	构件名称	剖面面积 A_i/cm^2	折减系数 φ_i	修正系数 $\varphi_i - 1$	修正面积 （3）×（5） $A_i(\varphi_i - 1)/\text{cm}^2$	与参考轴的距离 Z_i/m	静力矩（6）×（7） $A_i(\varphi_i - 1)Z_i/(\text{cm}^2 \cdot \text{m})$	惯性矩（7）×（8） $A_i(\varphi_i - 1)Z_i^2/(\text{cm}^2 \cdot \text{m}^2)$
	Ⅰ 第一次近似计算结果 Ⅱ 折减构件				A ΔA		B ΔB	C ΔC
	Σ				A_1		B_1	C_1

设某构件需要进行折减的剖面积为 A_i，折减系数为 φ_i，则修正面积为 $\Delta A_i = A_i(\varphi_i - 1)$，分别求出修正面积对第一次近似计算的参考轴的静力矩和惯性矩，即

$$\begin{cases} \sum A_i(\varphi_i - 1) = \Delta A \\ \sum A_i(\varphi_i - 1)Z_i = \Delta B \\ \sum A_i(\varphi_i - 1)Z_i^2 = \Delta C \end{cases} \qquad (3\text{-}36)$$

将上面计算结果与第一次近似计算结果相加可得

$$\begin{cases} A_1 = A + \Delta A \\ B_1 = B + \Delta B \\ C_1 = C + \Delta C \end{cases} \qquad (3\text{-}37)$$

修正后的船体剖面中和轴至参考轴的距离 ε_1 及剖面惯性矩 I_1 分别按式（3-38）计算：

$$\varepsilon_1 = \frac{B_1}{A_1} \quad (\text{m})$$

$$I_1 = 2\left(C_1 - \frac{B_1^2}{A_1}\right) \quad (\text{cm}^2 \cdot \text{m}^2) \qquad (3\text{-}38)$$

任一构件与中和轴的距离为

$$Z_i' = Z_i - \varepsilon_1 \quad (\text{m}) \qquad (3\text{-}39)$$

任一构件第二次近似计算的总纵弯曲应力为

$$\sigma_i' = \frac{M}{I_1} Z_i' \cdot 10^3 \quad (\text{kgf}/\text{cm}^2) \qquad (3\text{-}40)$$

或

$$\sigma_i' = \frac{M}{I_1} Z_i' \cdot 10^2 \quad (\text{N}/\text{mm}^2) \qquad (3\text{-}41)$$

如果刚性构件中第二次近似计算的总纵弯曲应力值与第一次近似计算值之差不超过 5%，则可用第二次近似值进行总强度校核，否则应再进行一次近似计算。此时，第二次近似计算的结果可作为第三次近似计算的基础。

因此某构件的修正面积为

$$\Delta A_i' = A_i\left(\varphi_i' - \varphi_i\right) \qquad (3\text{-}42)$$

式中，$\varphi_i' = \dfrac{\sigma_E}{\sigma_i}$，若其余各项计算结果仍不能满足要求，则说明该结构设计不甚合理，应考虑新的设计方案，如设法提高柔性构件的稳定性。

3.2.3　局部弯曲正应力的计算

在总纵强度校核计算中，考虑到构件的多重作用，需要进行局部弯曲应力计算。下面根据前面提到的构件分类次序分别予以讨论。

1）船底板架弯曲应力计算

船底板架一般作为交叉梁系结构，关于它的计算原理在《船舶与海洋工程结构力学》中已经有所讲述，这里不再重复。下面只讨论在船体强度计算中的具体分析处理方法。

对于纵骨架式船底板架，板架宽度 B 取肋板组合剖面中和轴与内底边板相交点之间的距离或简单取船宽，板架长度 l 取舱长。桁材组合剖面的带板宽度 C_1 为 $l/8 \sim l/6$ 或桁材间距 C，取其较小者。在带板宽度内的纵骨包括在计算剖面之内。实肋板组合剖面的带板宽度 a_1 为 $B/6$ 或肋板间距 a，取其较小者。板架周界的固定条件，当舷侧为横骨架式时，可作为自由支持；在横舱壁处作为刚性固定。

作用在板架上的荷重为船底外板上的水压力和舱内货物重量之差。在确定作用于船底外板上的水压力时，应注意板架弯曲应力要和总纵弯曲应力进行合成，而且应当是同一计算状态下的应力合成，因而水压力的取法应与总纵弯曲应力的计算状态相对应。在校核船体中部剖面在中拱或中垂状态的强度时，静水压力值必须按照船舶在中拱或中垂状态时，船底板架在波面下的水深来确定，在舱长范围内可认为是均匀分布的，同时应考虑在计算区域内底板上货物可能产生的最不利反压力。舱内反压力一般也认为是均匀的。对于油船，计算波谷在船舯时，应考虑舱内满载情况；波峰在船中时，应考虑舱内空载情况。

对于舱长很短的板架，例如，舱长与板架计算宽度之比小于 0.8 时，确定这种板架中桁材的弯曲应力，可不必进行板架计算，而是将中桁材当作单跨梁处理，其理由如下。

如果把船底板架当作组合板，且认为是各向同性的，则板架中桁材与平板的中央板条梁相当。表 3-4 中列出了不同边长比值时各向同性板的弯矩与板条梁弯矩的比值。

表 3-4　弯矩比值

边界固定情况	构件	断面	l/B		
			0.8	1	1.2
在舱壁处为刚性固定，舷侧为自由支持	中桁材	舱壁处	0.94	0.84	0.72
		跨度中点	0.91	0.8	0.67

从表 3-4 数据可见，边长比值 l/B 越小，弯矩比值越大，即将中桁材作为单跨梁处理引起的误差越小，而且这个误差是偏于安全的。因此，初步校核船体强度时，对于边长比小于 0.8 的板架，可以采用单跨梁的计算公式，即

支座断面弯矩：

$$M_0 = \frac{1}{12} Ql \qquad (3-43)$$

跨长中点弯矩：

$$M_n = \frac{1}{24} Ql \qquad (3-44)$$

式中，Q 为作用在中桁材上的载荷，$Q = qCl$，q 为载荷强度，C 为纵桁间距，l 为纵桁跨度。

中桁材的剖面要素按表 3-5 的形式进行计算。

表 3-5　中桁材剖面要素计算

剖面图	构件编号	尺寸 l_i/mm	剖面积 A_i/cm²	与参考轴 的距离 Z_i/cm	静力矩 A_iZ_i/cm³	惯性矩 $A_iZ_i^2$/cm⁴	自身惯性矩 i_0/cm⁴
	⋮						
	Σ		A		B	C	C

中和轴与参考轴的距离 $e=B/A$；剖面对中和轴的惯性矩 $I=C-Ae^2$；外底板剖面模数 $W=I/e$；内底板剖面模数 $W=I/(h-e)$，h 为中桁材高。

中桁材的弯曲应力（按表 3-6 计算）为

$$\sigma = \frac{M}{W} \tag{3-45}$$

表 3-6　中桁材弯曲应力计算

构件编号	弯矩 M/(tf·m) 或 (N·m)				剖面 模数	应力 σ/(kgf/cm²) 或 (N/mm²)			
	支座		跨中			支座		跨中	
	波峰	波谷	波峰	波谷		波峰	波谷	波峰	波谷
1									
2									
⋮									

2）船体纵骨弯曲应力计算

船体纵骨由肋板支持，由于纵骨在结构上以及所承受的载荷对称于肋板的关系，故可以把纵骨当作两端刚性固定在肋板上的单跨梁进行计算，其支座断面和跨中的弯矩按式（3-46）、式（3-47）计算。

支座弯矩：

$$M_0 = \frac{qba^2}{12} \quad (\text{tf·m}) \text{ 或 } (\text{N·m}) \tag{3-46}$$

跨中弯矩：

$$M_1 = \frac{qba^2}{24} \quad (\text{tf·m}) \text{ 或 } (\text{N·m}) \tag{3-47}$$

式中，q 为载荷强度，分别取中拱和中垂时的水压力；b 为纵骨间距；a 为纵骨跨距。

计算纵骨剖面要素时，带板宽度 b_1 为纵骨间距 b 或者跨长的 1/6，取其较小者，并按照表 3-7 计算。

表 3-7 纵骨剖面要素计算

剖面图	构件编号	尺寸 l_i/mm	剖面积 A_i/cm^2	与参考轴的距离 Z_i/cm	静力矩 A_iZ_i/cm^3	惯性矩 $A_iZ_i^2$/cm^4	自身惯性矩 i_0/cm^4
	⋮						
	Σ		A		B	C	C

纵骨弯曲应力为

$$\sigma_3 = \frac{M}{W} \cdot 10^5 \quad (\text{kgf/cm}^2) \tag{3-48}$$

或

$$\sigma_3 = \frac{M}{W} \cdot 10^4 \quad (\text{N/mm}^2) \tag{3-49}$$

式中，M 为跨中或支座弯矩；W 为纵骨自由翼板或带板的剖面模数。

3）船底板的弯曲应力计算

船底板被船底骨架分成矩形板格，在板的外表面上作用着均布水压力。由于相邻板格在结构上以及所承受的载荷均对称于支撑周界，故可以将船底板格当作四周刚性固定的板进行计算。

（1）纵骨架式板格（图 3-7）。

对于纵骨架式的板格，其长边沿船长方向，通常作为刚性板进行计算。在总纵强度计算中，只计算沿船长方向的最大应力，即板短边中点和板中心点横剖面上的应力。

板中心点横剖面内的计算弯矩：

$$M_1 = k_2qb^2 \tag{3-50}$$

$$M_2 = k_4qb^2 \tag{3-51}$$

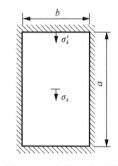

图 3-7 纵骨架式板格

式中，k_2、k_4 为根据边长比值 a/b 由板的弯曲要素查得的弯矩系数，当 $a/b \geqslant 2$ 时，$k_2=0.0125$、$k_4=0.0515$；q 为船舶在中拱或中垂状态时作用在板上的压力；b 为纵骨间距。

船底板上计算剖面中的最大应力为

$$\sigma = \pm \frac{6M}{t^2} \tag{3-52}$$

板中心点横剖面上的应力为

$$\sigma_4 = \mp 0.075q\left(\frac{b}{t}\right)^2 \quad (\text{kgf/cm}^2) \tag{3-53}$$

或

$$\sigma_4 = \mp 0.0075q\left(\frac{b}{t}\right)^2 \quad (\text{N/mm}^2) \tag{3-54}$$

式中，t 为板的厚度。板的内表面为拉应力，外表面为压应力。

短边中点横剖面上的应力为

$$\sigma_4' = \mp 0.039q\left(\frac{b}{t}\right)^2 \quad (\text{kgf/cm}^2) \tag{3-55}$$

或

$$\sigma_4' = \mp 0.0039q\left(\frac{b}{t}\right)^2 \quad (\text{N/mm}^2) \tag{3-56}$$

板的外表面为拉应力，内表面为压应力。

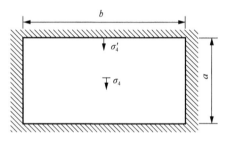

图 3-8　横骨架式板格

（2）横骨架式板格（图 3-8）。

根据合成应力的要求，应该计算板长边中点和板中心点横剖面上的应力。如果计算中不考虑中面应力、初挠度等因素，即作为刚性板处理，则上述剖面中的计算弯矩如下：

$$M_1 = k_3 q a^2 \tag{3-57}$$

$$M_2 = k_5 q a^2 \tag{3-58}$$

式中，a 为肋板间距；k_3、k_5 为根据边长比 b/a 由板的弯曲要素查表得的弯曲系数，当 $b/a > 3$ 时，$k_3 = 1/24$、$k_5 = 1/12$。

长边中点横剖面上的最大应力为

$$\sigma_4' = \mp 0.5q\left(\frac{a}{t}\right)^2 (\text{kgf/cm}^2) \quad \text{或} \quad \sigma_4' = \mp 0.05q\left(\frac{a}{t}\right)^2 \quad (\text{N/mm}^2) \tag{3-59}$$

板中心点横剖面上的最大应力为

$$\sigma_4 = \mp 0.25q\left(\frac{a}{t}\right)^2 (\text{kgf/cm}^2) \quad \text{或} \quad \sigma_4 = \mp 0.025q\left(\frac{a}{t}\right)^2 \quad (\text{N/mm}^2) \tag{3-60}$$

在强度校核计算中，计算板的弯曲应力时，按表 3-8 的形式进行。

表 3-8　板的弯曲应力计算

构件编号	长边 a/cm	短边 b/cm	板厚 t/cm	边比长 a/b	$(b/t)^2$	波峰压头 H_f/m	波谷压头 H_s/m	板中心距基线	计算压头 $H-h$		应力 σ/(kgf/cm²) 或 (N/mm²)			
									波峰 /m	波谷 /m	波峰		波谷	
											板中心	短边中点	板中心	短边中点
...														

3.2.4　正应力的合成及强度校核

如前所述，由于船体结构的多重作用，把它们分成四类构件，于是出现四种应力成分，即总纵弯曲应力 σ_1、板架弯曲应力 σ_2、纵骨弯曲应力 σ_3 以及板的弯曲应力 σ_4。强度校核时，对上述的四类构件可能出现的最大合成应力点求其合成应力。通常对图 3-9 所示的四个剖面进行应力合成。计算合成应力时，总纵弯曲应力在舱长范围内可认为是相同的；板架弯曲应力在一个肋距之间也可认为是相同的；纵骨弯曲应力则取跨中和支座两个剖面的应力值；板的弯曲应力也是取同样的两个剖面的应力值，最后将合成应力与相应位置的许用应力进行比较，以判断船体结构的总纵强度。

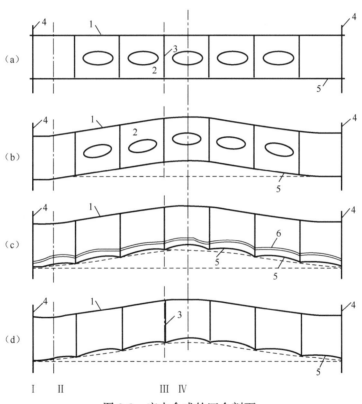

图 3-9　应力合成的四个剖面

（a）板架未弯曲时的图形；（b）底纵桁的弯曲；（c）船底纵骨的弯曲；（d）船底板的弯曲
1-内底；2-底纵桁；3-肋板；4-横舱壁；5-船底板；6-船底纵骨

综上所述，考虑构件参加抵抗总纵强度的有效程度，以及构件的多重作用特点，进而用合成应力校核船体强度应当说是比较合理的，但是仍有待商讨之处。例如，各种应力成分均是按互不相干的独立结构求出的，因而破坏了船体剖面中力的平衡条件；再如，各类构件的作用及其应力性质是不同的，因此用叠加的应力值判断船体结构的强度也是不合理的，所以应力合成法包含了很大程度的假设性。近年来，概率方法在研究船体结构强度方面起了很大的推动作用，并对采取许用应力法评定船体结构强度提出了异议。当然，在没有新的概率强度标准之前，许用应力法仍是评定船体强度的基本方法。

3.2.5　总纵弯曲剪应力的计算及强度校核

　　船体总纵弯曲时，船体横剖面上除了存在总纵弯曲应力外，由于剪力的作用而在同一剖面上产生剪应力。在距艏艉端约 1/4 船长附近，船体剖面上作用着最大的剪力，因此需要校核该剖面船体构件承受剪应力的强度和稳定性。船体梁剖面中的剪应力，一般可按材料力学中的公式计算，即

$$\tau = \frac{N \cdot s}{I \cdot t} \tag{3-61}$$

式中，N 为船体剖面的剪力；s 为求剪应力点一侧剖面积对中和轴的静力矩；I 为船体剖面对中和轴的惯性矩；t 为求剪应力点板的总厚度。

　　对于任一船体剖面来说，剪力 N 和惯性矩 I 是一定值，因此剪应力随 s/t 值的变化而变化。当对中和轴的静力矩 s 为最大值时，通常剪应力也为最大值。在板厚 t 和静力矩 s 突变处，剪应力值也发生突变。由于 s 在中和轴两侧呈抛物线变化，因此剪应力也呈抛物线变化。

　　因为船体结构左右对称，所以计算剪应力时只考虑半个剖面即可。由于船体中心线处的甲板板没有与其他构件相连接，故该处剪应力为零。但具有双层底和纵舱壁的船体结构用式（3-61）不能得到精确解答，这一类结构称为闭式结构，其剪应力应根据薄壁梁的弯曲理论公式计算。下面对以上两种结构中剪应力的实际计算方法分别予以讨论。

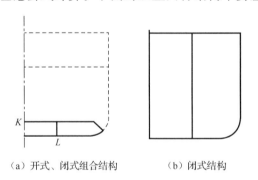

（a）开式、闭式组合结构　　　（b）闭式结构

图 3-10　船体剖面结构

　　对于图 3-10（a）所示的结构，其中一部分可看作开式结构，另一部分可看作闭式结构。但为了简化计算，可近似地把双层底（闭式结构）化为开式结构。其方法是假定各纵桁与外底板连接处的剪应力为零，相当于在 K、L 点把纵桁腹板与外底板分开，于是闭式的双层底结构变成了开式结构，用式（3-61）可以计算底部各点的剪应力。在计算中桁材的剖面积时，应只取其一半。

　　对于完全的闭式剖面结构，如具有三道纵舱壁的油船结构（图 3-10（b）），这种结构剖面上任一点的剪应力，都和与其相连的其他构件上的剪应力有关，所以用式（3-61）就得不到准确的结果，为此应研究船体总纵弯曲时剪应力计算的一般公式。假如从船体上切出一个微元素 $dz \cdot ds$（图 3-11），在其上作用的有正应力和剪应力，则根据 z 轴方向上力的平衡条件，得

$$\frac{\partial \sigma t}{\partial z} - \frac{\partial \tau_s t}{\partial s} = 0 \tag{3-62}$$

因此有

$$\tau_s t = \int_0^s \frac{\partial \sigma t}{\partial z} ds + q_0 \tag{3-63}$$

或改写成

$$q = \int_0^s \frac{\partial \sigma t}{\partial z} \mathrm{d}s + q_0 \tag{3-64}$$

式中，q 为剪流，$q = \tau_s t$。对于薄壁结构，由于其断面厚度很小，故假定剪应力沿板厚是均匀变化的，则剪应力的合力 τt 称为剪流；q_0 为坐标原点（$s = 0$）处的剪流。

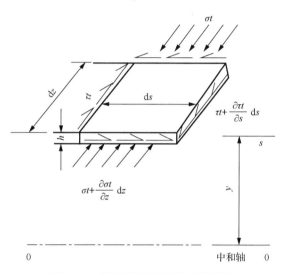

图 3-11　薄壁微元结构受力示意图

考虑到

$$\frac{\partial \sigma}{\partial z} = \frac{\partial}{\partial z}\left(\frac{M_s}{I_x} y\right) = \frac{N_y}{I_x} y \tag{3-65}$$

则

$$q = \int_0^s \frac{N_y}{I_x} yt\mathrm{d}s + q_0 = \frac{N_y s_y}{I_x} + q_0 \tag{3-66}$$

式中，M_s 为面上弯矩；s_y 为从原点算起到所求剪流那点为止的剖面积对中和轴的静力矩，$s_y = \int_0^s yt\mathrm{d}s$；$N_y$ 为作用在剖面上的剪力；I_x 为惯性矩。从式（3-66）可知，剪流与弯矩无关，且沿结构剖面周线的变化规律只与剖面对中和轴的静力矩有关。换句话说，剪流的分布规律完全取决于剖面的几何性质。现在的问题是决定常数 q_0。

如果结构为开式剖面，则因开口处的剪应力为零，故当 $s = 0$ 时，$s_y = 0$、$q = 0$，所以 $q_0 = 0$，于是剖面上的剪流为

$$q_0 = \frac{N_y s_y}{I_x} \tag{3-67}$$

或

$$\tau = \frac{N_y s_y}{I_x t} \tag{3-68}$$

这与材料力学中求得的剪应力公式完全一样。

如果结构为闭式剖面，可在某些点处切开，使之形成开式剖面。但在切开处，纵剖面上将出现剪应力，并可能使切开后的剖面发生纵向位移。为了保证结构的连续性，在切开的两侧剖面上，加上两个大小相等、方向相反的剪流 q_i，于是横截面上的剪流为

$$q = \frac{N_y s_y}{I_x} + q_0 = q^0 + q_i \tag{3-69}$$

式中，q^0 为按开式剖面计算的剪流，$q^0 = \dfrac{N_y s_y}{I_x}$。

由于结构对称，且只讨论总纵弯曲，所以剪力的合力通过纵中剖面（弯曲中心）。此时船体只产生弯曲而不发生扭转变形。于是根据

$$\oint \frac{q}{Gt}\,\mathrm{d}s = 0 \quad 或 \quad \oint \frac{q}{t}\,\mathrm{d}s = 0 \tag{3-70}$$

可确定出剪流 q_i 值，因而也就求得了剪流的分布规律公式。符号 $\oint$ 表示沿闭式剖面积分一周。

如果船体剖面由多闭室组成，则相邻闭室公共壁上的附加剪流为

$$q_{i,k} = q_i - q_k \tag{3-71}$$

于是式（3-70）的一般形式是

$$\oint q_0 \frac{\mathrm{d}s}{Gt} + q_1 \oint \frac{\mathrm{d}s}{Gt} - \sum q_k \int_{i,k} \frac{\mathrm{d}s}{Gt} = 0 \tag{3-72}$$

式中，q_i 为 i 闭室的附加剪流，$i = 1, 2, \cdots, n$，i 为闭室数目；q_k 为与 i 闭室相邻闭室的附加剪流，k 值等于与 i 闭室相邻的闭室数目；$\int_{i,k}$ 表示 i、k 两闭室公共边上的积分。

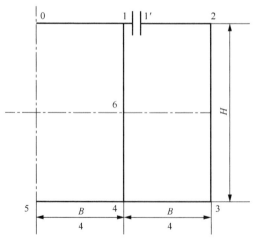

图 3-12 油船剖面形状

例如，求具有两道纵舱壁的油船横剖面中剪应力的分布规律。为了简化计算，假定船体剖面形状如图 3-12 所示，其中 $B/2 = H$，板厚 t 为常量，作用在剖面上的剪力为 N_y，惯性矩为 I_x。

由于结构对称，船体中心线处 0、5 两点的剪应力为零。因此 0-1 和 5-4 部分的剪应力可直接用式（3-61）求得。1-2-3-4-1 为一闭式结构，现假定在 1 点附近切开，并加上一个顺时针方向的剪流 q_1，则船体剖面上实际剪应力分布为图 3-13（a）和图 3-13（b）两种情况叠加。

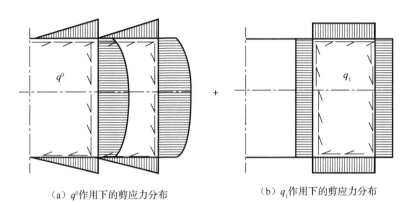

（a）q^0 作用下的剪应力分布　　　　　　（b）q_1 作用下的剪应力分布

图 3-13　船体剖面实际剪应力分布

为了确定 q_1 值，将式（3-69）代入式（3-70），得

$$\oint \frac{q}{t}\mathrm{d}s = \int_{1\text{-}2\text{-}3\text{-}4\text{-}1} \frac{q^0 + q_1}{t}\mathrm{d}s = 0 \tag{3-73}$$

计算中先假定 $N_y/I_x = 1$，则式（3-73）可简化成

$$\frac{1}{t}\int_{1\text{-}2\text{-}3\text{-}4\text{-}1} s_y \mathrm{d}s + \frac{q_1}{t}\int_{1\text{-}2\text{-}3\text{-}4\text{-}1} \mathrm{d}s = 0 \tag{3-74}$$

式中，静力矩积分实际上就是求静力矩分布曲线的面积，且积分方向按 1-2-3-4-1 进行。由于 4-1 的积分值与 2-3 的积分值相等、符号相反，故有

$$\begin{cases} \displaystyle\int_{1\text{-}2\text{-}3\text{-}4\text{-}1} s_y \mathrm{d}s = \int_{1\text{-}2} s_y \mathrm{d}s + \int_{3\text{-}4} s_y \mathrm{d}s = 2\int_0^{B/4} \frac{Hts}{2}\mathrm{d}s = \frac{Ht}{2}\left(\frac{B}{4}\right)^2 = \frac{H^3 t}{8} \\[3mm] \displaystyle\int_{1\text{-}2\text{-}3\text{-}4\text{-}1} \mathrm{d}s = 2\times\frac{B}{4} + 2H = H + 2H = 3H \end{cases} \tag{3-75}$$

将式（3-75）代入式（3-74），得

$$\frac{1}{t}\frac{H^3 t}{8} + \frac{q_1}{t}3H = 0 \tag{3-76}$$

即

$$q_1 = -\frac{H^2 t}{24} \tag{3-77}$$

式中，负号表示与假定的剪流方向相反。将式（3-77）代入式（3-69），则可得到闭式剖面上的剪流分布规律，即

$$q = q^0 + q_1 = s_y - \frac{H^2 t}{24} \tag{3-78}$$

很明显，只要算出静力矩 s，即可求得剪流 q 的分布形式。下面只计算几个特殊点的静力矩值：

$$\begin{cases} s_1 = 0 \\ s_2 = s_{1,2} = \dfrac{H^2 t}{4} \\ s_7 = s_2 + s_{2,7} = \dfrac{3H^2 t}{8} \\ s_3 = s_7 + s_{7,3} = \dfrac{H^2 t}{4} \\ s_4' = s_3 + s_{3,4} = 0 \\ s_4 = s_3 + s_{3,4} + s_{5,4} = -\dfrac{H^2 t}{4} \end{cases} \quad \begin{cases} s_6 = s_4 + s_{4,6} = -\dfrac{3H^2 t}{8} \\ s_1 = s_6 + s_{6,1} = -\dfrac{H^2 t}{4} \\ s_0 = s_1 + s_{4,0} = 0 \end{cases} \tag{3-79}$$

说明：单脚标表示编号处的静力矩；双脚标表示编号点板端的静力矩，其中第一个脚标是计算静力矩的起点号，第二个脚标是终点号。

由此可得

$$\begin{cases} q_1' = -\dfrac{H^2 t}{24} \\ q_4 = -\dfrac{7H^2 t}{24} \\ q_2 = \dfrac{5H^2 t}{24} \\ q_6 = -\dfrac{10H^2 t}{24} \\ q_7 = \dfrac{8H^2 t}{24} \\ q_1 = -\dfrac{7H^2 t}{24} \\ q_3 = \dfrac{5H^2 t}{24} \end{cases} \tag{3-80}$$

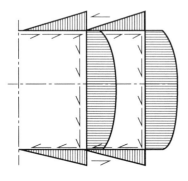

图 3-14　剪流分布

根据上述结果可以画出剪流分布图（图 3-14）。若将 N_y / I_x 值代入式（3-80），则可得到实际的剪流或剪应力值。

在实际应用上，这一类的闭式结构往往也采用近似方法计算。通常假定同一水平线上的剪应力相等，即 $\tau_s = \tau_L$，于是由式（3-61），有

$$\tau_s = \tau_L = \frac{N \cdot s}{I(t_s + t_L)} \tag{3-81}$$

式中，s 为水平线 LS 以上切去部分的截面积对中和轴的静力矩；t_s、t_L 分别为舷侧板和纵舱壁板在求剪应力处的板厚。

为了与精确计算方法进行比较，下面对前面的例题做近似计算。

对中和轴的静力矩为

$$s_6 = \frac{B}{2}t\frac{H}{2} + 2\left(\frac{H}{2}t\cdot\frac{H}{4}\right) = \frac{H^2t}{2} + \frac{H^2t}{4} = \frac{3H^2t}{4} \qquad (3\text{-}82)$$

中和轴处的剪流为

$$q_6 = q_7 = \frac{S_L}{2} = \frac{3H^2t}{8} = \frac{9H^2t}{24} \qquad (3\text{-}83)$$

将 q_6 值与理论值（式（3-80））进行比较，舷侧板的剪应力比理论值高；而纵舱壁板的剪应力比理论值低，误差约为 10%。由于剪应力计算并不像总纵弯曲应力计算那么重要，所以一般采用简化的近似计算方法。计算剪应力实际上就是计算剖面对中和轴的静力矩，通常按表 3-9 计算。

表 3-9　剖面静力矩计算

构件编号	构件名称	剖面面积 A_i/cm²	与中和轴的距离 Z_i/cm	静力矩 A_iZ_i/cm³	自上而下求和 ΣA_iZ_i/(cm²·m)

3.3　船体梁的极限强度

3.3.1　船体梁的极限弯矩计算

船体结构除保证船体在正常航行状态中具有足够的强度外，对某种意外状态也具有一定的强度储备。船舶可能遇到的意外情况是多种多样的，如搁浅、碰撞、水下爆炸等。在这些情况下的外力是难以确定的，因而不能进行准确的强度计算，但可以用船体剖面中的极限弯矩来估计船体所具有的过载能力。

在船体强度计算中，极限弯矩是指船体剖面内离中和轴最远点的构件中的应力达到结构材料的屈服极限时（在受拉伸时）或达到构件的临界应力时（在受压缩时），船体剖面中所对应的总纵弯矩。

以结构材料的屈服极限为衡准，是因为在通常的钢结构中，应力超过该值时，结构将产生塑性变形。船体边缘构件中的总纵弯曲应力超过结构材料的屈服极限时，船体将出现整体性的总纵弯曲变形，这是不允许的。

根据上述极限状态，反求出作用在船体剖面上的弯矩，用该弯矩值表征船体能够承受

的最大载荷。通常是用下面的形式规定船体承受过载的能力，即

$$\frac{M_j}{M} \geqslant n \qquad (3\text{-}84)$$

式中，M_j 为极限弯矩；M 为标准计算状态下的计算弯矩；n 为过载系数。

n 值表明船体结构所具有的承受过载能力的大小。对于不同类型的船舶，n 值是不同的。

按照极限弯矩的定义，无论是中拱状态还是中垂状态，均按式（3-85）计算：

$$M_j = \sigma_s W_s \qquad (3\text{-}85)$$

式中，σ_s 为船体结构材料的屈服极限；W_s 为极限弯矩作用下的船体剖面模数。

从式（3-85）可知，计算极限弯矩，实际上就是计算极限状态下的船体剖面模数 W_s。为此，首先应确定船体剖面上的应力分布，然后用总纵弯曲应力第二次近似计算的办法，求折减后的剖面模数。

一般船体横剖面中和轴偏于船底一边，因此无论是中拱状态还是中垂状态，甲板中的应力总是首先达到屈服极限，剖面上其他构件中的应力呈线性规律分布，即

$$\sigma_i = \frac{Z_i}{Z_{max}} \sigma_s \qquad (3\text{-}86)$$

式中，Z_i 为任一构件与中和轴的距离；Z_{max} 为离中和轴最远的构件至中和轴的距离。

求得各构件的应力之后，按式（3-87）计算受压构件的折减系数：

$$\varphi_i = -\frac{\sigma_E}{\sigma_i} \qquad (3\text{-}87)$$

剖面减缩计算过程与总纵弯曲应力第二次近似计算完全一样，应当对中拱和中垂两种状态进行计算。

对于中和轴位置近于型深一半的船舶，如果拉应力一侧首先达到屈服极限，则经过减缩计算之后，由于中和轴的移动，可能使压应力一侧离中和轴最远的构件中的应力先达到屈服极限，因而之后的计算应以压应力一侧达到屈服极限为标准。

若按此步骤求得的剖面模数 W 与总纵强度第一次近似计算的最小剖面模数 W_{min} 相比，其差值不小于 10% 时，需要再进行一次近似计算，直至前后两次计算之差小于 10%。同时，最终的 W 不得小于总纵弯曲应力第一次近似计算值的 75%，否则结构要重新设计。

若求得的极限弯矩与总纵弯矩的比值 n 过大，则表明船体无必要具有大的过载能力，说明船体结构材料没有得到充分利用。反之，若比值低于规定值，则认为结构强度不足。

影响船体过载能力的因素可从式（3-88）看出：

$$n = \frac{M_j}{M} = \frac{\sigma_s W_s}{[\sigma]W} = k\frac{W_s}{W} \qquad (3\text{-}88)$$

强度储备系数 k 值越大，则过载系数 n 值也越大；总纵弯曲计算应力低于许用应力 $[\sigma]$

时，则相当于提高了 k 值，因而也相当于增大了 n 值；若在极限状态下板的减缩过大，必然降低过载系数。因此，为了提高船体的过载能力，应尽可能降低板在极限弯矩作用下的减缩程度。设计中应保证甲板边板、舷侧顶列板以及平板龙骨的欧拉应力达到结构材料的屈服极限，也就是说，这些构件在极限弯矩作用下不应当出现减缩。

3.3.2　极限强度校核

许用应力就是在船体结构设计时预计的各种工况下，结构构件所容许承受的最大应力。许用应力值通常小于构件材料破坏时的极限应力值或结构产生危险状态时材料所对应的极限应力值，以保证其强度有足够的储备。在理论上，将材料的极限应力除以安全系数即可得到许用应力值。在实际上，许用应力标准是根据船舶设计、建造和运营的经验，以及积累的实船静载测量和航行试验结果，按照安全和经济的原则而确定的。例如，选一批经过长期航行考验并证明具有足够强度的船，对这些船按静置在标准波浪上的计算方法，求出其总纵弯曲应力（称为计算应力），对这些应力加以分析整理，并求其统计平均值。这个统计平均值就代表了实际船舶按标准计算方法得出的安全可靠的应力水平。因此，这个统计平均值就可以作为许用应力值的基础。显然，用这种方法决定的许用应力值纯属经验性质，并且与计算方法和船舶类型有关。也就是说，船舶结构设计中所用的强度标准仅适用于完全确定的外力和内力的计算方法，当计算方法改变时，也要相应地改变许用应力标准。早年各国学者曾经建议过一些许用应力的经验公式：

$$\begin{cases} 爱勃尔(W.S.Abell)： & \sigma = 7.88\left(1+\dfrac{L}{305}\right) \quad (kgf/\,mm) \\[2mm] 托平(T.C.Tobin)： & \sigma = 2.34\sqrt[3]{L} \quad (kgf/\,mm) \\[2mm] 福斯特(E.Forster)： & \sigma = 5L+500 \quad (kgf/\,mm) \end{cases} \tag{3-89}$$

式中，L 为船长。

从式（3-89）可以看出，许用应力值是随船长的增大而增加的，这可以认为是以下两个方面的原因。首先，在确定构件尺寸时，必须考虑钢板的腐蚀储备厚度，而这个厚度与船舶尺度无关，即对于大船或小船，其储备厚度几乎是一样的。因此对小船而言，即相对于薄板来说，腐蚀余量所占板厚的百分比较大；反之，对于大船而言，即相对于厚板来说，该百分比较小。因此，可适当提高大船的许用应力标准。其次，在标准计算方法中，波高取为 1/20 船长，根据观测结果，该值对小船偏低，对大船则偏高。因此，对于大船来说，实际遇到的波高低于计算值，即船体所受的弯曲应力低于计算值，所以当船舶尺度增大时，许用应力值可以提高一些。1958 年，苏联船舶登记局颁布的《钢质海船强度标准》中，虽然对不同尺度的船舶，许用应力值是一样的，但是规定了不同的计算波高公式：船长 $L>120\mathrm{m}$ 时，波高 $h=L/20$；$L\leqslant120\mathrm{m}$ 的船，波高 $h=L/30+2(\mathrm{m})$。其结果与前述许用应力值随船长的增大而增加是一致的。在 1962 年苏联颁布的《钢质海船强度标准》中进行了修改，建议取船长等于波长，而对于超过 120m 长度的船舶波高一律取 6m，小于或等于 120m 的船舶波高按式（3-90）计算：

$$h = 0.64\sqrt{\lambda} - 1 \tag{3-90}$$

式中，h 为波高，m；λ 为波长，m。

但是，在确定极限弯矩时，无论船长如何，均按式（3-90）计算其相应的波高。

这样的规定是基于以下的计算分析：对世界各国所设计与运营的长度为 120～240m 的干货船和油船的强度分析表明，当船舶静置于波长等于船长的波浪上计算其作用弯矩时，若计算波高相同，则船舶中剖面内上甲板的应力实际上是相同的。这与各船级社所采用的波浪坡度随波长增大而减小，同时随设计船舶长度的增大而提高甲板构件中的许用应力是相符合的。鉴于合成应力的假定性，1962 年苏联在颁发的标准中取消了三个和四个应力的合成，只保留了两个应力合成以校核船体总纵强度。

对于干货船及油船按总纵弯曲应力校核强度时，其许用应力为（括号中数字为油船许用应力）

$$[\sigma] = 0.50\sigma_s(0.45\sigma_s) \tag{3-91}$$

对于按总纵弯曲应力和板架弯曲应力合成值校核的构件，其许用应力为

跨中剖面：

$$[\sigma_1 + \sigma_2] = 0.65\sigma_s(0.55\sigma_s) \tag{3-92}$$

支座剖面：

$$[\sigma_1 + \sigma_2] = 1.0\sigma_s(0.90\sigma_s) \tag{3-93}$$

式中，σ_s 为材料屈服极限；σ_1 为总纵弯曲应力；σ_2 为板架弯曲应力。

军舰结构设计中的许用应力，在过去很长时间内一直沿用布勃诺夫提出的许用应力公式，他采用了材料的疲劳极限作为危险应力。但根据在 1951～1952 年，"奥西恩-伐耳凯"号轮船在海洋上进行 17 个月试验中所测得的名义应力资料，可得出与计算应力相接近的应力，循环次数非常小，因此在计算总纵强度时采用疲劳极限作为危险应力是不恰当的，而应当取材料的屈服极限作为危险应力的表征。但必须指出，在振动荷重作用下，与焊接的结构中应当考虑疲劳极限。为便于研究，现将布勃诺夫的许用应力公式摘录如下：

$$[\sigma] = 0.25\sigma_s\left(3 + \frac{\sigma_{min}}{\sigma_{max}}\right) \tag{3-94}$$

式中，σ_{min} 为绝对值最小的正应力；σ_{max} 为绝对值最大的正应力。

综上所述，无论是过去还是现在，造船工程上衡量强度的基本方法一直是许用应力法。但是近几十年来，许用应力法由于存在许多固有缺点而受到非议，因为在许多场合，这些缺点都使该方法与现代建筑实践发生矛盾。它的主要缺点是强度计算目的没有明确，而事实上一切强度计算的目的都是要取得这样的保证：在结构的使用期内不出现公认的危险状态。

如果已知荷重和材料性能都具有变动性和随机性，则单单用应力值来衡量强度是不够的。因为计算应力这个值只代表该应力随机变量的某个应力水平，围绕它有许多可能值，简单地取最大荷重和最差材料性能是不能解决问题的。

　　许用应力法的另一个缺点是将计算应力与许用应力比较时，对决定结构强度的所有因素都赋予了一个统一的强度储备系数，而实际上从随机性来看，这些因素的性质是互不相同的。例如，在衡量船体甲板构件的强度时，计算应力中包括静水应力和波浪应力，但静水应力所具有的随机性比波浪应力要小得多。在总纵弯曲应力与局部弯曲应力做合成计算时，这一情况尤为严重。

　　上述各缺点的后果乃是许用应力法在实质上不能保证不同的结构在其规定的运行条件下具有统一的强度储备。换句话说，此法仅在形式上保证各结构在统一的储备系数下具有相同的强度。由此可见，许用应力法的不足之处就在于不能考虑表征结构强度诸因素的变动性和随机性，因此只有采用概率方法才能充分揭示作用在船体上的随机外力的真相以及结构材料在随机荷重作用下的破坏机理。但是，由于许用应力法简单，且已经过长期应用，大量的资料、规则、规范等均以此法为基础而制定，故目前仍采用此法来评定船体强度。

习　题

　　1．船体总纵强度校核通常包括哪三项主要内容？

　　2．举例说明船体结构中，什么是纵向构件，什么是横向构件？它们对船体总纵强度的贡献有何不同？

　　3．何谓"等值梁"？在计算船体总纵弯曲正应力 σ_1 的过程中，要逐步近似的主要原因是什么？

　　4．船舯横剖面如图 3-15 所示，其内底高 h 与型深 H 之比 $h/H=2/7$，最小剖面模数为 W。又已知 b 点和 c 点的总纵弯曲正应力（第一近似）之比为 $1/3$。若剖面弯矩为 M，求图中 a、b、c 各点的总纵弯曲正应力。

　　5．某船舯剖面如图 3-16 所示，其几何特性如下：全剖面面积 $A=5000\mathrm{cm}^2$，中和轴距基线高度 $e=6\mathrm{m}$，剖面惯性矩 $I=30000\mathrm{cm}^2\cdot\mathrm{m}^2$，甲板剖面模数 $W_d=6000\mathrm{cm}^2\cdot\mathrm{m}$。因加工装配时发生差错，误将上下甲板的纵桁互相调换（即上甲板装配了 4 根截面积各为 $f_2=15\mathrm{cm}^2$ 的小纵桁，而下甲板装配了 4 根截面积各为 $f_1=25\mathrm{cm}^2$ 的大纵桁）。若已知型深 $H=11\mathrm{m}$，两层甲板的间距 $d=2.5\mathrm{m}$，试计算实际的甲板剖面模数 W_d'。

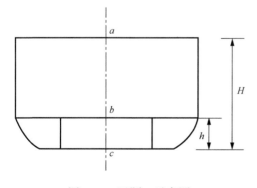

图 3-15　习题 4 示意图

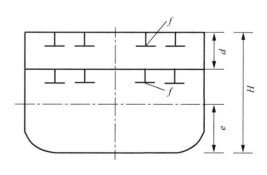

图 3-16　习题 5 示意图

6. 说明船体局部弯曲正应力 σ_2、σ_3 和 σ_4 的含义。

7. 在进行船体总纵强度校核时，应如何选择计算剖面的数目及位置？

8. 某船舯横剖面如图 3-17 所示，型深 $H = 10$m，全剖面面积 $F = 4000$cm^2，甲板横梁间距 $a = 150$cm，纵骨间距 $b = 40$cm。已知在总纵弯曲正应力 σ_1 的第一近似计算中，剖面计算弯矩（波峰位于船舯）为 $M = 50000$kN·m，甲板和外底板的正应力分别为 $\sigma_{1a} = 120$N/mm^2，$\sigma_{1b} = -80$N/mm^2。

（1）求剖面的中和轴位置，全剖面的惯性矩 I 和最小剖面模数 W_{min}。

（2）在中垂极限弯矩校核中，仅①号甲板板失稳（该板尺寸为 6mm×2000mm）。设船体钢材的屈服极限 $\sigma_s = 240$N/mm^2。问：剖面中和轴将如何移动？极限剖面模数 W_S 是多少？这里只要求做一次近似计算即可。

9. 在船体结构的局部强度计算中，对于外部构件和内部构件，分别需要考虑哪些主要载荷？

10. 某船舯剖面如图 3-18 所示。设型深为 H，全剖面面积为 F。中和轴距基线高度为 $0.4H$，剖面对中和轴的惯性矩为 $0.11408FH^2$。若在中拱极限弯矩校核中，仅内底板失稳。设内底板距基线高度为 $0.2H$，其面积为 $0.05F$。已知内底板的欧拉应力 $\sigma_E = 0.2\sigma_s$，其中 σ_s 为钢材的屈服极限。试计算：

（1）内底板的减缩系数。

（2）剖面的中拱极限弯矩 Mj 与 $\sigma_s FH$ 之比是多少？

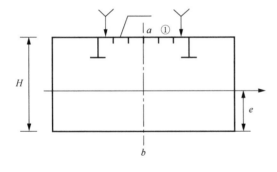

图 3-17　习题 8 示意图

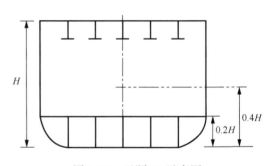

图 3-18　习题 10 示意图

11. 某船甲板为纵骨架式，其舯剖面如图 3-19 所示。甲板板①和②的尺寸分别为 6mm×2100mm 和 8mm×900mm（板厚×板宽）。型深 $H = 7$m，内底高 $h = 2$m，纵骨间距 $b = 60$cm。在总纵弯曲正应力 σ_1 的第一次近似计算中，已知中垂状态时的内底板和外底板的正应力分别为 $\sigma_{1b} = 25$N/mm^2，$\sigma_{1c} = 75$N/mm^2。求：

（1）甲板板的总纵弯曲正应力 σ_1；

（2）甲板板①和②的减缩系数 φ_1 和 φ_2；

（3）甲板板的被减缩掉面积，即非工作面积 ΔA（按半剖面计算）。

12. 对某船舯舱段进行总强度校核，其剖面如图 3-20 所示，其中 $H = 6.3$m，$h = 0.9$m。已知 $\sigma_{1b} = -40$N/mm^2，$\sigma_{1c} = -60$N/mm^2。假定 σ_2 可按两端刚固定的单跨梁进行简化计算，计算出舱壁处的正应力 $\sigma_{2b} = -10$N/mm^2，$\sigma_{2c} = 10$N/mm^2。又给定许用应力 $[\sigma_1] = 120$N/mm^2，$[\sigma_1 + \sigma_2] = 144$N/mm^2。试校核舱壁及跨中剖面处 a、b、c 三点的总和正应力。

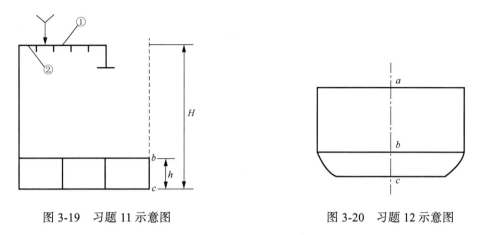

图 3-19　习题 11 示意图　　　　　　图 3-20　习题 12 示意图

13. 在船体局部强度计算中，选择不同许用应力的主要依据是什么？

第4章　船舶局部强度

船体结构的主要组成部分包括船底结构、甲板结构、舷侧结构和舱壁结构。在外力作用下，船体除发生总纵弯曲变形外，各局部结构，如船底、甲板、舷侧和舱壁板架以及横向肋骨框架也会因局部载荷作用而发生变形、失稳或破坏，它们的强度问题称为船舶局部强度。本章主要讲解船体结构的局部强度问题，具体内容如下：

（1）局部强度计算外力；

（2）甲板、舷侧和船底的局部强度；

（3）舱壁的局部强度；

（4）上层建筑结构强度。

4.1　局部强度计算外力

4.1.1　船体局部强度载荷的确定

船体各局部结构所受的局部载荷可以分为共同性载荷和特殊考虑的载荷。

共同性载荷分为船体外部构件共同性载荷和内部构件共同性载荷。船体的外部结构包括甲板、舷侧和船底，会受到波浪的压力作用。

对于甲板，计算其水头高度为

$$\Delta = K \cdot L / \sqrt{H} \tag{4-1}$$

式中，Δ 为计算水头高度，m；K 为与船体剖面位置有关的系数，$K = 0.01\left[1 + \dfrac{2x}{L} + 8\left(\dfrac{x}{L}\right)^2\right]$，$x$ 为计算剖面与船舯的距离，m，由船舯向船艏为正，向船艉为负；L 为正常排水时舰船设计水线长，m；H 为计算剖面的干舷高度，m，并需计及艏楼和艉楼高度的影响。对于船底处水头高度，H 即为型深。

内部构件共同性载荷主要分析中间甲板、内底板和水密舱壁的破损水压以及液舱周界构件的液压，破损水压头在船艏艉处为 7/6 当地干舷，在 $L/3$、$2L/3$ 处为 1/2 当地干舷。液舱周界构件如液舱内底板、油水舱壁和舱顶平台会受到偶然液压（取注入管压头和空气管压头的较大者）及经常液压（高达舱顶的压头）的作用。

特殊考虑的载荷包括以下三种：

（1）甲板及船底板架的经常载荷和固定重量；

（2）甲板及平台的偶然载荷和人群重量；

（3）船艉失落后，艉部主横舱壁承受的附加动水压力。

4.1.2　上甲板、舷侧、底部结构计算水压力

考虑到船舶在波浪中横摇、纵摇与升沉运动，以及波浪冲击下的甲板上浪，船体舷外最大水压力比舰船的设计吃水要大，钢质船规范规定船体上甲板和艏艉楼甲板的露天部分，其计算载荷主要考虑飞溅水作用，并按式（4-2）计算：

$$p = 9.8\Delta \qquad (4\text{-}2)$$

式中，p 为计算水压力，kPa；Δ 为计算水头高度，m，并按式（4-3）计算，但任何情况下不得小于 0.5m。

$$\Delta = K \cdot \frac{L}{\sqrt{h_f}} \qquad (4\text{-}3)$$

式中，L 为正常排水时舰船设计水线长，m；h_f 为计算截面的干舷高度，m，并需计及艏楼和艉楼的高度。

船体底部和舷侧的计算水压力由式（4-4）确定，其计算载荷如图 4-1 所示。

$$p = 9.8\left[H - z\left(1 - \frac{\Delta}{H} \right) \right] \qquad (4\text{-}4)$$

式中，p 为计算载荷，kPa；H 为计算截面的舷侧高度，m；z 为计算结构中点距基线的高度，m，对于底板、舷侧板、底部纵骨、舷侧纵骨及舷侧纵桁，取构件中点距基线的高度；对于底部板架，取计算构件中点距基线高度的平均值；Δ 按式（4-3）计算，且 $\Delta \geqslant 0.5$m。

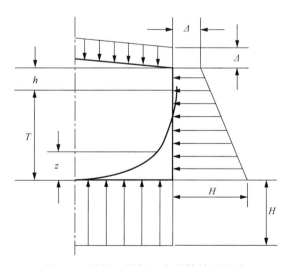

图 4-1　甲板、舷侧、底部等效水压头

4.1.3　其他甲板和平台设计载荷计算

船体甲板或平台局部强度计算还应考虑以下情况，并取这些载荷的最大值作为甲板或平台局部强度的计算载荷。

上甲板遮蔽部分以下不考虑破损水压头的下层甲板和平台的局部强度计算载荷取为

$$p = p_1 + p_2 \tag{4-5}$$

式中，p 为压力，kPa；p_1 为固定重物载荷，kPa；p_2 为水压力，通常可取为 4.91kPa。

艏艉两端附近甲板和平台上装有重物或板厚大于 20mm 时，需计算重物或结构因船舶摇摆而引起的惯性力。

保证船舶不沉性的甲板，其局部强度计算载荷不应小于破损水压头高所产生的载荷。

属于液舱结构一部分的甲板和平台，应取高达舱顶或注入管（空气管）高度的水柱压头作为计算载荷。

4.1.4　上层建筑局部强度计算载荷

上层建筑局部强度计算载荷主要包括航行中飞溅浪花冲击产生的等效水压力以及上层建筑上的重物或结构的重力和惯性力，下面主要介绍上层建筑各部分结构的等效计算水压头。

艏艉楼甲板和第一层桥楼甲板的露天部分及侧壁的计算载荷取 9.8ΔkPa，其中 Δ 由式（4-3）确定。

第一层甲板室甲板露天部分及侧壁的计算载荷为

$$p = 4.9\Delta\left(1 + \frac{b}{B}\right) \tag{4-6}$$

式中，p 为计算压力，kPa；b 为甲板室宽度，m；B 为该处船宽，m。

所有第一层上层建筑甲板和侧壁的计算载荷均不得小于 4.9kPa。

第一层前上层建筑甲板的前壁，其计算载荷应增加到 1.5 倍的侧壁计算载荷且不小于 9.8kPa；第一层后上层建筑的后壁，其计算载荷应增加到 1.3 倍的侧壁计算载荷且不小于 9.8kPa，其余第一层上层建筑的端部与侧壁计算载荷相同。

第二层上层建筑的侧壁与端部的计算载荷分别为第一层相应部位规定载荷的 75%；第三层及其以上的上层建筑，其侧壁与端部的计算载荷分别为第一层相应部位规定载荷的 50%，但均不得小于 4.9kPa。

第二层及其以上的上层建筑甲板，其露天部分计算载荷取 4.9kPa，遮蔽部分计算载荷取 2.94kPa。

4.1.5　艏部 0.35L 区域底部和舷侧波浪冲击水动压力

舰船在航行时受到较大的波浪冲击力，在波浪冲击水动压力的作用下，船体艏部、底部和舷侧板、纵骨、肋骨和纵桁将产生冲击动力响应。考虑到动力响应较静强度计算要复杂得多，因此从工程计算方便的角度出发，规范采用静力等效方法计算艏部 0.35L 区域底部和舷侧水动压力的等效值。

对于肋板和纵骨，计算水动压力由式（4-7）给出：

$$p = m_p C_0 h_r \tag{4-7}$$

式中，p 为计算水动压力的等效静水压力，kPa；m_p 为计算结构形状相关动力系数，$kN \cdot s^2/m^4$，由图 4-2 确定；C_0 为水动力相关系数，m/s^2，由图 4-3 和图 4-4 确定；h_r 为谐振波波高，m。h_r 可由式（4-8）确定，即

$$h_r = 1.75 + 3.94 \left(\frac{\lambda_r}{100} \right) - 0.30 \left(\frac{\lambda_r}{100} \right)^2 \tag{4-8}$$

式中，λ_r 为谐振波波长，m。

λ_r 可按式（4-9）计算：

$$7.5 \sqrt{\frac{T_0}{L}} \cdot \frac{Fr + 0.4\sqrt{\lambda_r}}{\lambda_r} = 1 \tag{4-9}$$

式中，T_0 为舰艇正常排水量平均吃水，m；L 为舰艇正常排水量设计水线长，m；Fr 为弗劳德数，$Fr = V/\sqrt{gL}$，V 为航速，g 为重力加速度。

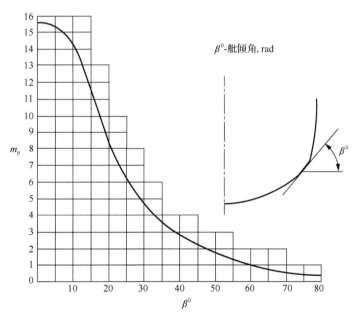

图 4-2　系数 m_p 值

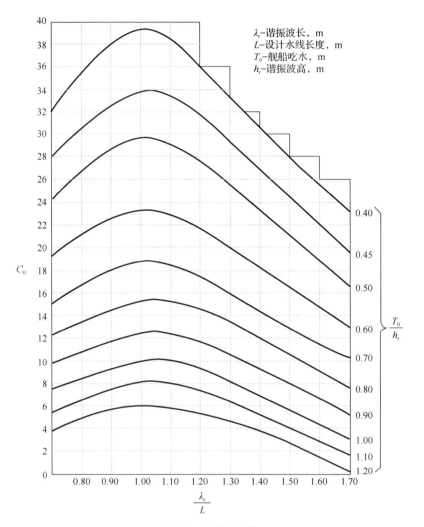

图 4-3　系数 C_0 值

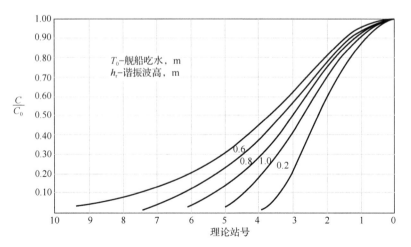

图 4-4　系数 C 相对值

对于肋板、底纵桁共同组成的底部板架，其计算水动压力由式（4-10）确定：

$$p_1 = 0.7 p_m \qquad (4\text{-}10)$$

式中，p_1 为计算均布压力，kPa；p_m 为按式（4-7）计算的水动压力的平均值，kPa，计算底部板架时，应按板架中间肋骨的线型确定。

对于底部板架的计算载荷，还应计及所校核部位永久固定重物的反压力。

4.1.6　船体舷侧抗冰载荷

对于可能在碎冰区航行的舰船（对于冰区航行另有要求），应对其舷侧结构抗冰强度进行校核，此时有抗冰要求的舷侧结构范围是舰长方向从艏至艉的全部范围，舷高方向的范围由表 4-1 确定，该范围与舰船最大宽度值 B_{max} 有关。

表 4-1　冰载荷沿舷高的作用区

B_{max}/m	设计水线以上/m	设计水线以下/m
5	0.25	0.50
10	0.40	0.80
15	0.50	1.00
20	0.55	1.10
25	0.58	1.16
30	0.60	1.20

舷侧结构包括外板、纵骨和肋骨，对于不同构件和不同部位，所用的冰载荷计算值也不同。图 4-5 所示为舷侧肋骨沿舰长不同部位的冰载荷计算值，载荷方向取为垂直于外板方向，图中 q_0 按式（4-11）计算确定：

$$q_0 = 9.81 K \cdot \sqrt[4]{B\Delta} \qquad (4\text{-}11)$$

式中，q_0 为船体艏部、艉部区域每米水线上的冰载荷，kN/m；B 为舰艇最大宽度，m；Δ 为正常排水量，t；K 为系数，舰艇正常排水量小于 2000t 时，K 取 0.8；大于 10000t 时，K 取 1.0；在其中间范围时，K 取 0.9。

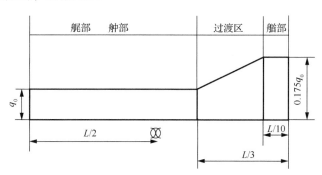

图 4-5　舷侧肋骨冰载荷计算

舷侧外板和纵骨的均布压力按式（4-12）计算确定：

$$p = 0.002q \qquad (4\text{-}12)$$

式中，p 为均布压力，MPa；q 为由图 4-5 确定的冰载荷，kN/m。

4.1.7　甲板上重物或结构的重力、惯性力和风压力计算

当甲板或平台上有较大设备或结构时，必须考虑其重力及其因舰艇摇摆而产生的惯性力对该区域甲板或平台的作用，并用该载荷校核该区域甲板或平台的强度。当较大设备或结构为露天的，并有较大乘风面积时，还应考虑风压力的作用。进行强度计算时，取重力、惯性力和风压力的最大合力，其具体计算方法如下。

1．计算坐标系

选用固定于舰艇船体上的直角坐标系，坐标原点 O 位于船体重心，Ox 轴沿舰艇纵向，平行于基线，向艏为正；Oy 轴向右舷为正；Oz 轴向上为正。

2．重力

考虑到最大计算摇摆角时，重物或结构的惯性力最大，因此进行重力计算时也应取该状态，即横摇和纵摇时，各坐标轴方向上的重力分别按式（4-13）和式（4-14）计算。

横摇：

$$\begin{cases} G_x = 0 \\ G_y = G\sin\varphi_{max} \\ G_z = G\cos\varphi_{max} \end{cases} \tag{4-13}$$

纵摇：

$$\begin{cases} G_x = G\sin\theta_{max} \\ G_y = 0 \\ G_z = G\cos\theta_{max} \end{cases} \tag{4-14}$$

式中，G 为设备重物或结构重力，N，$G=Mg$，M 为质量，g 为重力加速度；G_x、G_y、G_z 为重力在坐标轴 x、y、z 上的投影，N；φ_{max} 为最大横摇计算角，rad；θ_{max} 为最大纵摇计算角，rad。

3．惯性力

舰艇在横摇及纵摇情况下，重物或结构的惯性力在坐标轴方向上的分量分别按式（4-15）和式（4-16）计算。

横摇：

$$\begin{cases} F_x = 0 \\ F_y = \dfrac{4\pi^2 M}{T_\varphi^2}(Z\cdot\varphi_{max}+R) \\ F_z = \dfrac{4\pi^2 M}{T_\varphi^2}(Y\cdot\varphi_{max}+R) \end{cases} \tag{4-15}$$

纵摇：

$$\begin{cases} F_x = \dfrac{4\pi^2 M}{T_\theta^2} Z\theta_{\max} \\[2mm] F_y = 0 \\[2mm] F_z = \dfrac{4\pi^2 M}{T_\theta^2} X\theta_{\max} \end{cases} \tag{4-16}$$

式中，M 为重物或结构的质量，kg；T_φ 为静水中横摇周期，s；T_θ 为静水中纵摇周期，s；X、Y、Z 为重物或结构重心至舰艇重心的距离，m；R 为舰艇重心轨迹半径，m。

舰艇重心轨迹半径 R 由式（4-17）确定：

$$\begin{cases} R = 0.039 T_\varphi^2 f(c_1) f(c_2) \\[2mm] f(c_1) = \dfrac{\sin \pi c_1}{\pi c_1}, \quad f(c_2) = \dfrac{1 - \mathrm{e}^{-2\pi c_2}}{2\pi c_2} \\[2mm] c_1 = \dfrac{0.64B}{T_\varphi^2}, \quad c_2 = \dfrac{0.64T}{T_\varphi^2} \end{cases} \tag{4-17}$$

式中，T 为舰艇正常排水量平均吃水，m；B 为船宽，m。

4．风压力

规范给出的风压力在坐标轴方向上的分量按式（4-18）计算：

$$\begin{cases} D_x = P_w A_{yz} \cos^2 \theta_{\max} \\[2mm] D_y = P_w A_{xz} \cos^2 \varphi_{\max} \\[2mm] D_z = 0 \end{cases} \tag{4-18}$$

式中，P_w 为风压力，由安全航行的最大风速决定，kPa；A_{yz}、A_{xz} 为重物或结构分别在 yOz 和 xOz 平面上的投影面积，m²。

4.1.8　舱壁结构计算载荷

水面舰艇舱室结构设计计算载荷一般考虑船体破损水压力值，但对于艏部防撞舱壁和液舱舱壁，还要分别考虑艏部破损后航行水动压力和液舱水压头（包括空气管高或注入管高）。其中防撞舱壁取破损水压力加上航行水动压力（统一取 13.24kPa）作为计算载荷，而防撞舱壁的数量，根据舰艇吨位不同分别有如下情况：正常排水量小于 1000t 时，为 1 个舱壁；在 1000～5000t 时，为 2 个舱壁；大于 5000t 时，为 3 个舱壁。液舱舱壁计算载荷取破损水压力值和注水管高水压头的较大值。船体破损水压力值按式（4-19）计算：

$$P = 9.81(T - Z + h_B) \tag{4-19}$$

式中，P 为破损水压头，kPa；T 为舰艇正常排水量吃水，m；Z 为所计算构件距基线高度，m；h_B 为根据舰艇有无艏楼及艏楼长度不同而确定不同位置的水线以上附加破损水压头高，m，并由图 4-6～图 4-9 确定，图中 F_I 和 F_{IV} 分别对应舰艇艏、艉的干舷高度。

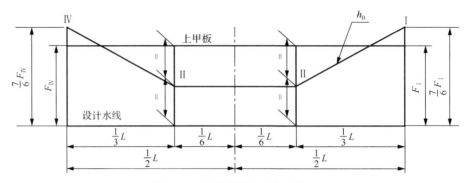

图 4-6　无艉楼附加水压头高

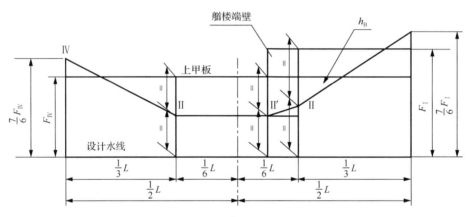

图 4-7　艉楼长小于 $\dfrac{1}{3}L$ 时的附加水压头高

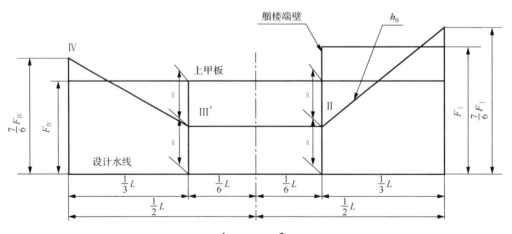

图 4-8　艉楼长大于 $\dfrac{1}{3}L$，小于 $\dfrac{2}{3}L$ 时的附加水压头高

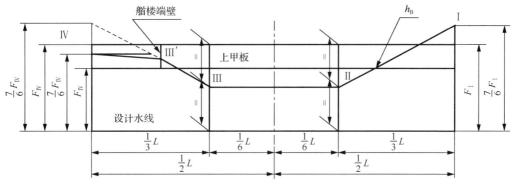

图 4-9　艉楼大于 $\frac{2}{3}L$ 时的附加水压头高

4.2　甲板、舷侧和船底的局部强度

4.2.1　甲板板架的局部强度

最上层甲板是船体梁的上翼板，它对保证船体总纵强度起到重要作用，所以又称为强力甲板。对于军船和海船，由于它们所受的外部载荷较大，其上甲板多采用纵骨架式的结构形式，以提高板的稳定性。对于小型船舶、内河船，由于它们纵向不易弯曲及受外力较小等，其上甲板通常采用结构相对简单的横骨架式的结构形式。下甲板靠近中和轴，主要承受货物等载荷作用下的局部强度，结构形式既可采用纵骨架式又可采用横骨架式，通常横骨架式结构居多。

无论哪一层甲板都承受均布荷重。上层露天甲板若不载货，则认为其承受甲板上浪的水压力，其水头高度可按规范规定计算。露天强力甲板计算水头高度为 1.2～1.5m，不小于按式（4-20）计算的值，即

$$h_s = 1.2 + \frac{2}{1000}\left(\frac{100+3L}{D-d} - 150\right)　　　　　（4-20）$$

式中，L 为船长，m；D 为型深，m；d 为吃水，m。

对于军用舰艇的上甲板、艏艉楼甲板露天部分，由飞溅水作用的计算水头高度为

$$\Lambda = K\frac{L}{\sqrt{H}}　　　　　（4-21）$$

式中，L 为正常排水量的水线长度，m；H 为计算剖面的干舷高度，并需计及艏楼和艉楼高度的影响，m；对于军船要求，计算载荷不得小于 4.91kN/mm^2。

1．甲板板架的强度计算

图 4-10（a）所示为一种典型的纵骨架式甲板板架，有半纵舱壁或在舱口端梁中点设置支柱时，甲板纵桁和舱口端梁的计算可化为图 4-10（b）和（c）所示的计算模型。其中荷重可化为

$$q_0 = \frac{1}{2}(B_1 + b_1)h \tag{4-22}$$

$$q_1 = \frac{1}{2}\left(B_1 + \frac{b_1}{2}\right)h \quad （当纵中剖面有纵舱壁时）\tag{4-23}$$

式中，h 为计算水头高度。

甲板纵桁归结为刚性或弹性固定在横舱壁上，并且有中间弹性支座（舱口端梁）的阶梯形变断面梁的计算。开口区域外的横梁和开口区域内的半梁对甲板纵桁的支持作用实际上可不予考虑，它们的主要作用是将甲板荷重传递给甲板纵桁。舱口端梁自由支持在舷侧，且由于荷重对称而刚性固定在纵中剖面处。

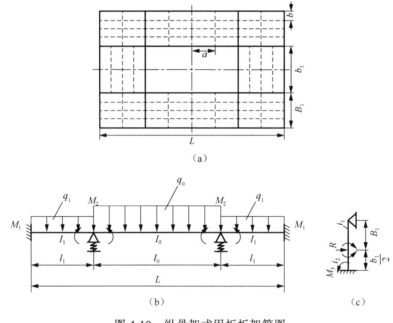

图 4-10　纵骨架式甲板板架简图

令 $R=1$，可由图 4-10（c）的计算模型求得舱口端梁对甲板纵桁弹性支座的柔性系数 $A = \dfrac{v}{R} = v$。

甲板纵桁的计算可采用五弯矩法。取舱壁处和舱口端梁处的剖面弯矩为未知数 M_1、M_2。求得 M_1 和 M_2 后可按式（4-24）计算甲板纵桁跨度中点处的弯矩：

$$M = \frac{q_0 l_0^{\,2}}{8} - M_2 \tag{4-24}$$

甲板纵桁在跨度中点处的最大挠度为

$$v_{\max} = v + \frac{5}{384} \frac{q_0 l_0^4}{EI_0} - \frac{M_2 l_0^2}{8EI_0} \tag{4-25}$$

式中，v 为甲板纵桁与舱口端梁交点处的挠度：

$$v = A\left(\frac{q_0 l_0 + q_1 l_1}{2} + \frac{M_2 - M_1}{l_1} \right) \tag{4-26}$$

舱口端梁的强度应按承受甲板纵桁传来的反力 R 进行计算。反力 R 由式（4-27）确定：

$$R = \frac{q_0 l_0 + q_1 l_1}{2} + \frac{M_2 - M_1}{l_1} \tag{4-27}$$

舱口区强横梁的强度可按图 4-11 所示的图形计算，认为强横梁自由支持在甲板纵桁上并且在一般情况下弹性固定在舷侧上。强横梁在舷侧的弹性固定柔性系数 a，可按式（4-28）确定：

$$a = \frac{l_{肋}}{3EI_{肋}} \tag{4-28}$$

式中，$l_{肋}$ 为与强横梁相连的肋骨的跨度；$I_{肋}$ 为肋骨的剖面惯性矩。

强横梁在弹性固定端的弯矩为

$$M = \frac{qB_1^2}{8} \cdot \frac{1}{1 + \dfrac{3aEi}{B_1}} \tag{4-29}$$

式中，B_1 为横梁跨度。

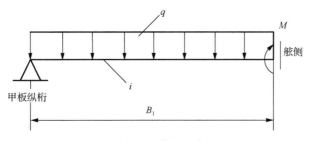

图 4-11 舱口强横梁的计算图形

2．甲板纵骨的强度计算

作用在甲板纵骨上的力，除横荷重外还有总纵弯曲产生的轴向力，甲板纵骨视为两端刚性固定在强横梁上，承受均布荷重 q 及轴向力 T 作用的单跨梁计算，如图 4-12 和图 4-13 所示。

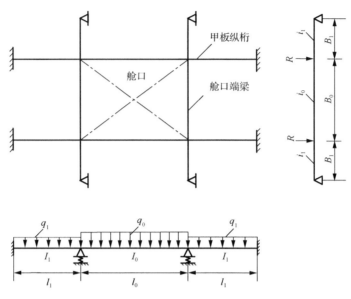

图 4-12　无半纵舱壁的甲板板架计算图形

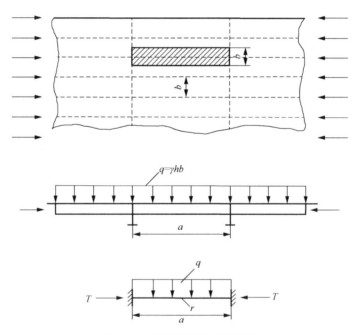

图 4-13　甲板纵骨的计算图形

由船舶结构力学中梁的复杂弯曲计算可知，轴向拉力对纵骨弯曲产生有利影响，而轴向压力产生不利影响。当 T 为压力时，可求得甲板纵骨的最大弯曲应力发生在支座剖面处，其应力为

$$\sigma = \frac{ql^2}{12W} X^*(u^*) \qquad (4\text{-}30)$$

式中，W 为甲板纵骨（包括带板）的剖面模数；$u^* = \dfrac{1}{2}\sqrt{\dfrac{T}{EI}}$，其中 I 为甲板纵骨（包括带板）的剖面惯性矩；$X^*(u^*)$ 为梁的复杂弯曲辅助函数，可在《船舶结构力学》书中附录查得。

因为考虑到甲板纵骨同时有总纵弯曲应力作用，所以它的局部强度的许用应力一般较小，约为 50N/mm²。

4.2.2 舷侧板架的局部强度

舷侧板架参与船体总纵弯曲和舷外水压力作用，保证船体总纵强度和舷外水压力作用下的局部强度。此外，在水线附近出现腐蚀状况时，可对相应位置的舷侧板进行加厚处理。军船和海船舷侧板架可采用横骨架式、纵骨架式的混合形式，但为与底部板架结构一致，常采用纵骨架式，而小船及内河船多采用横骨架式舷侧结构。

1．舷侧外板的强度计算

作用在舷侧外板上的静水压力呈三角形或梯形分布，在舭列板上缘最大。由于水线附近的外板承受较大的波浪冲击且腐蚀比较严重，加之易遭受碰撞等意外荷重，故在计算舷侧外板局部强度时，将荷重取为均布的（图 4-14），并以舭列板上缘的水压力作为计算荷重。

由于结构对称、荷重对称，计算时将舷侧外板作为刚性板固定在支持周界上，因此可利用式（4-31）～式（4-35）计算。

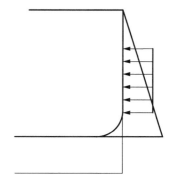

图 4-14 舷侧外板载荷

为了提高舷侧顶列板的工作能力，应保证它在船体总纵弯曲正应力和剪应力联合作用下不发生破坏，同时按相当应力进行校核，其值不应超过材料的屈服极限力 σ_r，即

$$\sigma^* = \sqrt{\sigma^2 + 3\tau^2} \leqslant \sigma_r \tag{4-31}$$

2．舷侧板架的局部强度计算

从舷侧板架的功能和受力特点看，采用横骨架式为宜，因为横骨架式舷侧板架对建造工艺、舱容扩大及防碰撞和传递垂向作用力等都是有利的。一般货船多采用在舱壁之间设置数根强肋骨和一根舷侧纵桁的交替肋骨的横骨架式舷侧板架。

图 4-15 所示为具有三根强肋骨和一根舷侧纵桁的板架计算图形，其舷侧纵桁可归结为弹性基础梁，承受荷重 $q = \dfrac{\beta Q}{\gamma s}$ 及三个集中力 P_1、P_2、P_2。其中 β 与 γ 为肋骨的影响系数，假如肋骨两端为刚性固定，则 $\gamma = \dfrac{1}{192}$，$\beta = \dfrac{1}{384}$。力 P_1 和 P_2 的数值由式（4-32）确定：

$$\begin{cases} P_1 = k_1 Q \\ P_2 = k_2 Q \end{cases} \tag{4-32}$$

式中，k_1、k_2 为具有三根强肋骨和一根舷侧纵桁的船侧板架系数（$L_n=16s$，$x_1=x_2=1$）由表 4-2 查得，其中 u 为弹性基础梁的模数，其值为

$$u = \sqrt[4]{\frac{i}{64\gamma} \frac{L_n}{s} \left(\frac{L_n}{l}\right)^3 \frac{J}{J_1}} \tag{4-33}$$

式中，i 为普通肋骨带附连翼板时的惯性矩；s 为肋骨间距；J 为宽肋板带附连翼板时的惯性矩；J_1 为船侧纵桁带附连翼板时的惯性矩。

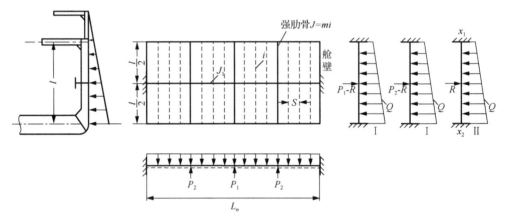

图 4-15　舷侧板架计算图形

表 4-2　具有三根强肋骨和一根舷侧纵桁的舷侧板架系数

u	$m=3$		$m=5$		$m=11$		$m=21$	
	$k_1 = \frac{P_1}{Q}$	$k_2 = \frac{P_2}{Q}$	k_1	k_2	k_1	k_2	k_1	k_2
1.00	0.14	0.06	0.26	0.15	0.57	0.32	0.94	0.53
1.25	0.27	0.16	0.50	0.28	0.96	0.55	1.38	0.82
1.50	0.42	0.24	0.74	0.42	1.26	0.75	1.67	1.02
1.75	0.54	0.32	0.69	0.54	1.42	0.91	1.75	1.20
2.00	0.63	0.39	1.00	0.63	1.51	1.03	1.77	1.33
2.25	0.68	0.44	1.05	0.70	1.53	1.10	1.77	1.39
2.50	0.71	0.48	1.07	0.76	1.52	1.19	1.73	1.49
2.75	0.72	0.52	1.07	0.81	1.49	1.24	1.70	1.52
3.00	0.72	0.55	1.06	0.85	1.48	1.28	1.70	1.55
3.50	0.69	0.59	1.01	0.89	1.42	1.31	1.62	1.54

强肋骨 I 、II 与舷侧纵桁交点处的挠度按式（4-34）确定：

$$\begin{cases} v_1 = \gamma \dfrac{P_1 l^3}{(m-1)Ei} \\[2mm] v_2 = \gamma \dfrac{P_2 l^3}{(m-1)Ei} \end{cases} \tag{4-34}$$

式中，m 为 J/J_1。

肋骨 III 按承受的荷重 Q 和反力 R 来计算。R 由式（4-35）确定：

$$R = \frac{\beta}{\gamma} Q - \frac{P_1}{m-1} \tag{4-35}$$

强肋骨按承受的荷重 Q 及反力 P_1-R（中间强肋骨）和 P_2-R（旁边强肋骨）来计算。

肋骨也是保证横强度的主要构件。在横强度校核时，通常对货舱中间开口区的肋骨框架进行孤立的钢架计算。由于未考虑纵向构件的影响，计算结果过于保守。对于有强大纵向构件的油船横向强度或有长大货舱开口的船舶横向强度，宜进行立体舱段计算。

4.2.3　船底板架的局部强度

船底板架是船体梁的下翼板，承受很大的总纵弯曲应力，此外还承受机器重量、货物重量、压载水及舷外水压力等横向载荷作用，对于航速较高的船舶，底部还会承受很大的冲击力。军船和海船，由于受到的外部载荷较大，其底部板架多采用纵骨架式结构形式，以提高板的稳定性。小型船舶、内河船由于纵向不易弯曲及受外力较小，通常采用横骨架式结构形式。

在总纵强度校核时，船底纵桁应力要与总纵弯曲应力合成，此时船底板架的计算载荷应取相应的总纵弯曲计算时的载荷状态和波浪位置的水头高度。在局部强度计算时，船底板架计算水头为舷外水压力与货物反压力之差。

1．船底外板的强度计算

受均布水压力作用的船底板，一般可作为四周刚性固定的刚性板来计算。

对于横骨架式板格（图 4-16（a）），若 $\dfrac{l}{s} > 2$，则长边中点（2 点）的最大应力（沿船长方向）可按式（4-36）计算：

$$\sigma_{x_2} = 0.5q \left(\frac{s}{t} \right)^2 \tag{4-36}$$

板中点（1 点）沿船长方向的应力为

$$\sigma_{x_1} = 0.25q \left(\frac{s}{t} \right)^2 \tag{4-37}$$

式中，q 为水压力，N/mm^2；s 为肋骨间距，mm；t 为板厚，mm。

对于纵骨架式板格（图 4-16（b）），若 $\dfrac{s}{b}$ 为 1.5～2.0 时，可按式（4-38）～式（4-40）计算。

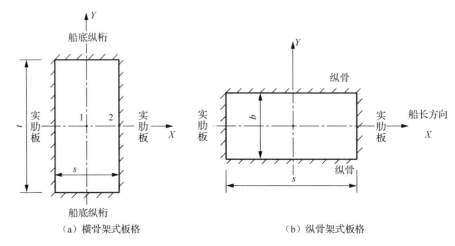

（a）横骨架式板格   （b）纵骨架式板格

图 4-16 船底外板板格

短边中点沿船长方向的应力：

$$\sigma_x = 0.343q\left(\frac{b}{t}\right)^2 \tag{4-38}$$

板中点沿船长方向的应力：

$$\sigma_l = 0.075q\left(\frac{b}{t}\right)^2 \tag{4-39}$$

长边中点沿船宽方向的应力：

$$\sigma_b = 0.5q\left(\frac{b}{t}\right)^2 \tag{4-40}$$

式中，b 为船底纵骨间距，mm。

船底板的许用应力，在板中点处可取 $[\sigma]=0.8\sigma_r$，在骨架处可取 $[\sigma]\leqslant 0.9\sigma_r$（$\sigma_r$ 为材料屈服极限）。

2．船底纵骨弯曲应力计算

船底纵骨由肋板支持，由于纵骨在结构上以及所承受的载荷对称于肋板，可以把纵骨当作两端固定在肋板上的单跨梁计算，其支座剖面处和跨长中点处的弯矩按式（4-41）和式（4-42）计算。

支座弯矩：

$$M_0 = \frac{qba^2}{12} \tag{4-41}$$

跨中弯矩：

$$M_1 = \frac{qba^2}{24} \quad\quad (4\text{-}42)$$

式中，a 为纵骨跨距；b 为纵骨间距；q 为载荷强度，分别取中拱和中垂时的水压力。

纵骨弯曲应力为

$$\sigma_3 = \frac{M}{W} \quad\quad (4\text{-}43)$$

式中，W 为纵骨自由翼板或带板的剖面模数，cm^3。

3. 船底板架的局部强度计算

船底一般都是由多根交叉构件和很多主向梁组成的板架。对于横骨架式板架，主向梁（实肋板）承受肋板间距范围内的荷重，交叉构件只承受节点反力；对于纵骨架式板架，载荷通过纵骨传给实肋板，交叉构件也只承受节点反力，如图 4-17 所示。

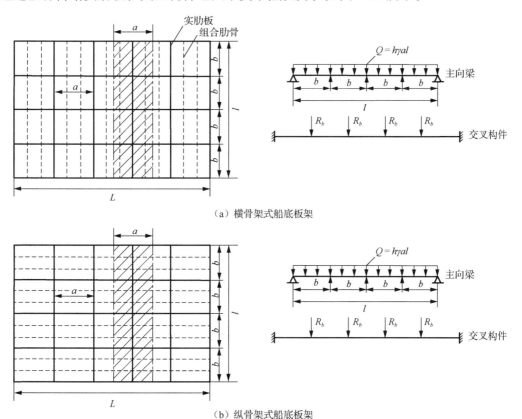

（a）横骨架式船底板架

（b）纵骨架式船底板架

图 4-17　船底板架

多根交叉构件板架的计算可采用船舶结构力学中介绍的近似方法——主向梁节点挠度选择法。若构件不等间距、不等截面或某些构件加强，手动计算就比较困难，往往做些近似简化处理，例如，采用有限元法计算则不需要任何困难，这些将在后文介绍。

船底板架由于其结构强大，又比强力甲板靠近船体剖面中和轴线，且在船体中拱变形时不易失稳，其主要矛盾是强度问题。

对于舱长很短的船底板架（如舱长 l 与板架计算宽度 B 之比小于 0.8 时），为确定这种板架中桁材的弯曲应力，可将中桁材当作单跨梁处理。现分析如下。

如果把船底板架当作组合板，且认为是各向同性的，则板架中桁材与平板的中央板条梁相当。表 4-3 中列出了不同边长比值时，各向同性板的弯矩与板条梁弯矩的比值。

表 4-3 板的弯矩与板条梁弯矩的比值

边界固定情况	构件名称	剖面位置	$\dfrac{l}{B}$		
			0.80	1.00	1.20
在舱壁处为刚性固定，舷侧处为自由支持	中桁材	舱壁处	0.94	0.84	0.72
		跨度中点	0.91	0.80	0.67

从表 4-3 所列数值可知，边长比 l/B 越小，弯矩比值越大，即将中桁材当作单跨梁处理引起的误差越小，而且是偏于安全方面的误差。因此，在初步校核船体强度时，对于边长比小于 0.8 的板架，可以采用单跨梁的计算公式，即

支座剖面处弯矩：

$$M_0 = \frac{1}{12}Ql \tag{4-44}$$

跨长中点处弯矩：

$$M_1 = \frac{1}{24}Ql \tag{4-45}$$

对于边长比大于或等于 0.8 的板架，可按下述近似公式计算。

中桁材在支座剖面处的弯矩：

$$M_0 = \gamma_1 \frac{1}{12}Ql \tag{4-46}$$

中桁材在跨长中点处的弯矩：

$$M_1 = \gamma_2 \frac{1}{24}Ql \tag{4-47}$$

中央肋板在中桁材处的弯矩：

$$M = \gamma_3 \frac{1}{8}Q_1 B \tag{4-48}$$

式中，Q 为作用在中桁材上的载荷，$Q = qcl$，q 为板架载荷强度，c 为纵桁间距，l 为纵桁跨度；Q_1 为作用在中央肋板上的载荷，$Q_1 = qaB$，a 为肋板间距，B 为肋板跨度；γ_1、γ_2、γ_3 为系数，由板架长宽比 l/B 及中桁材与旁桁材的惯性矩之比 I_1/I_2 决定，见表 4-4。

表 4-4　板架弯矩系数

构件名称	剖面位置	l/B	0.80		1.00		1.20		1.40	
		I_1/I_2	1.00	1.20	1.00	1.20	1.00	1.20	1.00	1.20
中桁材	在支座剖面处	γ_1	0.81	0.92	0.73	0.83	0.60	0.69	0.51	0.58
	在跨长中点处	γ_2	0.81	0.91	0.68	0.80	0.55	0.63	0.47	0.56
中央肋板	在中桁材处	γ_3	0.16	0.08	0.27	0.17	0.40	0.31	0.19	0.42

4.3　舱壁的局部强度

舱壁按其布置方向可分为横舱壁和纵舱壁，按其结构形式可分为平面舱壁（由舱壁板和扶强材、桁材等组成）和槽形舱壁（或称皱折舱壁）。

作用在舱壁上的载荷，有垂直于板面的横向荷重和作用在舱壁平面内的力。对于民用船舶，保证破舱后船舶不沉性的主舱壁，其荷重是由计算点至舱壁甲板的水头高度。对于舰艇，根据有关规则规定，须确定作用在主舱壁上的水头高度。

艏端防撞舱及紧靠它的一道水密舱壁的计算载荷，还应加上破损后舰艇仍能以 10kn 航速向前航行时所产生的相当于 1.35m 水头高度的水动压力。

对于液舱舱壁，若无空气管和注入管，则按相邻舱为空舱，取该舱所装液货产生的静水压力作为舱壁的计算载荷；若设有空气管和注入管，且空气管和注入管的高度高于它们所在液舱的破损高度时，则应取与上述管子的高度相应的水柱压力作为舱壁的计算载荷。

作用在舱壁平面内的力，例如，在坞内或下水时由船底板架传来的坞墩反力或下水架反力，应根据船舶进坞或下水计算资料确定。

4.3.1　平面舱壁的局部强度

被扶强材支持的舱壁板，由于结构和载荷的对称性变形呈筒形，故舱壁板可按两端固定的板条梁来计算（图 4-18）。

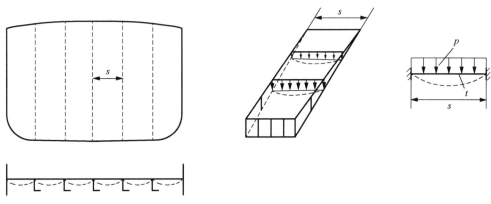

图 4-18　平面舱壁计算图形

两端刚性固定的板条梁的最大应力 σ 与水头高度 h 的关系见图 4-19。

由图 4-19 可见，板的跨度与厚度之比 $\mu = s/t < 70$ 时，板的挠度较小，因而中面应力对板的弯曲影响可忽略不计，应力与载荷呈正比关系（见图 4-19 中直线 $\mu = 80$ 和 $\mu = 60$ 这两条直线部分）；若 $\mu > 80$，应计及中面应力对板的弯曲影响，与刚性板相比，板的挠度与应力将减小。

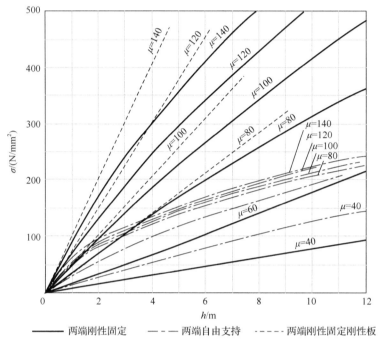

图 4-19　板条梁最大应力 σ 与水头高度 h 的关系图

将 $\mu < 70$ 的舱壁板作为刚性板来计算时，板条梁跨度中点的弯曲应力应为

$$\sigma = \frac{1}{4} p \left(\frac{s}{t} \right)^2 \quad \text{或} \quad \sigma \approx 25h \left(\frac{s}{100t} \right)^2 \tag{4-49}$$

式中，h 为板条梁上的水头高度，m；s 为扶强材间距，m。

将 $\mu > 80$ 的舱壁板作为柔性板来计算时，即要考虑板自身弯曲而产生的中面力的影响。板条梁的周界支撑系数取为 $K = 0.5$。当板条梁端部的应力超过屈服极限时，板跨度中点的应力应取板条梁端部分别为简支两端自由支持（$K = 0$）和刚性固定（$K = 1.0$）的跨度中点应力的平均值。

舱壁板在跨度中点的许用应力可取 $0.8\sigma_r$。

4.3.2　槽形舱壁总强度计算

一般分为两步计算槽形舱壁总强度。首先，把槽形舱作为一个整体，计算在横荷重作用下沿纵向和横向的弯曲强度（通常称为槽形舱壁的总强度）；其次，计算槽形体的折曲板在横荷重作用下的横向局部弯曲强度（称为局部强度）。

1. 槽形舱壁总体弯曲计算

试验证明，槽形舱壁在横载荷作用下沿横向的弯曲是极微小的，可忽略不计。此外，各槽形体与纵向弯曲的相互影响也可忽略不计。因此，槽形舱壁的总强度可归结为其单个槽形体的弯曲强度。

槽形舱壁的单个槽形体与平面舱壁的扶强材相当。因此，槽形体的弯曲计算与平面舱壁扶强材一样，使其作为弹性固定的单跨梁或连续梁来计算。在求解超静定方程后，作弯矩图及剪力图，求出整个槽形体内的最大弯矩 M_{max} 和最大剪力 N_{max}，则在槽形体的水平翼板及倾斜板面内相应的最大应力为

$$\begin{cases} \sigma_{max} = \dfrac{M_{max}}{W} \\ \tau_{max} = \dfrac{N_{max}S}{2It} \end{cases} \tag{4-50}$$

若最大弯矩产生在跨中，为确定槽形体剖面内的最大纵向应力值，除上述由槽形体总弯矩所产生的应力外，还应计及后述由折曲板局部弯曲所引起的应力，即在校核槽形舱壁总强度时，跨中的总计算应力应按式（4-51）确定：

$$\sigma_{x0} = \sigma_{x\,max} + \mu \sigma_{y\,max} \tag{4-51}$$

式中，$\sigma_{x\,max}$ 及 $\sigma_{y\,max}$ 按式（4.50）及式（4.51）确定；μ 为泊松系数。

许用应力，对于货船一般可取 $[\sigma] = 0.8\sigma_r$，$[\tau] = 0.57[\sigma] = 0.456\sigma_r$。

具有加强桁材时，桁材可视为波条的刚性支座。波条作为连续梁计算，桁材只承受反力。

2. 槽形舱壁、舱壁板的弯曲计算

槽形体的折曲板具有相互支持作用，而且槽形体的长宽比（l/a）一般大于 2.5，因此折曲板槽形舱在横荷重作用下的局部弯曲可视为筒形面弯曲的连续板条梁来考虑（图 4-20）。

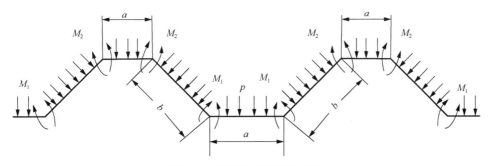

图 4-20 槽形舱壁的横向弯曲

当 $l/a < 70$ 时，可认为折曲板是刚性板，折曲板的相互支持作用为刚性支座。因此，可列出连续板条梁的三弯矩方程：

$$\begin{cases} \dfrac{M_2 a}{3EI} + \dfrac{M_2 a}{6EI} - \dfrac{pa^3}{24EI} = -\dfrac{M_2 b}{3EI} - \dfrac{M_1 b}{6EI} + \dfrac{pb^3}{24EI} \\[3mm] \dfrac{M_1 b}{3EI} + \dfrac{M_2 b}{6EI} - \dfrac{pb^3}{24EI} = -\dfrac{M_1 a}{3EI} - \dfrac{M_1 a}{6EI} + \dfrac{pa^3}{24EI} \end{cases} \tag{4-52}$$

由此可解得槽形体棱边处单位宽度的弯矩为

$$M_1 = M_2 = C\frac{pb^2}{12} \tag{4-53}$$

式中，C 为系数，$C = 1 - \dfrac{a}{b} + \left(\dfrac{a}{b}\right)^2$；$p$ 为载荷强度。

当 $l/a > 80$ 时，可认为折曲板是柔性板，折曲板的相互支持作用为弹性支座。此时，槽形体棱边处的弯矩为

$$M_1 = xC\frac{pb^2}{12} \tag{4-54}$$

式中，x 为考虑板自身弯曲而产生的中面力及槽形体棱边处的弹性位移的影响系数，一般可取 1.3。

因此，最大弯曲应力可按式（4-55）确定：

$$\sigma_{y\max} = \frac{6M_1}{t} \tag{4-55}$$

3．槽形舱壁的稳定性计算

槽形体翼板因槽形本身的弯曲而受到压缩应力作用，因而翼板可能失稳。虽然受压的翼板失稳并不代表槽形体承载能力耗尽，但对油船来说是不允许的。

槽形体翼板的局部稳定性可按矩形板公式计算，即

$$\sigma_{cr} \approx n_1 80\left(\frac{100l}{a}\right)^2 \tag{4-56}$$

式中，n_1 为修正系数，当 $b/a = 0.4 \sim 1.4$ 时，$n_1 = 1.24 \sim 1.37$，计算时可近似取 $n_1 = 1.25$。在设计中，希望临界应力 σ_{cr} 达到屈服极限 σ_s，但在任何情况下不得小于 $0.8\sigma_s$。

4.4　上层建筑结构强度

4.4.1　上层建筑受力与变形分析

船体最上层连续甲板以上的舱室结构统称为上层建筑，如艏楼、桥楼、艉楼和甲板室。上层建筑通常分为两类：一类是船楼，它们的特征是其侧壁为船主体的船侧外板的延续，即与船体同宽；另一类是甲板室，特征是其侧壁从船舷向内缩进了一些距离，即其宽度小于船宽。上述差异对结构的变形将有很大的影响。

　　上层建筑的强度问题有两类：总强度及局部强度。上层建筑的甲板、侧壁、前后壁都会受到波浪的冲击力作用，还承受人群、设备的重力等，故有局部强度问题。上层建筑因总体或部分参与船体总纵弯曲，而有总强度问题。当上层建筑足够长时，它将参与船体总弯曲，长度不同，参与总强度的程度不同；或长度一定，但剖面位置不同时，参与总强度的程度不同。下面就对其参与总弯曲时的受力及变形进行分析。

　　设主体受中拱弯曲作用，这时上甲板受拉伸长，但是由于上层建筑与之连接，上甲板的伸长受到上层建筑下沿的约束，这个约束以连接线处分布的水平剪力来表示。同时，上层建筑下沿受到上甲板伸长的牵连，也将随之伸长，这种强制变形的作用，以另一组水平剪力表示。这两组剪力是一一对应的而且方向相反，如图 4-21（b）所示。

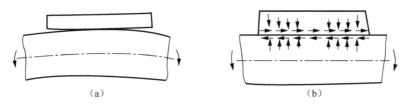

（a）　　　　　　　　　　　　　　　　　（b）

图 4-21　上层建筑与主体连接线上的相互作用力

　　由于主体对上层建筑的强制变形是偏心作用的，故作用在上层建筑下沿的水平剪力将使上层建筑向主体弯曲的相反方向弯曲，这种倾向越接近上层建筑端点越强烈。然而这种分开倾向被与主体连接线的作用所克服，所以在连接线上存在着抵制这种倾向的两种竖向分布力，分别作用于上层建筑下沿的连接线上和主体的上甲板连接线上。这两组竖向分布力自然也是一一对应和方向相反的。图 4-21（a）表示上层建筑与主体没有连接约束。主体变形而上层建筑保持原状，于是两部分的相应断面将出现相对的纵向移动和分离现象，这种现象越接近上层建筑端点越严重。图 4-21（b）表示通过连接的作用迫使上层建筑与主体一致弯曲变形。

　　如果上层建筑长度是 $2l$，p 是沿上层建筑长度分布的竖向力，q 是分布的水平剪力，根据力的平衡条件要求：

$$\begin{cases} \int_0^{2l} p\mathrm{d}x = 0 \\ \int_0^{2l} q\mathrm{d}x = 0 \end{cases} \qquad (4\text{-}57)$$

　　坐标原点取在上层建筑靠近船艉的端点。如果上层建筑与主体弯曲一致，并且在上层建筑侧壁和上甲板上没有水平剪力作用，则将适用梁的弯曲理论，在整个深度上应力分布是线性的。但现在已经明确侧壁上有水平剪力作用，它的影响是使上层建筑剖面歪斜，如图 4-22 所示，从而减小了弯曲应力。

　　剪切迟滞对纵弯曲应力的影响说明如下：设 σ_x 是上层建筑长度中点断面上的正应力。从这断面切开的半段上层建筑所受的力的总和是 $\sum \sigma_x \mathrm{d}A$，其中 $\mathrm{d}A$ 就是该断面的单元面积。因为上层建筑端点是自由端，没有力作用，故这个水平方向的力只有由上层建筑与主体连接的水平剪力来平衡。如果 τ_a 是平均剪应力，a 是剪切面积，则

$$\tau_a a = \sum \sigma_x \mathrm{d}A \qquad\qquad (4\text{-}58)$$

若断面越接近上层建筑端点，则剪切面积越小；假定弯曲应力与中点断面上一样，τ_a 越来越大，这种效应将使得越接近上层建筑端点的断面歪斜越大，因而由剪切影响的减小纵应力效果越接近端点越大。如果上层建筑很短，那么即使是长度中点的断面也免不了端点的影响。也就是说，如果上层建筑很长，其中点断面离端点相当远，端点影响就可以略去；但对靠近端点的断面仍有重大影响。这种由上层建筑的自由端产生的效应称为端点效应。它表现为在上层建筑中点剖面的弯曲应力受上层建筑长度变化的影响，如图 4-23 所示。

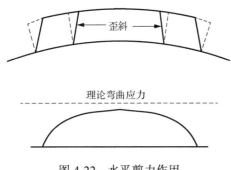

图 4-22　水平剪力作用　　　　图 4-23　上层建筑长度中点剖面上的应力随长度的变化图

由于船楼的侧壁是主体舷侧外板的延续，所以连接线上的竖向力将迫使船楼产生与主体相同曲率的弯曲，即它参加船体梁总纵弯曲的程度最大。图 4-24 表示这种情况的弯曲形状和不同剖面纵向应力的分布，由图 4-24 可看到，尽管船楼侧壁底部与主体有相同的曲率，但由于水平剪力的作用，纵向应力的垂向分布并不是线性的。

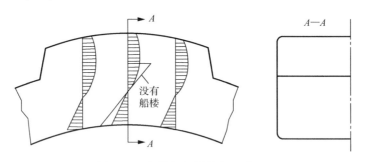

图 4-24　船体与船楼的相互作用

对于甲板室，如果它仅支持在甲板横梁上，由于横梁相对柔软，竖向力将使它发生弯曲，结果使甲板室与主体具有不同的曲率半径，甚至相反。如图 4-25 所示，此时应力沿横剖面的分布曲线有一个突变的坡度，并且即使在长度中点，其应力也很小，因而甲板室和主体基本上是独立的。但是，若在甲板室下设置横舱壁，并且向上一直延伸到甲板室顶，则在该处甲板室与主体有相同的变形，如图 4-26 所示。

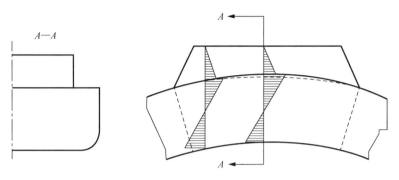

图 4-25　船体与甲板室的相互作用（无中间横舱壁）

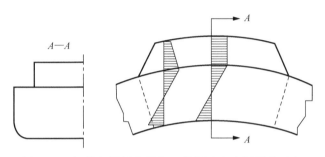

图 4-26　船体与甲板室的相互作用（有中间横舱壁）

上层建筑的端点效应和柔度效应应该是始终存在的，故上层建筑剖面中的弯曲应力一般要小于按梁的理论计算所得值。

4.4.2　上层建筑组合杆理论

1．计算方法概述

上层建筑的强度计算主要是计算它的应力分布。可以采用组合杆理论计算，即将上层建筑和主船体作为两根不同的梁，各自遵循"平断面"假设，且彼此间满足变形协调条件。为了便于计算，特做如下几项假定：

（1）上层建筑与主体的变形对称于上层建筑的长度中点；

（2）上层建筑和主体的挠度在上层建筑端点处相同，在上层建筑长度中点处均为 0；

（3）两部分结构的曲率在长度中点处相同；

（4）在长度中点处的上层建筑下沿和主体上沿的应力相同。

求解思路如下：

（1）假定水平剪力和竖向力的分布模式；

（2）通过变形协调条件确定水平剪力和竖向力中的待定系数；

（3）确定轴向力 P 及弯矩 M；

（4）得到正应力。

2．水平剪力与竖向力的分布模式

现假定上层建筑长度为 $2l$ ，坐标原点取在它的左端，取

竖向力：
$$p = p_1 \cos\frac{\pi x}{l} \tag{4-59}$$

水平剪力：
$$q = q_1 \cos\frac{\pi x}{2l} + q_3 \cos\frac{3\pi x}{2l} \tag{4-60}$$

可以满足平衡条件。因此上层建筑总的竖向力为

$$\int_0^{2l} p_1 \cos\frac{\pi x}{l}\mathrm{d}x = p_1 \frac{l}{\pi}\sin\frac{\pi x}{l}\Big|_0^{2l} = 0$$

上层建筑内总的水平剪力为

$$\int_0^{2l}\left(q_1 \cos\frac{\pi x}{2l} + q_3 \cos\frac{3\pi x}{2l}\right)\mathrm{d}x = 0$$

3．根据变形协调条件确定系数 p_1 、 q_1 、 q_3

现在将上层建筑和主体分别作为单独的梁，各自受竖向力和水平力的作用。此外，主体还受到外弯矩 M_x 的作用。令 $\overline{y}_a$ 为上层建筑断面的形心和上层建筑与主体相交线的距离。

在任一点 x 处的上层建筑断面内由水平力所产生的弯矩为

$$\begin{aligned}
M_{ax}^q &= -\int_0^x \overline{y}_a q\mathrm{d}x = -\int_0^x \overline{y}_a\left(q_1 \cos\frac{\pi x}{2l} + q_3 \cos\frac{3\pi x}{2l}\right)\mathrm{d}x \\
&= -\overline{y}_a\frac{2l}{\pi}\left(q_1 \sin\frac{\pi x}{2l} + \frac{1}{3}q_3 \sin\frac{3\pi x}{2l}\right)
\end{aligned} \tag{4-61}$$

在 $x = l$ 处，即长度中点处的弯矩为

$$M_{al}^q = -\frac{2\overline{y}_a l}{\pi}\left(q_1 - \frac{1}{3}q_3\right)$$

由竖向力对上层建筑产生的弯矩为

$$M_{ax}^p = \iint p\mathrm{d}x\mathrm{d}x = \iint p_1 \cos\frac{\pi x}{l}\mathrm{d}x\mathrm{d}x = -\frac{p_1 l^2}{\pi^2}\cos\frac{\pi x}{l} + Ax + B \tag{4-62}$$

在 $x = 0$ 处，剪力和弯矩均等于 0，得 $A = 0$ ， $B = \dfrac{p_1 l^2}{\pi^2}$ 。

因此，竖向力产生的弯矩为

$$M_{ax}^p = \frac{p_1 l^2}{\pi^2}\left(1 - \cos\frac{\pi x}{l}\right) \tag{4-63}$$

在 $x = l$ 处的弯矩为

$$M_{al}^p = \frac{2p_1 l^2}{\pi^2} \tag{4-64}$$

上层建筑长度中点剖面上的总弯矩为

$$M_{al} = \frac{2p_1 l^2}{\pi^2} - \frac{2\overline{y}_a l}{\pi}\left(q_1 - \frac{1}{3}q_3\right) \tag{4-65}$$

由于水平力和竖向力的作用，在上层建筑任一点处产生的挠度为

$$\begin{aligned}
y_{ax} &= \frac{1}{E_a I_a}\iint M \mathrm{d}x\mathrm{d}x \\
&= \frac{1}{E_a I_a}\iint\left[\frac{p_1 l^2}{\pi^2}\left(1 - \cos\frac{\pi x}{l}\right) - \frac{2\overline{y}_a l}{\pi}\left(q_1\sin\frac{\pi x}{2l} + \frac{1}{3}q_3\sin\frac{3\pi x}{2l}\right)\right]\mathrm{d}x\mathrm{d}x \\
&= \frac{1}{E_a I_a}\left[\frac{p_1 l^2}{\pi^2}\left(\frac{x^2}{2} + \frac{l^2}{\pi^2}\cos\frac{\pi x}{l}\right) + \frac{8\overline{y}_a l^3}{\pi^3}\left(q_1\sin\frac{\pi x}{2l} + \frac{1}{27}q_3\sin\frac{3\pi x}{2l}\right)\right] + Cx + D
\end{aligned} \tag{4-66}$$

式中，E_a 为上层建筑的弹性模量；I_a 为上层建筑断面对其本身中和轴的惯性矩。

由 $x = l$ 处的条件：

$$y = 0,\qquad \frac{\mathrm{d}y}{\mathrm{d}x} = 0$$

得出

$$C = -\frac{p_1 l^3}{\pi^2}$$

$$D = \frac{p_1 l^4}{2\pi^2} + \frac{p_1 l^4}{\pi^4} - \frac{8\overline{y}_a l^3}{\pi^3}\left(q_1 - \frac{1}{27}q_3\right)$$

上层建筑在 $x = 0$ 处的挠度为

$$y_{a0} = \frac{1}{E_a I_a}\left[p_1 l^4\left(\frac{1}{2\pi^2} + \frac{2}{\pi^4}\right) - \frac{8\overline{y}_a l^3}{\pi^3}\left(q_1 - \frac{1}{27}q_3\right)\right] \tag{4-67}$$

由 $\overline{y}_s$ 表示主船体断面形心到上述相交线的距离，可同样得到由竖向力和水平力在 $x = l$ 处主体上产生的弯矩 M_{sl} 和在 $x = 0$ 处的主体产生的挠度 y_{s0}。若以 M_l 表示由外荷重在 $x = l$ 处引起的弯矩；δ_0 表示由外荷重在 $x = 0$ 处引起的挠度，于是有

$$M_{sl} = M_l - \frac{2l^2 p_1}{\pi^2} - \frac{2l\overline{y}_s}{\pi}\left(q_1 - \frac{1}{27}q_3\right) \tag{4-68}$$

$$y_{s0} = \delta_0 - \frac{1}{E_s I_s}\left[p_1 l^4\left(\frac{1}{2\pi^2} + \frac{2}{\pi^4}\right) - \frac{8\overline{y}_s l^3}{\pi^3}\left(q_1 - \frac{1}{27}q_3\right)\right] \tag{4-69}$$

式中，I_s 为主体断面对其中和轴的惯性矩。

作用于上层建筑长度中点的总水平力，也就是作用于主体的总水平力，即

$$P = \int_0^l q\mathrm{d}x = \int_0^l\left(q_1\cos\frac{\pi x}{2l} + q_3\cos\frac{3\pi x}{2l}\right)\mathrm{d}x = \frac{2l}{\pi}\left(q_1 - \frac{1}{3}q_3\right) \tag{4-70}$$

现在可以计算长度中点的上层建筑断面内的与主体相交处的总应力，即

$$\sigma_{\mathrm{a}l} = \frac{2l}{\pi A_{\mathrm{a}}} \left(q_1 - \frac{1}{3} q_3 \right) - \frac{\overline{y}_{\mathrm{a}}}{I_{\mathrm{a}}} \left[\frac{2l^2}{\pi^2} p_1 - \frac{2l\overline{y}_{\mathrm{a}}}{\pi} \left(q_1 - \frac{1}{3} q_3 \right) \right] \tag{4-71}$$

式中，A_{a} 为上层建筑的截面面积。

同样可得船主体顶部，靠近上层建筑位置的应力，即

$$\sigma_{\mathrm{s}l} = \frac{M_l}{I_{\mathrm{s}}} \overline{y}_{\mathrm{s}} - \frac{2l}{\pi A_{\mathrm{s}}} \left(q_1 - \frac{1}{3} q_3 \right) - \frac{\overline{y}_{\mathrm{s}}}{I_{\mathrm{s}}} \left[\frac{2l^2}{\pi^2} p_1 + \frac{2l\overline{y}_{\mathrm{s}}}{\pi} \left(q_1 - \frac{1}{3} q_3 \right) \right] \tag{4-72}$$

式中，A_{s} 为主船体的截面面积。

现在必须计算两部分结构的曲率半径，在相交处的曲率半径已假定相等。如取两部分结构的曲率半径等于各自中和轴的曲率半径，也就足够精确了，因为曲率半径的数值都是很大的。在中点处各部分结构的曲率是

$$\begin{cases} \dfrac{1}{R_{\mathrm{a}}} = \dfrac{1}{E_{\mathrm{a}} I_{\mathrm{a}}} \left[\dfrac{2l^2 p_1}{\pi^2} - \dfrac{2l\overline{y}_{\mathrm{a}}}{\pi} \left(q_1 - \dfrac{1}{3} q_3 \right) \right] \\[4mm] \dfrac{1}{R_{\mathrm{s}}} = \dfrac{1}{E_{\mathrm{s}} I_{\mathrm{s}}} \left[M_l - \dfrac{2l^2 p_1}{\pi^2} - \dfrac{2l\overline{y}_{\mathrm{s}}}{\pi} \left(q_1 - \dfrac{1}{3} q_3 \right) \right] \end{cases} \tag{4-73}$$

根据假定（1）、（2）、（3）项，写出在 $x = l$ 处的应力相等；在 $x = 0$ 处的挠度相等；在 $x = l$ 处的曲率相等的方程式如下：

$$\left\{ \frac{2l}{\pi A_{\mathrm{a}}} \left(q_1 - \frac{1}{3} q_3 \right) - \frac{\overline{y}_a}{I_a} \left[\frac{2l^2 p_1}{\pi^2} - \frac{2l\overline{y}_a}{\pi} \left(q_1 - \frac{1}{3} q_3 \right) \right] \right\} \cdot \frac{E_{\mathrm{s}}}{E_{\mathrm{a}}}$$

$$= \frac{M_l}{I_{\mathrm{s}}} \cdot \overline{y}_{\mathrm{s}} - \frac{2l}{\pi A_{\mathrm{s}}} \left(q_1 - \frac{1}{3} q_3 \right) - \frac{\overline{y}_{\mathrm{s}}}{I_{\mathrm{s}}} \left[\frac{2l^2 p_1}{\pi^2} + \frac{2l\overline{y}_{\mathrm{s}}}{\pi} \left(q_1 - \frac{1}{3} q_3 \right) \right] \tag{4-74a}$$

$$\frac{1}{E_{\mathrm{a}} I_{\mathrm{a}}} \left[p_1 l^4 \left(\frac{1}{2\pi^2} + \frac{2}{\pi^4} \right) - \frac{8 \overline{y}_{\mathrm{a}} l^3}{\pi^3} \left(q_1 - \frac{1}{27} q_3 \right) \right]$$

$$= \delta_0 - \frac{1}{E_{\mathrm{s}} I_{\mathrm{s}}} \left[p_1 l^4 \left(\frac{1}{2\pi^2} + \frac{2}{\pi^4} \right) - \frac{8 \overline{y}_{\mathrm{s}} l^3}{\pi^3} \left(q_1 - \frac{1}{27} q_3 \right) \right] \tag{4-74b}$$

$$\frac{1}{E_{\mathrm{a}} I_{\mathrm{a}}} \left[\frac{2l^2}{\pi^2} p_1 - \frac{2l\overline{y}_{\mathrm{a}}}{\pi} \left(q_1 - \frac{1}{3} q_3 \right) \right] = \frac{1}{E_{\mathrm{s}} I_{\mathrm{s}}} \left[M_l - \frac{2l^2}{\pi^2} p_1 - \frac{2l\overline{y}_{\mathrm{s}}}{\pi} \left(q_1 - \frac{1}{3} q_3 \right) \right] \tag{4-74c}$$

合并同类项并重新排列成如下形式：

$$\begin{cases} p_1 l Q + q_1 S - \dfrac{1}{3} q_3 S = \dfrac{M_l}{I_{\mathrm{s}}} \cdot \dfrac{\overline{y}_{\mathrm{s}}}{l} \\[3mm] p_1 l T + q_1 U - \dfrac{1}{27} q_3 U = \dfrac{E_{\mathrm{s}} I_{\mathrm{s}}}{l^3} \delta_0 \\[3mm] p_1 l V + q_1 W - \dfrac{1}{3} q_3 W = \dfrac{M_l}{l} \end{cases} \tag{4-75}$$

其中

$$\begin{cases}
Q = \dfrac{2}{\pi^2}\left(\dfrac{\bar{y}_s}{I_s} - \dfrac{\bar{y}_a}{I_a}\cdot\dfrac{E_s}{E_a}\right) \\[3mm]
S = \dfrac{2}{\pi}\left(\dfrac{1}{A_a}\cdot\dfrac{E_s}{E_a} + \dfrac{1}{A_s} + \dfrac{\bar{y}_a^2}{I_a}\cdot\dfrac{E_s}{E_a} + \dfrac{\bar{y}_s^2}{I_s}\right) \\[3mm]
T = \left(\dfrac{1}{2\pi^2} + \dfrac{2}{\pi^4}\right)\left(1 + \dfrac{E_s I_s}{E_a I_a}\right) \\[3mm]
U = \dfrac{8}{\pi^2}\left(\bar{y}_s - \bar{y}_a\cdot\dfrac{E_s I_s}{E_a I_a}\right) \\[3mm]
V = \dfrac{2}{\pi^2}\left(1 + \dfrac{E_s I_s}{E_a I_a}\right) \\[3mm]
W = \dfrac{2}{\pi}\left(\bar{y}_s - \bar{y}_a\cdot\dfrac{E_s I_s}{E_a I_a}\right)
\end{cases} \tag{4-76}$$

这些量对于已知的上层建筑和主体结构是常数，可以解出系数 p_1、q_1、q_3，再把这些数值代入式（4-71）和式（4-72）就可以得到上层建筑长度中点处的上层建筑的总应力和主体的总应力，或者代入式（4-61）和式（4-62）就可以得到上层建筑上任一点 x 处的弯矩。注意，这样得到的上层建筑内的应力，还需要进一步计及剪切滞后对纵弯曲应力的影响，可以采用泰勒（Taylor）近似理论来考虑。

如图 4-27 所示的船体剖面 $ABCDE$ 由剪切作用畸变为 $A'B'CD'E'$。在离中和轴 z 的一点处的剪切角应变为

$$\frac{\partial e}{\partial z} = \frac{\tau}{G} \tag{4-77}$$

式中，τ 为 z 点的剪应力；G 为剪切弹性模数。因而有

$$e = \int \frac{\tau}{G}\mathrm{d}z \tag{4-78}$$

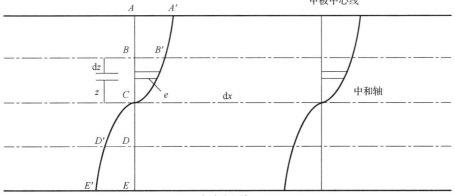

图 4-27　船体剖面

在 $\mathrm{d}x$ 段内，从 z 到 z_m 的弯曲应力 σ 之和应等于这段作用的剪应力之和，即

$$\int_z^{z_\mathrm{m}} \frac{\partial \sigma}{\partial x} \mathrm{d}x \mathrm{d}z = \tau \mathrm{d}x$$

式中，z_m 为从中和轴到甲板中心线的距离，在甲板中心线 A 点处 $\tau = 0$，所以在 z 点：

$$\tau = \int_z^{z_\mathrm{m}} \frac{\partial \sigma}{\partial x} \mathrm{d}z$$

从图 4-27 还可以看到，由剪切应力引起的纵应变是 $\dfrac{\partial e}{\partial x}$，很容易证明这与弯曲的纵应变是相反的，所以由剪切引起的弯曲应力减小：

$$E \frac{\partial e}{\partial x} = E \frac{\partial}{\partial x} \iint_z^{z_\mathrm{m}} \frac{\dfrac{\partial \sigma}{\partial x} \mathrm{d}z}{G} \mathrm{d}z = \frac{E}{G} \int \left(\int_z^{z_\mathrm{m}} \frac{\partial^2 \sigma}{\partial x^2} \mathrm{d}z \right) \mathrm{d}z \tag{4-79}$$

由于 σ 是 p_1、q_1、q_3 的函数，所以减小的应力可算出。

纵弯曲应力减小了，由弯曲应力构成的内弯矩就比外弯矩小了。为了平衡，泰勒还假定梁必须再弯曲一些以补偿差额弯矩：

$$\mu = \int E \frac{\partial e}{\partial x} y \mathrm{d}A$$

注意，这里的 y 是垂向坐标，前面的 z 坐标是沿着剖面周界测量的，两者是有差别的，$\mathrm{d}A$ 是单元面积。

因此最后的应力是

$$\sigma_1 = \frac{M + \mu}{J} y - \frac{E}{G} \int \left(\int_z^{z_\mathrm{m}} \frac{\partial^2 \sigma}{\partial x^2} \mathrm{d}z \right) \mathrm{d}z \tag{4-80}$$

用平面应力理论也可以解决上层建筑的强度问题，这个方法的优点在于能同时考虑剪切滞后和上甲板柔度的影响，还能考虑到连接处的纵向滑移的影响。

习　　题

1. 在船体结构的局部强度计算中，对于外部构件和内部构件，分别需要考虑哪些主要载荷？

2. 在船体结构的局部强度计算中，对于露天甲板、内底板，分别需要考虑哪些主要载荷？

3. 在纵骨架式的船体底部板架局部强度计算中，怎样选取主向梁和交叉构件？如何才能相对准确地确定该板架的边界条件？

4. 船体局部强度计算中，选择不同许用应力的主要依据是什么？

5. 何谓纵骨架式与横骨架式？在船体结构设计中采用纵骨架式的主要目的是什么？

6. 若船体总纵强度满足要求, 能否保证其局部强度也自然满足? 为什么局部强度计算的应力不与总纵强度计算中的应力 (σ_1、σ_2、σ_3 和 σ_4) 相叠加?

7. 对于军船和海船而言, 为什么其底部和上甲板骨架的设计通常采用纵骨架式?

8. 横舱壁在船舶设计中起什么作用?

9. 在船体横舱壁上加设的支条通常取作垂向布置, 其主要目的是什么?

10. 在上层建筑与主船体连接处相互作用的垂向力和水平剪力, 它们对上层建筑的单独作用效果有何不同?

11. 简述关于上层建筑参与总纵弯曲计算的组合杆理论的基本原理。通常在什么情况下需要采用这一理论?

12. 何谓"剪切滞后"现象? 为什么上层建筑参与总纵弯曲的计算应考虑"剪切滞后"的影响?

13. 说明上层建筑端部在它与主船体相连接处产生应力集中现象的原因。

第5章　船舶扭转强度

有些船舶由于自身结构的特点，往往在甲板上或者舷侧处设有大开口，大开口结构会为船舶提供诸多便利，但会严重降低船舶的抗扭刚度，这使得对于大开口船舶而言，由扭转引起的破坏是除总纵弯曲外另一种重要的总体破坏模式。扭转强度的重要性已经上升到与总纵强度同等的地位。那么，本章主要针对具有大开口特征的船舶形式，讲解船体结构的扭转强度问题，具体内容如下：

（1）大开口船舶特点；

（2）扭转外力的计算；

（3）等直薄壁梁扭转理论；

（4）弯扭组合分析方法。

5.1　大开口船舶特点

甲板上具有长大货舱开口的船舶可以大大提高装卸效率，是近些年来的航运发展主力，集装箱船就是一种典型的大开口船舶，大开口船舶的主要特点是：舱口宽度已经超过船宽的 80%，有的甚至超过了 90%，大大超过了普通货船的舱口宽度，严重降低了船舶的抗扭刚度。图 5-1 给出了近些年来从巴拿马型集装箱船到超巴拿马型集装箱船的发展趋势，从图中可以清楚地看到集装箱船这种典型大开口船舶的舷侧结构变得越来越薄，为了更好地放置集装箱，舱口宽度显著增加并且取消了甲板纵桁的设置。

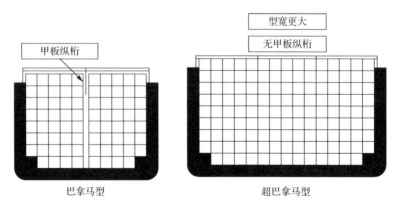

图 5-1　集装箱船发展趋势

5.2　船舶在斜浪中航行时引起的扭转力矩

为了计算扭转强度，必须先了解船体扭转产生的原因及作用在船体上的外力。作用在船体上的扭转载荷有很多种，其中最主要的就是船舶在斜浪中航行时所受的波浪扭矩。现简要阐述波浪扭矩的产生机理：当船舶在斜浪中航行时，其两舷吃水是不同的，船舶前半部（图 5-2）左舷吃水比右舷大，后半部（图 5-3）正好相反；船舶前半部受到的浮力 F 作用在距船舯剖面线 e 处，由左右两舷吃水差产生的横向力 H 从左舷向右舷作用，后半部相反，因此将会在船舯剖面处产生绕船体扭转中心轴的力矩作用——扭矩。

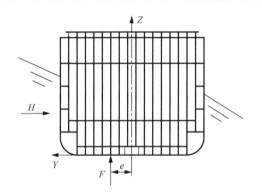

图 5-2　船体前半部吃水图

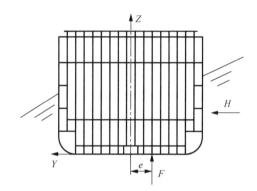

图 5-3　船体后半部吃水图

对于普通船型而言，扭转中心通常接近剖面形心 G，横向力 H 的作用点与 G 十分靠近，由横向力 H 产生的力矩很小，可忽略不计。然而对于大开口船舶，其剖面的扭转中心一般在基线以下，偏离剖面形心 G 相当远，因此必须考虑由横向力引起的扭矩。

下面讨论由艏艉部分浮力引起的扭矩。

在距艉端为 x 的剖面处，取 $\mathrm{d}x$ 微段，设船体单位长度的重力为 w，单位长度的浮力为 F，在微段剖面上作用的重力为 $w\mathrm{d}x$，浮力为 $v\mathrm{d}x$，见图 5-4。重力与浮力作用点之间的水平距离为 e，在一般情况下 $w \neq v$，因此在微段上作用有 $(w-v)\mathrm{d}x$ 力及 $ve\mathrm{d}x$ 力矩作用，力和力矩是沿船长方向的分布载荷，船体在 $w-v$ 分布力的作用下产生总纵弯曲力矩 M，在 ve 分布力矩作用下产生扭矩 T。

设单位长度的分布力矩为 c，按式（5-1）计算：

$$c = ve \tag{5-1}$$

式中，e 与船体各剖面形状有关。

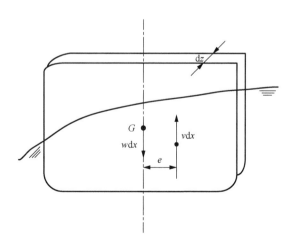

图 5-4　船体艏艉浮力产生的扭矩

距艉端为 x 的剖面处的扭矩 $T(x)$ 为这个剖面到艉端的全部分布力矩的总和，即

$$T(x) = \int_0^x c\,\mathrm{d}x \qquad\qquad (5\text{-}2)$$

由于船舶艏、艉为自由端，即满足当 $x = 0$、$x = L$ 时，$T = 0$ 的条件，所以

$$\int_0^L c\,\mathrm{d}x = 0 \qquad\qquad (5\text{-}3)$$

由式（5-2）得

$$c = \frac{\mathrm{d}T(x)}{\mathrm{d}x} \qquad\qquad (5\text{-}4)$$

对于具有大开口的船舶，除了船体浮力左右不均引起的扭矩外，还必须考虑横向力引起的扭矩。大开口的船体剖面扭转中心通常在基线以下，偏离形心很远，因此横向力 H 引起的扭矩不能忽略。

船舶在斜浪中左、右舷吃水不同，其压力差引起横向力。设单位长度的横向力 h 对扭心的力矩为

$$c_1 = h e_1 \qquad\qquad (5\text{-}5)$$

式中，e_1 为单位横向力 h 到扭心的距离。

船舶艉部与艏部分布力矩 c_1 的符号相反，c_1 积分曲线即为横向力引起的扭矩：

$$T_1(x) = \int_0^x c_1\,\mathrm{d}x \qquad\qquad (5\text{-}6)$$

斜浪中的总扭矩为上述 V 和 H 引起的扭矩之和。船体扭矩的产生，除了斜浪航行的扭矩外，还有其他种种原因：船体重量分布不对称、风和其他因素引起的船舶横倾时的倾斜力矩、船体摇摆时的惯性力等，作用在船体上的总扭矩是这些扭矩的合成。

5.3　等直薄壁梁扭转理论

5.3.1　等断面直杆的圣维南扭转

圣维南扭转是指一等断面直杆两端仅受扭矩作用（图 5-5），并不受其他任何约束，杆在扭转时可以自由变形。

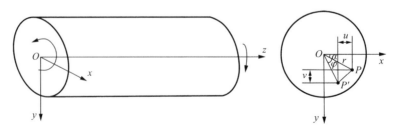

图 5-5　圣维南扭转示意图

1．位移分量

设扭转时断面如刚体般转动，并设坐标原点在扭转中心，于是可得杆件任意断面上任意点 $P(x,y)$ 的位移分量为

$$u = -\overline{PP'}\sin\alpha = -r\varphi\frac{y}{r} = -\varphi y \tag{5-7}$$

$$v = \overline{PP'}\cos\alpha = r\varphi\frac{x}{r} = \varphi x \tag{5-8}$$

式中，φ 为相对于左断面（$z=0$）的扭角，$\varphi = \varphi(z)$。

在圣维南扭转中认为单位长度的扭角（扭率）$\varphi' = \dfrac{\mathrm{d}\varphi}{\mathrm{d}z}$ 为常数，故 $\varphi = \varphi'z$，于是

$$u = -\varphi'zy, \quad v = \varphi'zx \tag{5-9}$$

杆件 z 轴方向的位移分量（翘曲）可写成

$$\omega = \varphi'F(x,y) \tag{5-10}$$

式中，$F(x,y)$ 代表 $\varphi'=1$ 时的翘曲，称为单位翘曲函数。

2．应变分量

杆内的应变分量为

$$\begin{cases} \varepsilon_x = \dfrac{\partial u}{\partial x} = 0 \\[2mm] \varepsilon_y = \dfrac{\partial v}{\partial y} = 0 \\[2mm] \varepsilon_z = \dfrac{\partial \omega}{\partial z} = 0 \\[2mm] \gamma_{xy} = \dfrac{\partial u}{\partial y} + \dfrac{\partial v}{\partial x} = 0 \\[2mm] \gamma_{xz} = \dfrac{\partial u}{\partial z} + \dfrac{\partial \omega}{\partial x} = -\varphi'y + \varphi'\dfrac{\partial F}{\partial x} = \varphi'\left(\dfrac{\partial F}{\partial x} - y\right) \\[2mm] \gamma_{yz} = \dfrac{\partial v}{\partial z} + \dfrac{\partial \omega}{\partial y} = \varphi'x + \varphi'\dfrac{\partial F}{\partial y} = \varphi'\left(\dfrac{\partial F}{\partial y} + x\right) \end{cases} \tag{5-11}$$

3．应力分量

杆内的应力分量为

$$\begin{cases} \sigma_x = \sigma_y = \sigma_z = \tau_{xy} = 0 \\[2mm] \tau_{xz} = G\gamma_{xz} = G\varphi'\left(\dfrac{\partial F}{\partial x} - y\right) \\[2mm] \tau_{yz} = G\gamma_{yz} = G\varphi'\left(\dfrac{\partial F}{\partial y} + x\right) \end{cases} \tag{5-12}$$

4. 静力平衡方程式

在不计体积力的情况下，有以下静力平衡方程式：

$$\frac{\partial \tau_{xz}}{\partial z} = 0, \quad \frac{\partial \tau_{yz}}{\partial z} = 0, \quad \frac{\partial \tau_{xz}}{\partial x} + \frac{\partial \tau_{yz}}{\partial y} = 0 \tag{5-13}$$

将式（5-12）代入式（5-13）后，得到关于 $F(x, y)$ 的拉普拉斯微分方程式：

$$\frac{\partial^2 F}{\partial x^2} + \frac{\partial^2 F}{\partial y^2} = \nabla^2 F = 0 \tag{5-14}$$

在断面边界上，剪应力必须沿切线方向，由此可得 $F(x, y)$ 在边界上应满足

$$\left(\frac{\partial F}{\partial y} + x\right)\mathrm{d}x - \left(\frac{\partial F}{\partial x} - y\right)\mathrm{d}y = 0 \tag{5-15}$$

式（5-14）和式（5-15）为单位翘曲函数 F 应满足的方程及边界条件。

5. 应力函数

圣维南扭转问题可引入应力函数 $\Phi(x, y)$ 来求解，应力函数满足

$$\tau_{xz} = \frac{\partial \Phi}{\partial y}, \quad \tau_{yz} = -\frac{\partial \Phi}{\partial x} \tag{5-16}$$

因此，静力平衡方程式（5-13）恒满足，再利用式（5-12）得到

$$G\varphi'\left(\frac{\partial F}{\partial x} - y\right) = \frac{\partial \Phi}{\partial y}, \quad G\varphi'\left(\frac{\partial F}{\partial y} + x\right) = -\frac{\partial \Phi}{\partial x} \tag{5-17}$$

由此得到关于 $\Phi(x, y)$ 的泊松微分方程式：

$$\frac{\partial^2 \Phi}{\partial x^2} + \frac{\partial^2 \Phi}{\partial y^2} = -2G\varphi' = 常数 \tag{5-18}$$

将式（5-17）代入式（5-15）中，则在断面边界上有

$$\frac{\partial \Phi}{\partial x}\mathrm{d}x + \frac{\partial \Phi}{\partial y}\mathrm{d}y = \mathrm{d}\Phi = 0 \tag{5-19}$$

从而可知在断面边界上 Φ 为常数，并且 $\Phi = 0$ 不会影响剪应力 τ_{xz} 和 τ_{yz} 的结果。因此应力函数 $\Phi(x, y)$ 应满足式（5-18）和在边界上等于零的条件。

6. 扭矩及扭转常数

断面上剪应力合成扭矩如图 5-6 所示，故有

$$M_z = \int_A (\tau_{yz}x - \tau_{xz}y)\mathrm{d}A = G\varphi'\int_A\left[\left(\frac{\partial F}{\partial y} + x\right)x - \left(\frac{\partial F}{\partial x} - y\right)y\right]\mathrm{d}A = GJ\varphi' \tag{5-20}$$

式中，J 为扭转惯性矩（扭转常数），定义为

$$J = \int_A \left[\left(\frac{\partial F}{\partial y} + x \right) x - \left(\frac{\partial F}{\partial x} - y \right) y \right] \mathrm{d}A \tag{5-21}$$

GJ 则称为抗扭刚度。

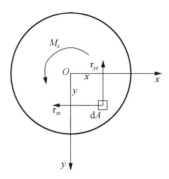

图 5-6　断面力的示意图

剪应力用应力函数表示时，有

$$M_z = \int_A (\tau_{yz} x - \tau_{xz} y) \mathrm{d}A = -\int_A \left(\frac{\partial \Phi}{\partial x} x + \frac{\partial \Phi}{\partial y} y \right) \mathrm{d}A \tag{5-22}$$

式（5-22）用分部积分法计算可得

$$\int_A \left(\frac{\partial \Phi}{\partial x} x + \frac{\partial \Phi}{\partial y} y \right) \mathrm{d}A = -2 \int_A \Phi \mathrm{d}A \tag{5-23}$$

与式（5-20）比较可得

$$GJ = \frac{2}{\varphi'} \int_A \Phi \mathrm{d}A \tag{5-24}$$

综上所述，求解圣维南扭转问题时，可以先选取应力函数 $\Phi(x, y)$，再求出扭率 φ'，并由式（5-16）求出剪应力 τ_{xz} 与 τ_{yz}，由式（5-9）求出位移 u 与 v，最后由式（5-17）求出单位翘曲函数 $F(x, y)$，并由式（5-10）求出翘曲变形 ω。

5.3.2　闭口薄壁杆件的自由扭转

闭口薄壁杆件在自由扭转时，可以认为断面中的剪应力沿壁厚均匀分布，因此剪应力断面形成剪流，这个剪流称为布雷特（Bredt）剪流，记为

$$\hat{f}_B = \tau_B t \tag{5-25}$$

式中，相应的剪应力 τ_B 称为布雷特剪应力。

1．单闭室断面

考虑一等断面的单闭室薄壁杆件，两端受扭矩 M_z 作用而发生扭转（图 5-7）。在杆件中取出 $\mathrm{d}s\mathrm{d}z$ 的一微块，其静力平衡条件为

$$\frac{\partial \hat{f}_{\mathrm{B}}}{\partial z}\mathrm{d}z = 0 \tag{5-26}$$

$$\frac{\partial \hat{f}_{\mathrm{B}}}{\partial s}\mathrm{d}s = 0 \tag{5-27}$$

由此可得 $\partial \hat{f}_{\mathrm{B}}$ 为一常数。这表示闭口薄壁杆件在自由扭转时，断面上任意点的剪流即剪应力与壁厚的乘积始终不变。据此，最大剪应力将发生在壁厚最小的地方，最小剪应力将发生在壁厚最大的地方。

断面上剪流对任意一点的力矩等于扭矩，若将剪流对形心取矩（图 5-7），则有

$$\oint \hat{f}_{\mathrm{B}}h\mathrm{d}s = \hat{f}_{\mathrm{B}}\oint h\mathrm{d}s = 2\hat{A}\hat{f}_{\mathrm{B}} = M_z \tag{5-28}$$

于是得

$$\hat{f}_{\mathrm{B}} = \frac{M_z}{2A} \tag{5-29}$$

这就是单闭室薄壁杆件自由扭转时的剪流计算公式，称为布雷特第一公式。

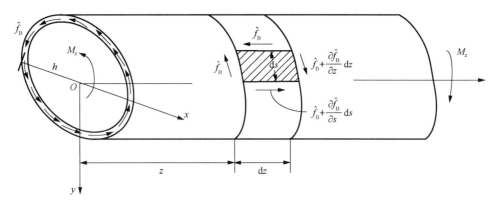

图 5-7　等断面单闭室薄壁杆件受扭示意图

断面扭转惯性矩的计算要用到一个联系扭角与剪应力的"环流方程"，此方程式可用弹性力学中的能量原理导出，现在就用"单位力法"推导如下。

将图 5-8（a）中两端受扭矩 M_z 作用的闭口薄壁杆件称为第一状态，同一杆件两端受单位扭矩作用时称为第二状态（图 5-8（b）），第二状态的外力（单位扭矩）对第一状态的变形（扭角）所做的功 $1\times\varphi$ 应等于第二状态的内力对第一状态的应变所做的功（应变能）。

在杆中取 $\mathrm{d}s\mathrm{d}z$ 的微块，它的应变能为 $\tau^0 t\mathrm{d}s\gamma\mathrm{d}z$，整个杆件的应变能可通过积分得到，即

$$\int_0^l \oint \tau^0 t\mathrm{d}s\gamma\mathrm{d}z = \int_0^l \oint \frac{\tau_{\mathrm{B}}}{2\hat{A}G}\mathrm{d}s\mathrm{d}z = \frac{l}{2\hat{A}G}\oint \tau_{\mathrm{B}}\mathrm{d}s \tag{5-30}$$

式中，$\tau^0 = \dfrac{1}{2\hat{A}t}$ 为第二状态的剪应力；$\gamma = \dfrac{\tau_{\mathrm{B}}}{G}$ 为第一状态中的剪应变。

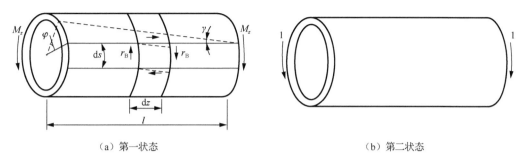

（a）第一状态　　　　　　　　　　　（b）第二状态

图 5-8　闭口薄壁杆件的状态

于是得

$$1 \times \varphi = \frac{l}{2\hat{A}G} \oint \tau_B \mathrm{d}s \qquad (5\text{-}31)$$

或

$$\varphi' = \frac{\varphi}{l} = \frac{l}{2\hat{A}G} \oint \tau_B \mathrm{d}s = \frac{l}{2\hat{A}G} \oint \frac{\hat{f}_B}{t} \mathrm{d}s \qquad (5\text{-}32)$$

式（5-32）即为环流方程式。

将式（5-29）代入式（5-32）后得单闭室薄壁杆件自由扭转的扭率为

$$\varphi' = \frac{l}{2\hat{A}G} \oint \frac{M_z}{2\hat{A}t} \mathrm{d}s = \frac{M_z}{4\hat{A}^2 G} \oint \frac{\mathrm{d}s}{t} \qquad (5\text{-}33)$$

由 $\varphi' = \dfrac{M_z}{GJ}$ 可知扭转惯性矩为

$$J = \frac{4\hat{A}^2}{\oint \dfrac{\mathrm{d}s}{t}} \qquad (5\text{-}34)$$

式（5-34）称为布雷特第二公式。

现引入扭转函数 Ψ，定义为

$$\Psi = \frac{\hat{f}_B}{G\varphi'} \qquad (5\text{-}35)$$

对于单闭室断面，将式（5-29）和式（5-33）代入式（5-35）后可得

$$\Psi = \frac{2\hat{A}}{\oint \dfrac{\mathrm{d}s}{t}} \qquad (5\text{-}36)$$

由此可见，Ψ 是一个由断面的几何形状决定的量，多闭室断面的情况也是如此，利用扭转函数，闭口断面的剪应力计算公式还可以写成

$$\tau_B = \frac{\hat{f}_B}{t} = G\varphi' \frac{\Psi}{t} = \frac{M_z}{J} \frac{\Psi}{t} \qquad (5\text{-}37)$$

2. 多闭室断面

多闭室断面的薄壁杆件在扭矩 M_z 作用下发生自由扭转时，断面每一闭室上的剪流仍为常数，而公共壁上的剪流则由相邻两闭室的常剪流叠加而成。如图 5-9 中的双闭室断面，第一室中的剪流和第二室中的剪流均为常剪流，在公共壁 CF 上的剪流为（方向按第一室，即在公共壁 CF 上，向上为正）

$$\hat{f}_{CF} = \hat{f}_1 - \hat{f}_2 \tag{5-38}$$

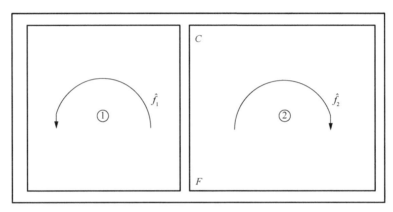

图 5-9 双闭室断面

求解多闭室薄壁杆件自由扭转的方法是：分别对每一闭室列出布雷特公式，并使作用在各室上的扭矩之和等于作用在整个断面上的扭矩 M_z，再利用环流方程式列出各室的扭率式，根据弗拉索夫的刚周边假定，令各室的扭率均相同，从而得到补充方程用来求解剪流和扭矩，最后利用 $\varphi' = \dfrac{M_z}{GJ}$ 关系式得到扭转惯性矩 J。

由于混合断面中的开口部分对断面扭转惯性矩的贡献很小，因此可近似地只考虑闭口部分，并不会引起太大的误差。例如，对于具有大舱口、单层舷侧的集装箱船，其断面扭转惯性矩的计算就可以只考虑双层底的闭口部分。

5.3.3 开口薄壁杆件的自由扭转

开口薄壁杆件自由扭转的计算是建立在狭长矩形断面直杆自由扭转计算原理的基础之上的，但在应用时须引入薄壁杆件扭转理论中的一个最基本的假定——弗拉索夫的刚周边假定。这个假定的内容是：在小变形情况下，可以认为杆件扭转后断面在其原来平面上的投影形状与原断面形状相同。如图 5-10 所示为工字断面，扭转后断面的投影仍为工字形，实践证明刚周边假定是可用的。

根据刚周边假定，开口薄壁杆件扭转使断面如刚体般转动，其各个组成部分的扭角都相同，因此，开口薄壁断面的位移分量 u、v 仍可以用式（5-9）的形式。

现在推导断面扭转惯性矩的公式。以如图 5-10
所示的工字断面为例，可把它看作由三个狭长矩形
断面所组成，并设 H_1、t_1、H_2、t_2、H_3、t_3 分别代
表三个狭长断面的长度和壁厚。根据刚周边假定，
每一狭长断面的扭率都应相同，即

$$\varphi_1' = \varphi_2' = \varphi_3' = \varphi' \qquad (5\text{-}39)$$

或

$$\frac{M_{z1}}{GJ_1} = \frac{M_{z2}}{GJ_2} = \frac{M_{z3}}{GJ_3} = \frac{M_z}{GJ} \qquad (5\text{-}40)$$

式（5-39）和式（5-40）中，φ' 为整个工字断
面的扭率；$J_1 = (1/3)H_1t_1^3$，$J_2 = (1/3)H_2t_2^3$，$J_3 = (1/3)H_3t_3^3$ 分别为三个狭长矩形断面的扭转惯性矩；
M_z 为作用在整个工字断面上的扭矩，显然应有

$$M_z = M_{z1} + M_{z2} + M_{z3} \qquad (5\text{-}41)$$

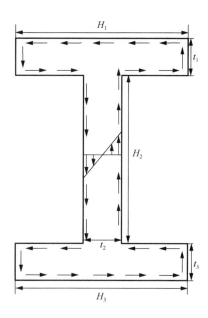

图 5-10 工字断面及其剪应力分布

联立式（5-40）和式（5-41）不难求得整个工字断面的扭转惯性矩为

$$J = J_1 + J_2 + J_3 = \frac{1}{3}H_1t_1^3 + \frac{1}{3}H_2t_2^3 + \frac{1}{3}H_3t_3^3 \qquad (5\text{-}42)$$

由此可见，整个工字断面的扭转惯性矩等于组成断面的各狭长矩形断面的扭转惯性矩
之和。这个结论可以推广到一般情况，即由 n 个狭长矩形断面组成的开口薄壁断面的扭转
惯性矩可用叠加法求得，其公式为

$$J = \frac{1}{3}\sum_{i=1}^{n} H_i t_i^3 \qquad (5\text{-}43)$$

更一般地，开口薄壁断面若是任意曲线形状的，则有

$$J = \frac{1}{3}\int_c t^3 \mathrm{d}s \qquad (5\text{-}44)$$

式中，$\int_c \mathrm{d}s$ 为沿 s 坐标在整个断面上的积分；c 为断面的边界曲线。

由式（5-42）～式（5-44）可以发现，开口薄壁断面的扭转惯性矩与壁厚的三次方成比
例，因此壁厚的大小对扭转刚度的影响甚为显著。也就是说，开口薄壁杆件的壁厚越小，
它的抗扭能力越差；反之壁厚增加，抗扭能力就大大增强。

扭率与扭矩之间的关系仍为

$$\varphi' = \frac{M_z}{GJ} \qquad (5\text{-}45)$$

断面的剪力 τ_s 与狭长矩形断面的情况一样，沿壁厚呈线性分布，在中心线处为零，在断面周界上最大，剪应力的最大值用 $(\tau_s)_{max}$ 表示，其值为

$$(\tau_s)_{max} = \frac{M_z t}{J} \qquad (5\text{-}46)$$

图 5-10 表示了一个开口薄壁断面在自由扭转时剪应力分布情形。

5.4　弯扭组合分析方法

随着研究的深入，薄壁杆件弯曲和扭转之间的耦合效应越来越受到重视。尤其当薄壁杆件具有非对称断面且剪切的作用不容忽视时，必须考虑弯曲和扭转之间的耦合效应。

薄壁杆件的弯曲和扭转是否耦合是与杆件断面的形状有关的。当杆件的所有断面均有两根相互垂直的对称轴时，弯曲和扭转不发生耦合。当杆件的断面有一条对称轴时，在对称轴平面内的弯曲与扭转不耦合，但与对称轴相互垂直的另一个方向的弯曲与扭转就发生耦合。例如，将船体作为薄壁杆件计算时，由于船体断面有一条垂向对称轴，所以船体的垂向弯曲与扭转不耦合，但水平弯曲却与扭转耦合。最一般地，当薄壁杆件的断面是非对称时，两个方向的弯曲与扭转均发生耦合作用。

5.4.1　应力和内力

一般地，在薄壁杆件的弯扭耦合问题中，考虑杆件在 xoz 平面内的弯曲、在 yoz 平面内的弯曲、扭转（绕 z 轴），以及沿轴向（z 轴方向）的拉压变形。

在推导薄壁杆件弯扭耦合微分方程式时，仍采用弗拉索夫刚周边假设、库尔布鲁纳和哈丁对翘曲位移的假设，以及弯曲时的平截面假设，于是断面上任意点的轴向位移为拉压引起的位移、两个方向弯曲引起的位移及扭转引起的翘曲位移之和，即

$$w(s,z) = w_0(z) - x(s)\theta_y(z) + y(s)\theta_x(z) - \omega(s)\theta(z) \qquad (5\text{-}47)$$

切向位移可以通过图 5-11 获得：

$$\xi(s,z) = h(s)\varphi(z) + \left[u_0(z) - y_s\varphi(z)\right]\frac{\partial x(s)}{\partial s} + \left[v_0(z) + x_s\varphi(z)\right]\frac{\partial y(s)}{\partial s} \qquad (5\text{-}48)$$

这里 x 轴和 y 轴为断面的形心主惯性轴，z 轴通过断面形心并沿杆件长度方向，s 为沿壁厚中心线的自然坐标。在式（5-47）、式（5-48）中，$u_0(z)$、$v_0(z)$、$w_0(z)$ 分别为形心沿 x、y、z 轴三个方向的位移；$\theta_x(z)$、$\theta_y(z)$ 分别为断面绕 x 轴、y 轴的转角；$\varphi(z)$ 为扭角；$\theta(z)$ 为翘曲函数；x_s、y_s 分别为扭心的坐标；$x(s)$、$y(s)$ 分别为断面上任意点的坐标；$h(s)$ 为断面上任意点切线到扭心的距离；$\omega(s)$ 为剖面上任意点以扭心为极点的扇形坐标。

这里要注意，为推导方便起见，本章中位移与内力的正向规定将与以前有所不同。这里规定，位移 u、v、w 分别沿 x、y、z 轴正向时为正，转角 $\theta_x(z)$、$\theta_y(z)$ 及扭角 $\varphi(z)$ 分别按右手定则绕 x、y、z 轴正向转动时为正，内力的正向与相应位移的正向相同。

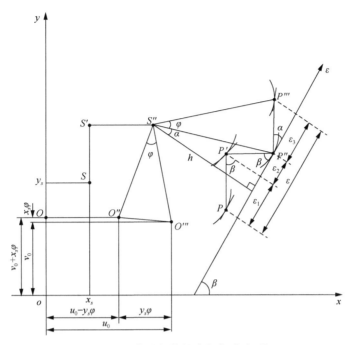

图 5-11　薄壁杆件的弯扭耦合变形

由式（5-47）和式（5-48）可得轴向应变和剪应变分别为

$$\varepsilon_z = \frac{\partial w}{\partial z} = w_0' - x\theta_y' + y\theta_x' - \omega\theta' \tag{5-49}$$

$$
\begin{aligned}
\gamma_{sz} &= \frac{\partial w}{\partial s} + \frac{\partial \xi}{\partial z} \\
&= -\frac{\partial x}{\partial s}\theta_y + \frac{\partial y}{\partial s}\theta_x - \frac{\partial \omega}{\partial s}\theta + h\varphi' + \frac{\partial x}{\partial s}(u_0 - y_s\varphi)' + \frac{\partial y}{\partial s}(v_0 + x_s\varphi)' \\
&= h(\varphi' - \theta) + \frac{\psi}{t}\theta + \frac{\partial x}{\partial s}(u_0' - y_s\varphi' - \theta_y) + \frac{\partial y}{\partial s}(v_0' + x_s\varphi' - \theta_x) \tag{5-50}
\end{aligned}
$$

轴向正应力和剪应力分别为

$$\sigma_z = E\varepsilon_z, \quad \tau_{sz} = G\gamma_{sz} \tag{5-51}$$

此外，根据薄壁杆件约束扭转一致理论的讨论，在薄壁断面上还有沿壁厚线性分布的圣维南剪应力和相应的线性分布的剪应变。

正应力和剪应力将在断面上合成 7 个广义内力，即纵向（拉压）力 P、沿 x 轴方向的剪力 N_x、绕 y 轴的弯矩 M_y、沿 y 轴方向的剪力 N_y、绕 x 轴的弯矩 M_x、扭矩 M_z、双力矩 B。各广义内力示意图如图 5-12 所示。

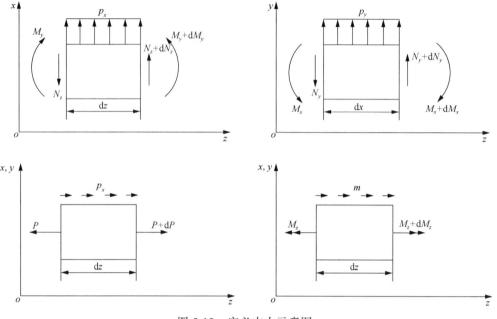

图 5-12　广义内力示意图

将正应力和剪应力在断面上积分可得各广义内力分别为

$$P = \int_A \sigma_z \mathrm{d}A = \int_A E(w_0' - x\theta_y' + y\theta_x' - \omega\theta')\mathrm{d}A$$

$$= Ew_0' \int_A \mathrm{d}A - E\theta_y' \int_A x\mathrm{d}A + E\theta_x' \int_A y\mathrm{d}A - E\theta' \int_A \omega\mathrm{d}A \qquad (5\text{-}52)$$

$$N_x = \int_A \tau_{sz} \frac{\partial x}{\partial s}\mathrm{d}A$$

$$= \int_A G\left[h(\varphi' - \theta) + \frac{\Psi}{t}\theta + \frac{\partial x}{\partial s}(u_0' - ys\varphi' - \theta_y) + \frac{\partial y}{\partial s}(v_0' + xs\varphi' + \theta_x) \right] \frac{\partial x}{\partial s}\mathrm{d}A$$

$$= G(\varphi' - \theta)\int_A h\frac{\partial x}{\partial s}\mathrm{d}A + G\theta\int_A \frac{\Psi}{t}\frac{\partial x}{\partial s}\mathrm{d}A + G(u_0' - ys\varphi' - \theta_y)\int_A \left(\frac{\partial x}{\partial s}\right)^2\mathrm{d}A$$

$$+ G(v_0' + xs\varphi' + \theta_x)\int_A \frac{\partial x}{\partial s}\frac{\partial y}{\partial s}\mathrm{d}A \qquad (5\text{-}53)$$

$$M_y = -\int_A \sigma_z x\mathrm{d}A = \int_A E(w_0' - x\theta_y' + y\theta_x' - \omega\theta')x\mathrm{d}A$$

$$= -Ew_0' \int_A x\mathrm{d}A + E\theta_y' \int_A x^2\mathrm{d}A - E\theta_x' \int_A xy\mathrm{d}A + E\theta' \int_A \omega x\mathrm{d}A \qquad (5\text{-}54)$$

$$N_y = \int_A \tau_{sz} \frac{\partial y}{\partial s}\mathrm{d}A$$

$$= \int_A G\left[h(\varphi' - \theta) + \frac{\Psi}{t}\theta + \frac{\partial x}{\partial s}(u_0' - ys\varphi' - \theta_y) + \frac{\partial y}{\partial s}(v_0' + xs\varphi' + \theta_x) \right] \frac{\partial y}{\partial s}\mathrm{d}A$$

$$= G(\varphi' - \theta)\int_A h\frac{\partial y}{\partial s}\mathrm{d}A + G\theta\int_A \frac{\Psi}{t}\frac{\partial y}{\partial s}\mathrm{d}A + G(u_0' - ys\varphi' - \theta_y)\int_A \left(\frac{\partial y}{\partial s}\right)^2\mathrm{d}A$$

$$+ G(v_0' + xs\varphi' + \theta_x)\int_A \left(\frac{\partial y}{\partial s}\right)^2\mathrm{d}A \qquad (5\text{-}55)$$

$$M_x = \int_A \sigma_z y \mathrm{d}A = \int_A E(w_0' - x\theta_y' + y\theta_x' - \omega\theta')y\mathrm{d}A$$

$$= Ew_0' \int_A y\mathrm{d}A - E\theta_y' \int_A xy\mathrm{d}A + E\theta_x' \int_A y^2\mathrm{d}A + E\theta' \int_A \omega y\mathrm{d}A \tag{5-56}$$

$$M_z = M_u + M_s = \int_A \tau_{sz} h\mathrm{d}A + GJs\varphi'$$

$$= \int_A G\left[h(\varphi' - \theta) + \frac{\Psi}{t}\theta + \frac{\partial x}{\partial s}(u_0' - ys\varphi' - \theta_y) + \frac{\partial y}{\partial s}(v_0' + xs\varphi' + \theta_x) \right]h\mathrm{d}A + GJs\varphi' \tag{5-57}$$

$$B = \int_A \sigma_z \omega\mathrm{d}A = \int_A E(w_0' - x\theta_y' + y\theta_x' - \omega\theta')\omega\mathrm{d}A$$

$$= Ew_0' \int_A \omega\mathrm{d}A - E\theta_y' \int_A \omega x\mathrm{d}A + E\theta_x' \int_A \omega y\mathrm{d}A - E\theta' \int_A \omega^2\mathrm{d}A \tag{5-58}$$

在以上各式中，沿断面积分的各项定义为下列断面特性参数。

断面面积：

$$A = \int_A \mathrm{d}A$$

沿 x 轴方向的剪切面积：

$$A_x = \int_A \left(\frac{\partial x}{\partial s}\right)^2 \mathrm{d}A$$

沿 y 轴方向的剪切面积：

$$A_y = \int_A \left(\frac{\partial y}{\partial s}\right)^2 \mathrm{d}A$$

混合剪切面积：

$$A_m = \int_A \frac{\partial x}{\partial s} \frac{\partial y}{\partial s} \mathrm{d}A$$

x 轴方向的剪切静力矩：

$$S_{sx} = \int_A h\frac{\partial x}{\partial s}\mathrm{d}A$$

y 轴方向的剪切静力矩：

$$S_{sy} = \int_A h\frac{\partial y}{\partial s}\mathrm{d}A$$

绕 x 轴的惯性矩：

$$I_x = \int_A y^2\mathrm{d}A$$

绕 y 轴的惯性矩：

$$I_y = \int_A x^2 \mathrm{d}A$$

绕扭心的极惯性矩：

$$I_p = \int_A h^2 \mathrm{d}A$$

扇形惯性矩：

$$I_\omega = \int_A \omega^2 \mathrm{d}A$$

与布雷特剪应力对应的扭转惯性矩：

$$J_B = \int_A \frac{\Psi}{t} h \mathrm{d}A = \int_A \left(\frac{\Psi}{t}\right)^2 \mathrm{d}A$$

由于 x 轴和 y 轴为断面的形心主惯性轴，ω 为以扭心为极点的主扇形坐标，故有

$$\int_A x \mathrm{d}A = \int_A y \mathrm{d}A = \int_A xy \mathrm{d}A = \int_A \omega \mathrm{d}A = \int_A \omega x \mathrm{d}A = \int_A \omega y \mathrm{d}A = 0 \tag{5-59}$$

此外还可以证明：

$$\int_A \frac{\Psi}{t} \frac{\partial x}{\partial s} \mathrm{d}A = \int_A \frac{\Psi}{t} \frac{\partial y}{\partial s} \mathrm{d}A = 0 \tag{5-60}$$

于是，各广义内力又可写成

$$P = EA w_0' \tag{5-61}$$

$$N_x = G[S_{sx}(\varphi' - \theta) + A_{xx}(u_0' - y_s\varphi' - \theta_y) + A_{xy}(v_0' + x_s\varphi' + \theta_x)] \tag{5-62}$$

$$M_y = EI_y \theta_y' \tag{5-63}$$

$$N_y = G[S_{sy}(\varphi' - \theta) + A_{xy}(u_0' - y_s\varphi' - \theta_y) + A_{yy}(v_0' + x_s\varphi' + \theta_x)] \tag{5-64}$$

$$M_x = EI_x \theta_x' \tag{5-65}$$

$$M_z = G[J\varphi' + (I_p - J_B)(\varphi' - \theta) + S_{sx}(u_0' - y_s\varphi' - \theta_y) + S_{sy}(v_0' + x_s\varphi' + \theta_x)] \tag{5-66}$$

$$B = -EI_\omega \theta' \tag{5-67}$$

式（5-66）中的扭矩还可以按其性质分为自由扭转的扭矩 M_f 和二次扭转 M_ω 两部分，即

$$M_z = M_f + M_\omega \tag{5-68}$$

其中

$$M_f = GJ\varphi' \tag{5-69}$$

$$M_\omega = G[(I_p - J_B)(\varphi' - \theta) + S_{sx}(u_0' - y_s\varphi' - \theta_y) + S_{sy}(v_0 + x_s\varphi' + \theta_x)] \tag{5-70}$$

5.4.2　弯扭耦合微分方程式

为导出弯扭耦合微分方程式，需要考虑图 5-12 中，长度为 dz 的薄壁杆件微段的静力平衡，由此可得

$$\begin{cases} \dfrac{\partial N_x}{\partial z} = -p_x, & \dfrac{\partial M_y}{\partial z} = -N_x, & \dfrac{\partial N_y}{\partial z} = -p_y \\[3mm] \dfrac{\partial M_x}{\partial z} = N_y, & \dfrac{\partial P}{\partial z} = -p_z, & \dfrac{\partial M_z}{\partial z} = -m \end{cases} \tag{5-71}$$

此外，已知

$$\frac{\partial B}{\partial z} = M_\omega \tag{5-72}$$

式中，p_x、p_y、p_z 分别为 x、y、z 轴三个方向的分布外力；m 为分布扭矩，这里鉴于实际意义，忽略了分布弯矩和分布双力矩。

将式（5-61）～式（5-67）代入式（5-71）和式（5-72），得到下列 7 个微分方程式：

$$GS_{sx}(\varphi' - \theta)' + GA_{xx}(u_0' - ys\varphi' - \theta_y)' + GA_{xy}(v_0' + xs\varphi' + \theta_x)' = -p_x \tag{5-73}$$

$$EI_y\theta_y'' + GS_{sx}(\varphi' - \theta) + GA_{xx}(u_0' - ys\varphi' - \theta_y) + GA_{xy}(v_0' + xs\varphi' + \theta_x) = 0 \tag{5-74}$$

$$GS_{sy}(\varphi' - \theta)' + GA_{xy}(u_0' - ys\varphi' - \theta_y)' + GA_{yy}(v_0' + xs\varphi' + \theta_x)' = -p_y \tag{5-75}$$

$$-EI_x\theta_x'' + GS_{sy}(\varphi' - \theta) + GA_{xy}(u_0' - ys\varphi' - \theta_y) + GA_{yy}(v_0' + xs\varphi' + \theta_x) = 0 \tag{5-76}$$

$$EA\omega_0'' = -p_z \tag{5-77}$$

$$GJ\varphi'' + G(I_p - J_B)(\varphi' - \theta)' + GS_{sx}(u_0' - ys\varphi' - \theta_y)' + GS_{sy}(v_0' + xs\varphi' + \theta_x)' = -m \tag{5-78}$$

$$EI_\omega\theta'' + G(I_p - J_B)(\varphi' - \theta) + GS_{sx}(u_0' - ys\varphi' - \theta_y) + GS_{sy}(v_0' + xs\varphi' + \theta_x) = 0 \tag{5-79}$$

这 7 个微分方程形式较复杂，不易直接求解，也难以导出薄壁杆件单元的刚度矩阵。因此，还需要做进一步的推导。现在，我们从另一方面由式（5-61）～式（5-67）以及式（5-71）和式（5-72）来导出关于弯曲位移和扭角的四阶微分方程式。

首先，联立式（5-63）、式（5-65）、式（5-66）、式（5-71）和式（5-72）可得

$$\begin{cases} EI_y\theta_y''' = p_x \\ -EI_x\theta_x''' = p_y \\ EI_\omega\theta''' - GJ\varphi'' = m \end{cases} \tag{5-80}$$

然后，再将式（5-62）、式（5-64）和式（5-66）写成矩阵形式：

$$G\begin{bmatrix} A_{xx} & A_{xy} & S_{sx} \\ A_{xy} & A_{yy} & S_{sy} \\ S_{sx} & S_{sy} & I_p - J_B \end{bmatrix}\begin{bmatrix} u_0' - y_s\varphi' - \theta_y \\ v_0' + x_s\varphi' + \theta_x \\ \varphi' - \theta \end{bmatrix} + GJ\begin{bmatrix} 0 \\ 0 \\ \varphi' \end{bmatrix} = \begin{bmatrix} N_x \\ N_y \\ M_z \end{bmatrix} \qquad (5\text{-}81)$$

并由此矩阵解得 θ_x、θ_y，θ 与 x 轴方向位移 u^*，y 轴方向位移 v^*，φ 之间的关系为

$$\begin{cases} \theta_y = u^{*\prime} - r_{11}\dfrac{N_x}{G} - r_{12}\dfrac{N_y}{G} - r_{13}\dfrac{M_z}{G} \\[2mm] -\theta_x = v^{*\prime} - r_{21}\dfrac{N_x}{G} - r_{22}\dfrac{N_y}{G} - r_{23}\dfrac{M_z}{G} \\[2mm] \theta = \dfrac{1}{\mu}\varphi' - r_{31}\dfrac{N_x}{G} - r_{32}\dfrac{N_y}{G} - r_{33}\dfrac{M_z}{G} \end{cases} \qquad (5\text{-}82)$$

其中

$$u^* = u_0 - y_s^*\varphi, \quad v^* = u_0 - x_s^*\varphi, \quad \mu = \frac{1}{1 + r_{33}J} \qquad (5\text{-}83)$$

$$x_s^* = x_s - d_x, \quad y_s^* = y_s - d_y, \quad d_x = -r_{23}J, \quad d_y = -r_{13}J$$

r_{ij} 为下列逆矩阵中的元素，即

$$\begin{bmatrix} A_{xx} & A_{xy} & S_{sx} \\ A_{xy} & A_{yy} & S_{sy} \\ S_{sx} & S_{sy} & I_p - J_B \end{bmatrix}^{-1} = \begin{bmatrix} r_{11} & r_{12} & r_{13} \\ r_{21} & r_{22} & r_{23} \\ r_{31} & r_{32} & r_{33} \end{bmatrix}$$

最后，将式（5-82）代入式（5-80），得到以下三个微分方程式：

$$\begin{cases} EI_y u^{*\mathrm{IV}} = p_x - \dfrac{EI_y}{G}(r_{11}p_x'' + r_{12}p_y'' + r_{13}m'') \\[2mm] EI_x v^{*\mathrm{IV}} = p_y - \dfrac{EI_x}{G}(r_{21}p_x'' + r_{22}p_y'' + r_{23}m'') \\[2mm] \dfrac{1}{\mu}EI_\omega\varphi^{\mathrm{IV}} - GJ\varphi'' = m - \dfrac{EI_\omega}{G}(r_{31}p_x'' + r_{32}p_y'' + r_{33}m'') \end{cases} \qquad (5\text{-}84)$$

式（5-84）中分别是 u^*、v^* 和 φ 的四阶微分方程式。与单独考虑弯曲和扭转时的微分方程类似，它们的解是容易得到的。

θ_x、θ_y、θ 与 u^*、v^* 和 φ 之间的关系还可做进一步的推导，首先，由式（5-82）得

$$\begin{cases} \theta_y'' = u^{*\prime\prime\prime} + r_{11}\dfrac{p_x'}{G} + r_{12}\dfrac{p_y'}{G} + r_{13}\dfrac{m'}{G} \\[2mm] -\theta_x'' = v^{*\prime\prime\prime} + r_{21}\dfrac{p_x'}{G} + r_{22}\dfrac{p_y'}{G} + r_{23}\dfrac{m'}{G} \\[2mm] \theta'' = \dfrac{1}{\mu}\varphi''' + r_{31}\dfrac{p_x'}{G} + r_{32}\dfrac{p_y'}{G} + r_{33}\dfrac{m'}{G} \end{cases} \qquad (5\text{-}85)$$

然后，将式（5-63）、式（5-65）、式（5-67）代入式（5-71）、式（5-72），并计及式（5-68）～式（5-70）可得

$$-EI_y\theta_y'' = N_x, \quad EI_x\theta_x'' = N_y, \quad -EI_\omega\theta'' + GJ\varphi' = M_z \tag{5-86}$$

再将式（5-85）代入式（5-86）得

$$
\begin{cases}
N_x = -EI_y\left(u*''' + r_{11}\dfrac{p_x'}{G} + r_{12}\dfrac{p_y'}{G} + r_{13}\dfrac{m'}{G}\right) \\[2mm]
N_y = -EI_x\left(v*''' + r_{21}\dfrac{p_x'}{G} + r_{22}\dfrac{p_y'}{G} + r_{23}\dfrac{m'}{G}\right) \\[2mm]
M_z = -EI_\omega\left(\dfrac{1}{\mu}\varphi''' + r_{31}\dfrac{p_x'}{G} + r_{32}\dfrac{p_y'}{G} + r_{33}\dfrac{m'}{G}\right) + GJ\varphi'
\end{cases}
\tag{5-87}
$$

最后，将式（5-87）代入式（5-82）得到 θ_x、θ_y、θ 与 $u*$、$v*$、φ 之间关系的另一种形式为

$$
\begin{aligned}
\theta_y = {}& u*' - r_{13}J\varphi' + \frac{EI_y}{G}r_{11}u*''' + \frac{EI_x}{G}r_{12}v*''' + \frac{EI_\omega}{\mu G}r_{13}\varphi''' + \frac{EI_y}{G}r_{11}\left(r_{11}\frac{p_x'}{G} + r_{12}\frac{p_y'}{G} + r_{13}\frac{m'}{G}\right) \\
& + \frac{EI_x}{G}r_{12}\left(r_{21}\frac{p_x'}{G} + r_{22}\frac{p_y'}{G} + r_{23}\frac{m'}{G}\right) + \frac{EI_\omega}{G}r_{13}\left(r_{31}\frac{p_x'}{G} + r_{32}\frac{p_y'}{G} + r_{33}\frac{m'}{G}\right)
\end{aligned}
\tag{5-88}
$$

$$
\begin{aligned}
\theta_x = {}& v*' - r_{23}J\varphi' + \frac{EI_y}{G}r_{21}u*''' + \frac{EI_x}{G}r_{22}v*''' + \frac{EI_\omega}{\mu G}r_{23}\varphi''' + \frac{EI_y}{G}r_{21}\left(r_{11}\frac{p_x'}{G} + r_{12}\frac{p_y'}{G} + r_{13}\frac{m'}{G}\right) \\
& + \frac{EI_x}{G}r_{22}\left(r_{21}\frac{p_x'}{G} + r_{22}\frac{p_y'}{G} + r_{23}\frac{m'}{G}\right) + \frac{EI_\omega}{G}r_{23}\left(r_{31}\frac{p_x'}{G} + r_{32}\frac{p_y'}{G} + r_{33}\frac{m'}{G}\right)
\end{aligned}
\tag{5-89}
$$

$$
\begin{aligned}
\theta = {}& \varphi' + \frac{EI_y}{G}r_{31}u*''' + \frac{EI_x}{G}r_{32}v*''' + \frac{EI_\omega}{\mu G}r_{33}\varphi''' + \frac{EI_y}{G}r_{31}\left(r_{11}\frac{p_x'}{G} + r_{12}\frac{p_y'}{G} + r_{13}\frac{m'}{G}\right) \\
& + \frac{EI_x}{G}r_{32}\left(r_{21}\frac{p_x'}{G} + r_{22}\frac{p_y'}{G} + r_{23}\frac{m'}{G}\right) + \frac{EI_\omega}{G}r_{33}\left(r_{31}\frac{p_x'}{G} + r_{32}\frac{p_y'}{G} + r_{33}\frac{m'}{G}\right)
\end{aligned}
\tag{5-90}
$$

式（5-90）也将在推导单元刚度矩阵时用到。

习　题

1. 船体产生扭转的原因是什么？
2. 在扭转时，船体所受的外力有哪些？
3. 开口薄壁杆件自由扭转计算原理是什么？
4. 如何判定薄壁杆件的弯曲和扭转是否耦合？

第6章 船舶疲劳强度

船舶与海洋工程遭受交变波浪载荷的长期作用，可能会导致疲劳裂纹在局部萌生和扩展，甚至引起结构物整体的断裂破坏。疲劳是船舶与海洋工程结构失效的主要原因之一。历史上，船舶与海洋工程的多起重大事故都是由疲劳直接导致的，如第二次世界大战中多艘"自由轮"由于疲劳而破损，以及1980年Alexander-der Keyland号半潜式平台在北海翻沉，使一百余人葬身海底。由此可见，在设计中保证结构有足够的疲劳强度对船舶与海洋工程结构的安全性是十分重要的，疲劳强度也是结构物强度的一个重要方面。为避免由于疲劳引起的结构物失效事故，需要对关键结构的疲劳强度进行评估。

本章主要内容如下：
（1）应力集中现象和集中应力的计算；
（2）*S-N*曲线和疲劳线性累积损伤理论；
（3）船舶与海洋工程规范疲劳强度评估的简化和谱分析方法。

6.1 应 力 集 中

船舶与海洋工程结构中存在许多不连续构件，这些构件的断面在某些地方发生突变。在断面发生突变的地方，往往产生极高的应力，且变化急剧，某些点处的最大应力可能比平均应力大许多倍，不过，最大应力的分布范围却仅限于局部地方，也就是说，应力的这种变化是局部现象，这种在小范围内出现高应力的现象称为应力集中，如带有圆孔的板受拉力作用（图6-1）、具有阶梯断面的板承受弯曲（图6-2）等。

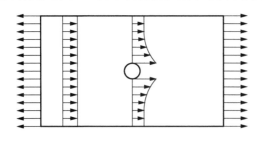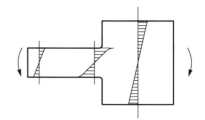

图 6-1 带有圆孔的板受拉力作用   图 6-2 具有阶梯断面的板承受弯曲

由于船舶与海洋工程在海洋环境中受到交变载荷作用，严重的应力集中易引起局部裂纹萌生和扩展。在第二次世界大战期间，因为船体结构开口引起应力集中从而产生裂缝导致船体折断的事故占整个船体结构海损事故总数的极大比例，所以在第二次世界大战后，关于船体结构的应力集中问题，引起了造船界的普遍重视，从而开展了大量的研究工作。

至今已证明应力集中是导致船体结构破坏的重要因素之一，因此，船体结构设计工作者在设计中必须始终注意这一问题。尽量保证结构的连续性，并采取措施避免或减缓应力集中。

6.1.1　应力集中系数计算

应力集中处的最大应力与所选定的平均应力的比值，称为应力集中系数。它是应力集中程度的一个标志，表明最大应力是所选定的基准应力的倍数。可用式（6-1）表示：

$$k = \frac{\sigma_{\max}}{\sigma_0} \quad \text{或} \quad k = \frac{\tau_{\max}}{\tau_0} \tag{6-1}$$

式中，k 为应力集中系数；$\sigma_{\max}$ 及 $\tau_{\max}$ 表示应力集中处的最大正应力及剪应力；σ_0 及 τ_0 表示选定的基准应力。

由于基准应力不同，应力集中系数也不同。确定应力集中系数时，应指明选择的基准应力。基准应力有两种选法：一种是取开口区域最小断面的平均应力；另一种是取离开口区域较远处的平均应力。

应力集中系数 k 值的确定，现在多数是利用有限元法，可得到相当精确的数值解，还可以采用光弹性试验确定，或者针对少数几个特定的开口，根据弹性理论求出其精确值。这里介绍几种常见的开孔形状的平板受拉伸（压缩）时的应力集中问题以及应力集中系数的解。

1．带圆孔的受拉（压）板的应力集中

对于具有圆孔且承受拉伸作用的平板（图 6-3），根据无限宽板的弹性理论，设圆孔半径为 a，板宽 $2B \to \infty$，均匀受拉，无限远处应力为 σ_0，则板内任意一点（r，θ）处的应力状态可用式（6-2）表示：

$$\begin{cases} \sigma_r = \dfrac{\sigma_0}{2}[(1-\rho^2) + (1-4\rho^2+3\rho^4)\cos 2\theta] \\[2mm] \sigma_\theta = \dfrac{\sigma_0}{2}[(1+\rho^2) - (1+3\rho^4)\cos 2\theta] \qquad , \quad \rho \equiv a/r \leqslant 1 \\[2mm] \tau_{r\theta} = -\dfrac{\sigma_0}{2}(1+2\rho^2-3\rho^4)\sin 2\theta \end{cases} \tag{6-2}$$

在 AB 剖面上，$\theta = \pm\dfrac{\pi}{2}$，则有

$$\begin{cases} \sigma_r = \dfrac{3}{2}\sigma_0(\rho^2 - \rho^4) \\[2mm] \sigma_{r\theta} = \dfrac{\sigma_0}{2}(2 + \rho^2 + 3\rho^4) \\[2mm] \tau_{r\theta} = 0 \end{cases} \tag{6-3}$$

在圆周上，$r=a$，沿圆边缘的应力按式（6-4）分布：

$$\begin{cases} \sigma_r = \tau = 0 \\[2mm] \sigma_\theta = \sigma_0(1 - 2\cos 2\theta) \end{cases} \tag{6-4}$$

图 6-4 显示了 AB 剖面上切向应力 σ_θ 沿板宽的变化。在孔边 A、B 两点发生高度应力集中，这两点的拉应力为平均拉应力的 3 倍，因此应力集中系数为 3。但是，该应力随着离开 A、B 两点的距离增加而迅速降低。在离开孔边缘的距离等于圆孔半径之处，应力值仅比平均拉应力值高出 22%。由此可见，应力集中仅局限于孔边 A、B 两点附近。此外，由式（6-4）可知，在 $\theta = 0°$ 时，孔边的切向应力等于负的板端的平均拉应力。

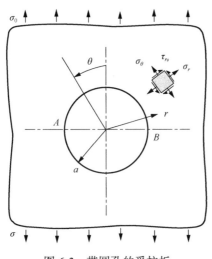

图 6-3　带圆孔的受拉板

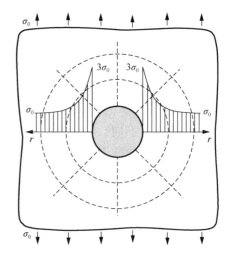

图 6-4　切向应力沿板宽变化

对于实际问题中的有限宽板来说，当板宽与开孔直径之比大于 5 时，上述理论解在实用上已具有足够的精确度。对于具有不同的板宽与孔径之比的板，应力集中系数值的变化如图 6-5 所示。该系数值是以开口区域最小断面的平均拉伸应力作为基准应力求得的。

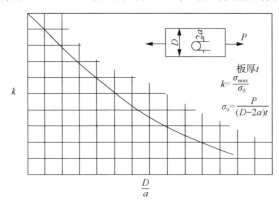

图 6-5　不同板宽孔径比的应力集中系数

2．带椭圆孔的受拉（压）板的应力集中

具有小椭圆孔的无限宽板拉伸时（图 6-6），最大应力发生在长轴的两端。若以距椭圆孔无限远处的拉伸应力为基准应力，则长轴两端点的应力集中系数由式（6-5）确定：

$$k = 1 + 2\frac{a}{b} \tag{6-5}$$

式中，a 为垂直于拉伸方向的椭圆长半轴；b 为平行于拉伸方向的椭圆短半轴。

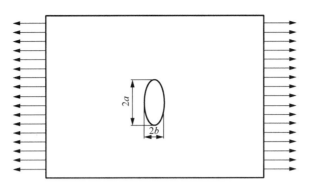

图 6-6　带椭圆孔的受拉板

当 $a/b = 1$ 时，$k = 3$，这与圆孔时的结果一样。两点的应力集中系数 k 随 a/b 值的增加而急剧增大。这说明垂直于拉伸方向的狭长开孔会引起很高的应力集中。例如，当甲板沿船宽方向出现裂缝时，相当于 $a/b \to \infty$，因而 $k \to \infty$，在甲板高应力作用下，裂缝可能会快速扩展。由于这个原因，甲板上应避免采用长边沿船宽方向布置的开孔。

3．带矩形开口板的应力集中

对于具有方形或矩形开口的板，在拉伸时的应力集中问题，可用光弹性试验来研究。图 6-7 是光弹试验结果之一。最大应力 σ_A 发生在角隅的 A 点。取最小断面的平均应力为基准应力，应力集中系数 $k = \sigma_A / \sigma_0$。k 是 b/B、r/b 和 a/r 的函数。对应力集中系数影响最大的因素是角隅半径 r 值，当 a 远大于 r 时，r 值越大，应力集中系数越低。

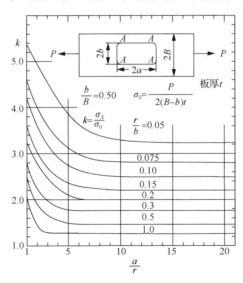

图 6-7　k 与 b/B、r/b 和 a/r 的关系

在大型船舶上，强力甲板上的大开口严重地破坏了甲板结构的连续性，使甲板结构形成间断构件，致使甲板剖面上应力重新分布，特别是在舱口角隅处引起高度应力集中。由于在一个舱长范围内总纵弯矩变化不大，故取舱口长度中点断面处的甲板应力作为平均应力 σ_0。

甲板受拉时，舱口角隅处的应力集中主要受下述因素的影响。

（1）舱口宽度与整个船宽的比值为 b/B，应力集中系数随 b/B 增大而增大。

（2）舱口长宽比为 a/b，应力集中系数随 a/b 增大而降低。

（3）舱口角隅处的形状用 r/b 表示，它对应力集中系数的影响最大。

需要指出的是，开孔板的受力情况不同，其产生的应力集中也是不同的。对于一般货船，甲板开口角隅处的应力集中主要由船体总纵弯曲的拉伸与压缩应力引起。对于大开口船舶，船体的扭转不可忽视，此时不仅甲板产生切应力，而且还必须考虑船体扭转产生舱口菱形变形所引起的应力集中。特别是对集装箱船，这是不容忽视的问题。

在结构设计时必须充分注意舱口角隅处的结构细节。对于强力甲板上的机炉舱口、货舱口，为降低角隅处的应力集中，可采取如下一些措施。

（1）在舱口角隅高应力区，用增厚的插入板。这是过去广泛采用的一种结构形式。我国《钢质海船入级与建造规范》规定该板应比原来板厚增加 5mm，其加厚范围如图 6-8 所示。这种办法可以降低局部的高应力，但加厚板端接缝应与舱口围板的端接缝以及甲板骨架的角接焊缝错开，导致工艺复杂，且增厚板与原来甲板连接处厚度不同，产生了新的不连续性，造成新的应力集中出现，从而增加了断裂的可能性，因此不是很理想的方法。

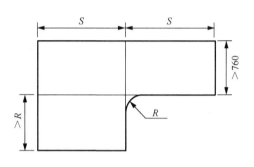

图 6-8　角隅加厚板尺寸

（2）对于圆弧形舱口角隅，增大角隅圆弧半径是降低应力集中的最有效方法。通常角隅半径与舱口宽度之比不小于 1/10（现《钢质海船入级与建造规范》已放宽到 1/20）。但是，过大的圆角半径会使舱口有效面积减小，从而影响装卸货效率。因此从使用观点来看，圆弧半径不宜太大，因此应力集中系数仍然是较高的。

（3）采用抛物线或椭圆形舱口角隅。舱口角隅采用椭圆形或抛物线形，且长轴沿船长方向，进一步改善了过渡方式，这时的应力集中系数比采用圆弧形的应力集中系数低。根据光弹性试验结果，在保持同样开口面积的情况下，把圆弧形改成椭圆形或抛物线形状，应力集中系数可降低 12%～20%，这种结构不仅工艺简单而且结构更加合理。因此，各船级协会规范在推荐采用这两种形状的角隅时，都不要求再在角隅处设置加厚板。我国《钢质海船入级与建造规范》中也规定强力甲板上大开口的角隅是抛物线形或椭圆形的，则不需将角隅甲板加厚。此时，角隅形状尺寸及画法应遵照图 6-9 所示。椭圆角隅的最佳长短轴之比为 3.0～3.5，此时应力集中程度可比相应的圆弧角隅降低 23%左右。

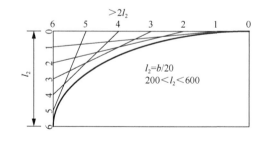

图 6-9　角隅形状

对于易受疲劳损伤的重要部位的椭圆形开口也应予以加强。应用断裂力学原理的计算和试验表明：当角隅处存在一定长度的裂纹时，角隅形状对结构的强度几乎没有影响，而设置加厚板则明显增加了含裂纹构件的疲劳与断裂强度。

（4）舱口边缘的甲板纵桁对降低角隅处的应力集中有一定的作用。但是，若舱口围板在角隅处突然中断，会在围板端部产生新的应力集中，所以在舱口围板端部应当采用纵向肘板逐步过渡。至于舱口围板在角隅处是做成圆角形，还是直角形，相关试验结果表明，对角隅处应力集中的影响差别不大。为简化工艺，多用直角焊接。

对于总纵弯曲应力比较小的下层甲板机炉舱、货舱口的角隅，一般做成圆弧形就可以了。因为这些地方即使存在应力集中，其应力值也不会太大，但《钢质海船入级与建造规范》对第二甲板还是要求设加厚板，其厚度比甲板增加 2.5mm。

除了舱口角隅外，船体结构中断面和形状突然变化的构造也很多，如上层建筑端部与主体的连接处、骨架端部肘板连接处、不同尺寸的构件的相互连接处等，这些都严重地破坏了船体结构的连续性，存在应力集中现象，应采取一定措施避免或减缓应力集中。

6.1.2　名义应力和热点应力计算

除了上述较为宏观的开口或构件连接位置存在应力集中外，船舶与海洋工程中焊接接头位置由于几何不连续也存在应力集中现象。船舶与海洋工程中焊接接头数量巨大，伴随焊接接头存在的还有一定程度的焊接缺陷和拉伸残余应力，进一步削弱了其疲劳强度。因此，焊接接头的疲劳强度问题已经成为船舶与海洋工程疲劳研究的重点。

如图 6-10 所示，在远端载荷的作用下，对接焊缝焊趾处（焊接材料和板表面相交位置）存在应力集中现象。焊缝附近应力沿板厚的分布 $\sigma(x)$ 是非线性的，可以人为地将其分解为三个部分，分别是膜应力、壳弯曲应力和非线性应力。其中，膜应力是 $\sigma_m(x)$ 在板厚上的平均值，壳弯曲应力是沿板厚线性化分布的应力，非线性应力是除上述两者之外的应力成分，为自平衡应力分布，即在板厚上的积分为 0。

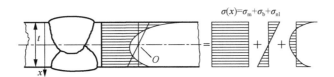

图 6-10　对接焊缝附近应力沿板厚的分布

一般而言，在疲劳载荷作用下，应力集中处的应力与该处的疲劳强度相关，可以用来进行疲劳分析。以图 6-10 为例，应力集中处的应力包含了上述三个应力成分。然而，实际焊接构件局部几何形状存在很大的不确定性，难以准确确定集中应力。在船舶与海洋工程中，一般采用名义应力和热点应力进行疲劳强度分析，忽略了局部几何形状引起的非线性应力部分。注意，最近切口应力也被一些规范建议使用，考虑了三个应力成分。本书只介绍名义应力和热点应力。

名义应力一般定义为未被扰动的远端应力，如图 6-11 中所示的 σ_n，可以通过载荷参数和截面属性定义，一般选在关键疲劳点所在的截面计算。在图 6-11 的例子中，名义应力定义为

$$\sigma_n = \frac{F}{A}　　　　　（6\text{-}6）$$

式中，F 是作用在板上的载荷；A 是板的截面面积。在弯曲的情况下，名义应力由截面处的弯矩除以截面模数得到。

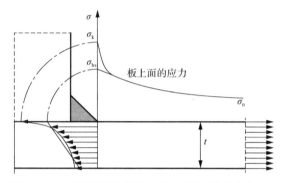

图 6-11　加筋板受拉作用下靠近焊缝附近应力分布

针对简单的构件，名义应力可以通过结构力学的基本理论确定。针对稍复杂的构件，可以用细网格有限元方法确定名义应力。基于名义应力方法进行疲劳分析时，焊接接头按几何形状、疲劳载荷作用方向，以及建造和检查方法分为很多类，每一类都有一条指定的 S-N 曲线。关于 S-N 曲线的介绍见 6.2 节。

与名义应力不同，热点应力包含了由结构形式引起的应力增加效应，如图 6-11 所示的由于加筋引起的应力增加以及图 6-12 所示的由于板上焊接肘板所引起的应力增加，但是不包括局部几何形状，即焊趾，引起的非线性应力成分。针对复杂的焊接结构，如图 6-11 和图 6-12 所示，名义应力无法准确表征焊缝处的应力情况，针对一些更复杂的焊接结构，名义应力无法准确定义，此时一般采用热点应力来进行疲劳分析。

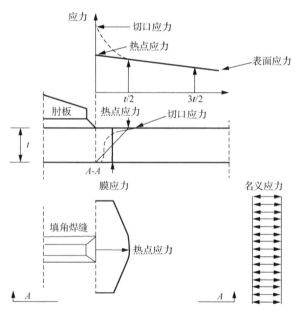

图 6-12　肘板焊接位置应力分布

存在多个方法确定热点应力，其中表面应力外插法较为常用，也是船级社疲劳规范推荐的方法。该方法假设在距焊趾 $0.3t\sim0.4t$ 的区域外（t 为板的厚度，如图 6-12 所示），焊趾对应力的影响可以忽略，区域外的表面应力可以用外插得到焊趾处的热点应力。如图 6-12 所示，采用距焊趾 $t/2$ 和 $3t/2$ 处两个参考点的应力，线性外插得到焊趾处的热点应力。注意，针对不同的情况，参考点的位置和插值方法稍有不同，规范中有详细的说明。表面应力外插通常基于有限元分析和实验测量结果，图 6-13 显示了计算热点应力所采用的两种有限元模型，分别采用了板单元和体单元，箭头处为热点位置，箭头方向为应力外插方向，规范对计算热点应力的有限元模型做了详细规定。

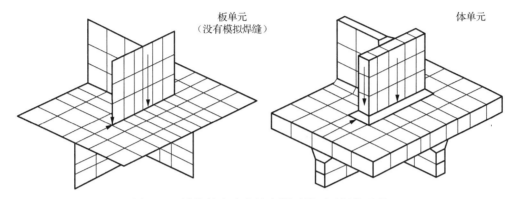

图 6-13　计算热点应力的有限元模型及插值路径

此外，经过多年的发展，针对多个结构形式提出了计算热点应力的公式，公式一般的形式如下：

$$\sigma_{hs} = SCF \cdot \sigma_n \tag{6-7}$$

式中，σ_{hs} 为热点应力；σ_n 为名义应力；SCF 为应力集中系数，规范中提供了针对多个结构形式的应力集中系数计算方法。

6.2　基于 $S\text{-}N$ 曲线的疲劳损伤计算

疲劳损伤可能会威胁到船舶与海洋工程结构的完整性，不仅会产生昂贵的维修费用，还有可能造成重大的生命、环境、财产损失。由于高强度材料的使用、更恶劣的环境条件、结构过度优化等，结构的疲劳问题更加严重，疲劳强度评估已经成为船舶与海洋工程结构分析的一个重要方面。疲劳强度评估一般采用 $S\text{-}N$ 曲线法或断裂力学方法，前者更适用于结构的疲劳设计。本书只介绍 $S\text{-}N$ 曲线法。

6.2.1　$S\text{-}N$ 曲线概述

工程中常用 S 与 N 之间的关系来表示结构的疲劳强度，这里的 S 是交变应力的应力范围，即恒幅交变应力的最大值减去最小值，N 是结构在应力范围为 S 的恒幅交变应力作用下达到破坏所需的应力循环次数，也称为疲劳寿命。通过疲劳试验发现 S 和 N 之间有很大的相关性，若用一条曲线来拟合结构 S 与 N 之间的关系，就可得到 $S\text{-}N$ 曲线。$S\text{-}N$ 曲线的一般形式为

$$NS^m = A \tag{6-8}$$

式中，S 为应力范围；N 为应力范围 S 下的失效循环次数；A 和 m 是疲劳试验拟合参数，代表了构件的疲劳性能。式（6-8）等号两边取对数（以 10 为底），得

$$\log N = \log A - m\log S \tag{6-9}$$

可见，在 $\log N$-$\log S$ 坐标系下，如图 6-14 所示，式（6-9）代表了一条直线，m 代表双对数坐标系下直线的斜率（事实上，直线的斜率应为 $-1/m$，但为简单起见，通常把 m 称为斜率）$\log A$ 代表直线在 $\log N$ 轴上的截距。

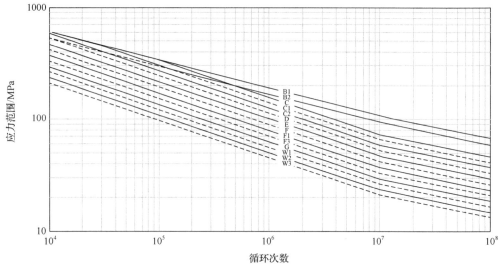

图 6-14 空气环境中不同的 S-N 曲线

在以名义应力法或热点应力法的疲劳分析中，所使用的 S-N 曲线中的 S 为名义应力范围或热点应力范围。疲劳试验数据在双对数坐标系下代表一系列的点。由于材料性能本身的分散性，以及试件尺度、加工状态和试验设备、环境、操作等方面存在的不确定性，疲劳试验的结果有很大的分散性。即使在一个给定应力范围水平下，进行一组相同试件的疲劳试验，测得的疲劳寿命值也会是各不相同的。于是在若干不同应力范围水平下试验得到的数据将形成一个散布带。一般假设疲劳寿命服从对数正态分布。工程设计中应用的 S-N 曲线由相关试验数据的平均数减去两倍的标准偏差绘制而成，因此，得到的 S-N 曲线有 97.7% 的生存概率。图 6-14 中 B1,B2,…,W3 是不同 S-N 曲线的简称，其曲线参数见表 6-1。DNV 规范《海洋工程钢结构疲劳设计》中对这些 S-N 曲线的适用情况有详细说明，不同的试件类型、载荷情况以及应力定义采用不同的 S-N 曲线。

通过疲劳试验发现，在低应力范围作用下试件疲劳寿命偏向于无穷大。以往在疲劳分析中根据恒幅载荷疲劳试验的结果认为，在应力范围水平降低到某一临界值以后，结构可以经历无穷多次应力循环而不发生破坏，此临界值称为疲劳极限或持久极限，通常假设为当 $N=10^7$ 时所对应的 S，S-N 曲线在大于 $N=10^7$ 时是一条水平的直线。然而，疲劳极限仅存在于恒幅载荷情况下，在实际的变幅载荷情况下，疲劳极限并不存在。而且新的试验表明，即使在恒幅应力范围低于疲劳极限的情况下，试件仍会发生疲劳破坏。鉴于以上情况，一般 S-N 曲线由两段直线组成，结构承受低应力范围水平的高寿命区的 S-N 曲线一般采用与中等寿命区 S-N 曲线相比稍大的 m 值。如图 6-14 和表 6-1 所示，C 到 W3 曲线的中等寿命区的 m 为 3，而在 $N>10^7$ 时 m 为 5。

表 6-1 空气环境中不同 *S-N* 曲线的参数

S-N 曲线	$N < 10^7$ 循环次数		$N > 10^7$ 循环次数	$N = 10^7$ 循环次数对应的 S/MPa
	m	log*A*	log*A* (*m*=5)	
B1	4	15.117	17.146	106.97
B2	4	14.885	16.856	93.59
C	3	12.592	16.320	73.10
C1	3	12.449	16.081	65.50
C2	3	12.301	15.835	58.48
D	3	12.164	15.606	52.63
E	3	12.010	15.350	46.78
F	3	11.855	15.091	41.52
F1	3	11.699	14.832	36.84
F3	3	11.546	14.576	32.75
G	3	11.398	14.330	29.24
W1	3	11.261	14.101	26.32
W2	3	11.107	13.845	23.39
W3	3	10.970	13.617	21.05

    S-N 曲线受到多种因素影响，如板厚、环境、平均应力等，实际应用时应注意根据船级社规范选取合适的 *S-N* 曲线以及对 *S-N* 曲线进行相应的修正。

    现有工程中应用的 *S-N* 曲线多来源于几十年前国外大量试验研究，他们已经汇集了大量的疲劳试验数据，既可以检验工程结构疲劳强度，也可以应用于发展新的疲劳评估方法。国内虽然已经开展过较多的疲劳试验，但存在试验不系统、试验数据无法共享等问题。

6.2.2 疲劳累积损伤理论

    结构在交变应力作用下的疲劳损伤是一个累积的过程。通常认为交变应力的每一个循环都将造成一定的疲劳损伤，从而消耗掉一定分量的结构寿命。对于结构受变幅交变应力作用的情况，结构总的疲劳损伤量可以通过把不同幅值应力循环造成的疲劳损伤按适当的原则累加得到。当结构总的疲劳损伤量达到某一数值时，就将发生疲劳破坏，由此可见，为了预测结构的疲劳寿命，首先要解决疲劳损伤的计算问题。

    目前最常用的疲劳累积损伤模型是建立在 Miner-Palmgren 线性累积损伤理论基础上的。这一理论认为，结构在多级恒幅交变应力作用下发生疲劳破坏时，其总损伤量是各应力范围水平下的损伤分量之和。若设应力范围水平有 *j* 级，则有

$$D = \sum_{i=1}^{j} d_i \tag{6-10}$$

式中，*D* 为总的损伤量；d_i 为在第 *i* 级应力范围 S_i 下的损伤分量。Miner-Palmgren 线性累积损伤理论又认为，某一应力范围水平下的损伤分量是该应力范围实际的循环次数与结构在该应力范围单一作用下达到疲劳破坏所需的循环次数之比，即

$$d_i = \frac{n_i}{N_i} \qquad (6\text{-}11)$$

式中，n_i 为应力范围 S_i 的实际循环次数；N_i 为结构在应力范围 S_i 的恒幅交变应力作用下达到破坏所需的循环次数，通过 $S\text{-}N$ 曲线计算。

结构在变幅交变应力作用下没有发生疲劳破坏的判据为

$$D = \sum_{i=1}^{j} \frac{n_i}{N_i} \leqslant D_{\text{allow}} \qquad (6\text{-}12)$$

式中，D_{allow} 是发生疲劳破坏时的累积损伤值，即许用累积损伤值，一般取 1。需要注意的是，针对一些无法有效检测的可靠性要求高的重要结构构件，D_{allow} 应取小于 1 的值，如取 0.1。在实际工程应用中，D_{allow} 的取值应参考船级社规范。

6.3　规范疲劳强度评估

船舶与海洋工程结构的疲劳强度评估是计算结构在设计寿命 T_d 内的疲劳损伤，判断其是否小于许用累积损伤值，一般 T_d 取 25 年。必须得到结构在相当长的一段时间内交变应力的信息，才能根据 6.2 节所述的方法计算疲劳损伤。船舶与海洋工程结构的疲劳损伤主要是由海洋波浪的作用在结构内引起交变应力造成的。海洋中波浪无规则地运动是一个典型的随机过程，由此引起的结构内交变应力也是一个随机过程。下面介绍的两个疲劳评估方法是围绕着交变应力范围的统计学描述展开的。

6.3.1　疲劳评估的简化方法

应力范围在结构整个寿命期间的分布称为应力范围的长期分布。在疲劳评估的简化方法中，用双参数 Weibull 分布表示应力范围的长期分布。应力范围的概率分布函数可以表示为

$$F(S) = 1 - \exp\left[-\left(\frac{S}{q}\right)^h\right] \qquad (6\text{-}13)$$

式中，S 为应力范围的随机变量；h 为 Weibull 分布的形状参数；q 为 Weibull 分布的尺度参数。应力范围的超越概率为

$$Q(S) = 1 - F(S) \qquad (6\text{-}14)$$

定义一个应力范围 S_0，表示在应力循环次数为 n_0 中只出现一次，则 S_0 对应的超越概率为

$$Q(S_0) = \exp\left[-\left(\frac{S_0}{q}\right)^h\right] = \frac{1}{n_0} \qquad (6\text{-}15)$$

因此，尺度参数可以表示为

$$q = \frac{S_0}{(\ln n_0)^{1/h}} \qquad (6\text{-}16)$$

船级社规范中介绍了简化应力分析方法，计算某一 n_0 对应的 S_0，也可以通过设计波法，结合水动力分析和有限元分析得到某一 n_0 对应的 S_0，进而通过式（6-16）计算得到尺度参数。

形状参数的取值对简化的疲劳分析结果影响较大，可以通过对波浪载荷的长期分析得到。在缺少精确结果的情况下，可以通过规范提供的经验公式计算，或者取类似结构物的经验值。研究表明，一般船舶的形状参数略小于 1，为方便起见，常近似地取为 1，由此得到的疲劳损伤结果偏保守。

根据线性累积损伤理论，疲劳损伤为

$$D = \int_0^\infty \frac{N_0 f(S)}{N(S)} \mathrm{d}S \qquad (6\text{-}17)$$

式中，N_0 为应力总循环次数；$f(S)$ 为应力范围的概率密度函数；$N(S)$ 为 S 对应的 N 的值，由 $S\text{-}N$ 曲线公式得到，物理意义是应力范围为 S 的单一循环载荷作用下达到循环所需的循环次数。

当应力范围的长期分布用 Weibull 分布表示而且 $S\text{-}N$ 曲线为单一斜率曲线时，疲劳损伤可以推导为

$$D = \frac{N_0}{A} q^m \Gamma\left(\frac{m}{h} + 1\right) \qquad (6\text{-}18)$$

$\Gamma(x)$ 是定义如下的伽马函数：

$$\Gamma(x) = \int_0^\infty t^{x-1} \mathrm{e}^{-t} \mathrm{d}t \qquad (6\text{-}19)$$

针对更普遍的双段 $S\text{-}N$ 曲线，疲劳损伤的计算公式也可推导得到，具体参见船级社规范。

例 6-1　一艘船舶的设计寿命为 25 年，波浪载荷的平均循环周期为 10s。船舶关键焊缝热点应力范围的长期分布用 Weibull 分布表示，形状参数为 0.91。船舶在超越概率为 10^{-8} 的设计波作用下，根据有限元法得到的关键焊缝热点应力范围为 200MPa。$S\text{-}N$ 曲线选取 $\log A = 12.164$，$m = 3$。求船舶关键焊缝在设计寿命阶段的疲劳损伤。

在设计寿命阶段，总的波浪载荷循环次数为

$$N_0 = 25 \times 365 \times 24 \times 3600 / 10 = 7.884 \times 10^7 \qquad (6\text{-}20)$$

关键焊缝热点应力范围分布的尺度参数由式（6-16）计算：

$$q = \frac{200}{\ln(10^8)^{1/0.91}} \approx 8.139 \qquad (6\text{-}21)$$

将得到的 N_0、q 以及 S-N 曲线参数代入式（6-18），计算疲劳损伤得

$$D = \frac{7.884 \times 10^7}{10^{12.164}} 8.139^3 \Gamma\left(\frac{3}{0.91} + 1\right) \approx 0.257 \qquad (6\text{-}22)$$

6.3.2　疲劳评估的谱分析法

与简化方法不同，谱分析法关注应力范围的短期分布。在船舶与海洋工程中，海洋波浪的长期状态通常被看成是由许多短期海况组成的。每一海况由表征波浪特性的参数以及该海况出现的频率来描述。常用的波浪参数为有义波高 H_s 和平均跨零周期 T_z。由此可以得到描述波浪长期状态的波浪散布图，通常以表格的形式表示，如表 6-2 所示。H_s 和 T_z 对应的数值是该海况出现的频率。

表 6-2　北大西洋波浪散布图

H_s/m	T_z/s																总和
	3.5	4.5	5.5	6.5	7.5	8.5	9.5	10.5	11.5	12.5	13.5	14.5	15.5	16.5	17.5	18.5	
0.5	1.3	133.7	865.6	1186.0	634.2	186.3	36.9	5.6	0.7	0.1	0	0	0	0	0	0	3050
1.5	0	29.3	986.0	4976.0	7738.0	5569.7	2375.7	703.5	160.7	30.5	5.1	0.8	0.1	0	0	0	22575
2.5	0	2.2	197.5	2158.8	6230.0	7449.5	4860.4	2066.0	644.5	160.2	33.7	6.3	1.1	0.2	0	0	23810
3.5	0	0.2	34.9	695.5	3226.5	5675.0	5099.1	2838.0	1114.5	337.7	84.3	18.2	3.5	0.6	0.1	0	19128
4.5	0	0	6.0	196.1	1354.3	3288.5	3857.5	2685.5	1275.2	455.1	130.9	31.9	6.9	1.3	0.2	0	13289
5.5	0	0	1.0	51.0	498.4	1602.9	2372.7	2008.3	1126.0	463.6	150.9	41.0	9.7	2.1	0.4	0.1	8328
6.5	0	0	0.2	12.6	167.0	690.3	1257.9	1268.6	825.9	386.8	140.8	42.2	10.9	2.5	0.5	0.1	4806
7.5	0	0	0	3.0	52.1	270.1	594.4	703.2	524.9	276.7	111.7	36.7	10.2	2.5	0.6	0.1	2586
8.5	0	0	0	0.7	15.4	97.9	255.9	350.6	296.9	174.6	77.6	27.7	8.4	2.2	0.5	0.1	1309
9.5	0	0	0	0.2	4.3	33.2	101.9	159.9	152.2	99.2	48.3	18.7	6.1	1.7	0.4	0.1	626
10.5	0	0	0	0	1.2	10.7	37.9	67.5	71.7	51.5	27.3	11.4	4.0	1.2	0.3	0.1	285
11.5	0	0	0	0	0.3	3.3	13.3	26.6	31.4	24.7	14.2	6.4	2.4	0.7	0.2	0.1	124
12.5	0	0	0	0	0.1	1.0	4.4	9.9	12.8	11.0	6.8	3.3	1.3	0.4	0.1	0	51
13.5	0	0	0	0	0	0.3	1.4	3.5	5.0	4.6	3.1	1.6	0.7	0.2	0.1	0	21
14.5	0	0	0	0	0	0.1	0.4	1.2	1.8	1.8	1.3	0.7	0.3	0.1	0	0	8
15.5	0	0	0	0	0	0	0.1	0.4	0.6	0.7	0.5	0.3	0.1	0.1	0	0	3
16.5	0	0	0	0	0	0	0	0.1	0.2	0.2	0.2	0.1	0.1	0	0	0	1
总和	1	165	2091	9280	19922	24879	20870	12898	6245	2479	837	247	66	16	3	1	100000

在每一短期海况中（通常定义为 3 小时），把波浪作为一个随机过程来研究，这一随机过程一般认为是平稳正态的。通常，船舶与海洋工程被认为是线性动力系统。相应地，在每一短期海况中，交变应力过程也是一个平稳正态过程。它们的功率谱密度之间有如下关系：

$$G_{XX}(\omega) = |H(\omega)|^2 G_{\eta\eta}(\omega) \qquad (6\text{-}23)$$

式中，$G_{XX}(\omega)$ 为交变应力过程的功率谱密度函数；ω 为圆频率；$G_{\eta\eta}(\omega)$ 为波浪功率谱密度函数；$H(\omega)$ 为线性动力系统的传递函数。

随机过程的功率谱密度函数定义为随机过程自相关函数的傅里叶变换。经过对海洋波浪的长期观测和对数据资料的统计分析，目前已经建立了一些描述短期波浪情况的波浪功率谱密度函数的经验表达式，通常称为波浪谱。在船舶与海洋工程中常用的波浪谱有 Pierson-Moskowitz 谱（简称 P-M 谱）和北海波浪联合研究计划谱（简称 JONSWAP 谱）。

传递函数 $H(\omega)$ 的物理意义是当线性系统做圆频率为 ω 的简单谐振时，响应过程的振幅与输入过程的振幅之比。当输入过程为波浪，相应过程为交变应力时，传递函数就是结构在圆频率为 ω 的规则余弦波作用下，应力幅值与波幅值之比。传递函数的计算通常需要水动力分析计算作用在结构上的波浪力，然后用有限元法或其他方法对结构进行动力或准静力分析得到结构内应力。取不同的圆频率，按上述方法计算，就可以得到 $H(\omega)$ 的分布规律。目前有很多软件都可以实现传递函数的计算。

在每一短期海况中，应力范围的分布称为短期分布。在某一海况 i 中，交变应力为一均值为 0 的窄带平稳正态随机过程时，根据随机过程理论可知，应力范围服从 Rayleigh 分布，其概率密度函数为

$$f(S)=\frac{S}{4\sigma_i^2}\exp\left(-\frac{S^2}{8\sigma_i^2}\right) \tag{6-24}$$

式中，σ_i 为 i 海况下交变应力过程的标准差。根据功率谱密度函数的定义可以推得

$$\sigma_i^2=\int_0^\infty G_{XX}(\omega)\mathrm{d}\omega=m_0 \tag{6-25}$$

式中，m_0 为功率谱密度的 0 次矩。一般功率谱密度的 n 次矩定义为

$$m_n=\int_0^\infty \omega^n G_{XX}(\omega)\mathrm{d}\omega,\quad n=0,1,2,\cdots \tag{6-26}$$

交变应力过程的跨零率 ν_{0i}，即单位时间内应力以正斜率跨越零均值的平均次数，可以根据功率谱密度的矩来计算，公式为

$$\nu_{0i}=\frac{1}{2\pi}\sqrt{\frac{m_2}{m_0}} \tag{6-27}$$

将短期海况持续的时间 T 乘以 ν_{0i}，就可以得到短期海况内交变应力循环的次数，再将 Rayleigh 分布概率密度函数和单一斜率 S-N 曲线代入式（6-18），可得短期疲劳损伤：

$$D=\frac{T\nu_{0i}}{A}(2\sqrt{2}\sigma_i)^m\Gamma\left(\frac{m}{2}+1\right) \tag{6-28}$$

结构内因长期交变应力引起的疲劳损伤可以看作由许多短期海况的损伤累加得到：

$$D=\frac{T_d\nu_0}{A}\Gamma\left(\frac{m}{2}+1\right)\sum_{n=1}^{N_{\text{total}}}p_n\sum_{i=1;\,j=1}^{\substack{N_{\text{all headings}}\\N_{\text{all seastates}}}}r_{ijn}(2\sqrt{2}\sigma_{ijn})^m \tag{6-29}$$

式中，T_d 为设计寿命；ν_0 为长期平均响应跨零率；A 和 m 为 S-N 曲线参数；N_{total} 为船舶所有装载情况；p_n 为不同装载情况的概率；r_{ijn} 为不同短期海况和航向的概率；$N_{\text{all seastates}}$ 为

所有短期海况；$N_{\text{all headings}}$ 为所有航向；σ_{ijn} 为短期海况下交变应力过程的标准差。针对双段 S-N 曲线，疲劳损伤的计算公式参见船级社规范。

在推导上述应力范围分布时，假设随机过程是窄带过程。图 6-15 显示了宽带和窄带随机过程的功率谱密度函数。可见窄带随机过程的功率集中在某一频率附近，而宽带随机过程的功率分散在较大的频率范围内。

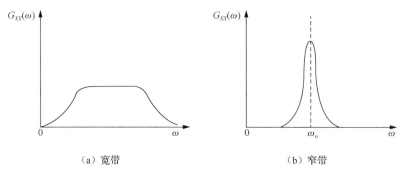

（a）宽带　　　　　　　　　　（b）窄带

图 6-15　宽带和窄带随机过程

窄带假设可以得到疲劳损伤的解析解，易于工程应用。然而，在船舶与海洋工程中，很多实际的测量表明，交变应力往往具有宽带的性质。这时采用窄带假设会导致疲劳损伤的计算存在误差。对应于宽带交变应力过程，雨流计数法能够根据一定的力学原理进行应力循环计数，是目前公认的计数方法，可以得到较为准确的疲劳损伤。为了保证窄带假设结果的准确性，可将计算结果以雨流计数法的结果为衡准做适当的修正，这一修正称为雨流修正，具体修正方法见船级社规范。

习　题

1. 焊接结构名义应力和热点应力的区别和联系是什么？
2. 采用有限元法计算热点应力的基本步骤是什么？
3. 工程中使用的 S-N 曲线一般代表多大的生存概率？
4. 发生疲劳破坏时，疲劳累积损伤值一般为多少？
5. 长期疲劳应力范围一般服从什么分布？
6. 假设短期疲劳应力为窄带平稳正态随机过程，疲劳应力范围一般服从什么分布？
7. 若实际疲劳应力为宽带随机过程，如何更准确地计算疲劳损伤？

第2部分 海洋工程结构物强度分析

第7章 典型浮式平台结构强度

浮式平台结构强度评估是平台结构设计中的重要环节，也是平台在全生命周期内安全平稳运行的基础保障。除 FPSO、钻井船等船型浮体外，典型深水浮式平台主要有半潜式（SEMI）平台、圆筒式（SPAR）平台和张力腿平台（TLP）。当前主流的半潜式钻井平台一般采用双浮筒、四立柱加上数个水平横撑的结构形式；SPAR 平台采用硬舱（圆筒）、桁架、软舱的垂向结构布局（桁架式 SPAR 平台）；张力腿平台一般采用四立柱加环形浮筒的结构形式（传统式 TLP），与半潜式生产平台的形式相似。海洋平台因结构形式多样化，结构总体受力和响应各有特点。本章主要阐述非船型典型深水浮式平台的强度分析方法，重点强调不同结构形式的载荷与结构受力特征。本章主要内容如下：

（1）半潜式平台结构强度分析；

（2）圆筒形平台结构强度分析；

（3）张力腿平台结构强度分析。

7.1 半潜式平台结构强度分析

7.1.1 半潜式平台承载状态与特征载荷

半潜式平台的承载状态与平台的装载情况、环境受力及运动状态密切相关。在平台的作业过程中，这些因素有多种不同的组合。因此，在确定平台承载状态时，需要对平台的受力情况进行分析筛选，得出平台总体或局部结构最不利的受力状态。

根据理论分析和工程实践经验，对于常规双浮筒、多立柱、带水平撑杆和斜撑杆的半潜式钻井平台，其总强度一般由几种典型的受力状态决定。参考船级社规范，半潜式钻井平台总体的水动力载荷（图 7-1）主要包括以下几种：

（1）横向分离力 F_s；

（2）横轴的扭矩 M_t；

（3）浮筒之间的纵向剪力 F_L；

（4）浮筒上的垂向弯矩 M_v；

（5）甲板质量的纵向加速度 a_L；

（6）甲板质量的横向加速度 a_T；

（7）甲板质量的垂向加速度 a_V。

对于立柱加环形浮筒形式的半潜式生产平台，可以根据平台载荷工况，参考半潜式钻井平台的总体载荷分类方法予以考虑。

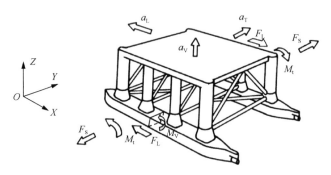

图 7-1　半潜式平台的典型总体水动力载荷

1. 横向分离力 F_S

双浮筒半潜式钻井平台在横浪或斜浪状态下，平台与波面的位形关系如图 7-2 所示。在波峰位于平台中部、波谷位于两侧呈对称分布的情况下，两侧的浮筒有横向分离的趋势，浮体内部具有较大的横向分离力；同理，在波谷位于平台中部、波峰位于两侧呈对称分布的情况下，浮筒之间存在相互靠近的趋势，浮体产生横向的挤压力。当分离力或挤压力达到极值时，会对整体或局部敏感结构的强度造成较大影响。

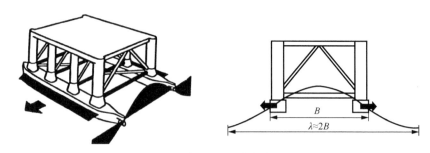

图 7-2　浮筒之间的分离力

分离力的极值一般发生在横浪状态下，波长近似等于两倍的浮筒外宽（两浮筒外侧间距）。分离力最大时会产生双浮筒半潜式平台横向水平撑杆的最大轴向力，导致水平撑杆的拉伸。如果横向没有水平撑杆，浮筒的分离力将通过立柱传递到甲板，导致立柱与甲板连接处和甲板中纵剖面产生较大的弯矩。分析平台横向水平撑杆时，除了分离力产生的轴力之外，还应该考虑撑杆上的局部外压力。

2．扭转力矩 M_t

以双浮筒半潜式平台为例，在波浪状态下中纵剖面两侧的结构具有方向相反的转动趋势时，会造成平台沿横轴的扭矩（图 7-3）。这种响应的极值通常发生在 $\theta = 45° \sim 60°$ 的斜浪方向范围内，波长约为两个浮筒前后端的对角线距离。

扭矩 M_t 的作用通常会对传统的双浮筒半潜式平台的水平和斜撑杆产生较大的轴力。扭矩也会导致立柱的反向轴力和甲板结构在中纵剖面的扭转。斜浪状态下，除考虑扭矩外，还应同时考虑分离力和水平剪力的作用。与扭矩相比，但横向分离力对浪向更为敏感。例如，当浪向从 45° 变化到 55° 时，分离力可能增加 50%。

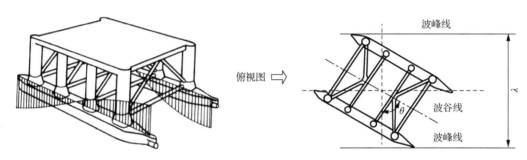

图 7-3　斜浪中平台沿横轴的扭矩

扭矩和横向分离力联合作用会增大敏感结构的应力，所以选择正确的浪向是很重要的。因此，实际分析时往往采用浪向遍历的方式，分析多个浪向情况，筛选出最大单向受力和组合受力的浪向及其他波浪参数。

3．浮筒之间的纵向剪力 F_L

在斜浪并且具有特定波长范围的条件下，半潜式平台两侧的浮筒在纵向受到相反的力，在中部纵向剖面内发生剪切的位移趋势（图 7-4）。浮筒之间的纵向剪力的极值通常发生在斜浪 $\theta = 45° \sim 60°$ 的浪向范围内，波长约为浮筒两端对角线距离的 1.5 倍。

纵向剪力导致平台横撑受到较大的剪力和弯矩作用。对于有撑杆的典型双浮筒半潜式平台，纵向剪力载荷一般是水平撑杆设计的控制载荷。对于横向撑杆的设计，除了最大的纵向剪力外，还要考虑同时产生的横向分离力。纵向剪力和横向分离力联合作用会增大撑杆的应力。因此，在剪力分析时，是否能筛选出正确的浪向是很重要的。因为纵向剪力与横向分离力的联合作用，在撑杆上产生最大应力的浪向不一定是最大纵向剪力发生的浪向。

对于环形浮筒半潜式平台，纵向或横向剪力将导致浮筒-立柱和立柱-甲板的节点处产生最大响应。一般情况下，在最大的纵向剪力作用下，平台响应比分离力和扭矩严重。考虑最大纵向或横向剪力的同时，也应该考虑分离力。剪力的最大值对浪向的变化比较敏感。

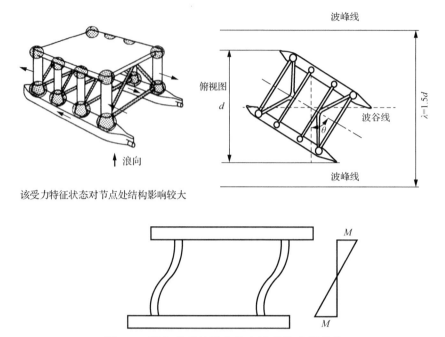

该受力特征状态对节点处结构影响较大

图 7-4　平台受到的纵向剪力及总体变形趋势

4．浮筒上的垂向波浪弯矩 M_V

垂向波浪弯矩一般在迎浪（浪向 $\theta = 180°$）或随浪（浪向 $\theta = 0°$）的情况下达到最大值，此时波长稍大于浮筒长度，波高可以通过波陡符合的条件关系导出。仅就单个浮筒而言，此时总体受力情况与船体梁类似，浪向沿船长方向。当波长与船长接近时，船舯的垂向波浪弯矩达到极值，即中拱或中垂状态。此时，主要考虑浮筒剖面的结构强度。

当规则波的波峰处于浮筒中部时，产生对称分布的波浪弯矩，见图 7-5。如果浮筒上有三个或更多立柱时，还要考虑波浪跨零点在浮筒中部时的情况，此时产生反对称分布的波浪弯矩。

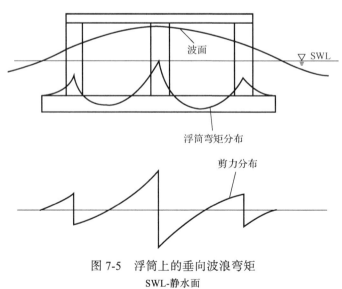

图 7-5　浮筒上的垂向波浪弯矩

SWL-静水面

5．甲板质量的纵向加速度 a_L

甲板模块的纵向加速度的极值一般发生在迎浪（浪向 $\theta=180°$）或随浪（浪向 $\theta=0°$）的情况。纵向加速度的作用使平台上部模块（甲板）和下浮体（浮筒）之间产生总体的纵向剪切效应，导致立柱与甲板和浮筒的连接处产生剪力和弯矩，见图 7-6。

纵向加速度极值的典型范围，生存状态一般为 $0.2g\sim0.25g$，作业和运输状态一般为 $0.1g\sim0.15g$，其中 g 是重力加速度。

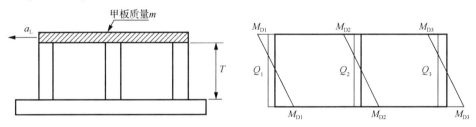

图 7-6 甲板质量的纵向加速度与总体受力示意图

M-弯矩；Q-剪力

6．甲板质量的横向加速度 a_T

如图 7-7 所示，横浪（浪向 $\theta=90°$）情况下将产生最大的甲板横向加速度。甲板横向加速度一般在平台吃水较小的情况下达到最大值，因此它在平台拖航状态时比较重要。

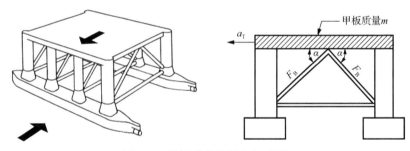

图 7-7 甲板质量的横向加速度

与甲板纵向加速度相似，横向加速度使垂向的斜撑杆、立柱与甲板和立柱与浮筒的连接处产生较大的作用力。上部模块和下浮体（甲板和浮筒）之间的横向剪力在浮体结构内部的传递途径，主要存在两种方式。一种是当平台有垂向斜撑杆时，横向加速度（惯性力）导致垂向斜撑杆内的轴向力和立柱上的剪力和弯矩。对于双浮筒半潜式平台来说，立柱上的剪力和弯矩相对较小，一般可以忽略，而斜撑的轴力相对较大。另一种是当平台没有垂向斜撑杆时，立柱分别与甲板和浮筒的连接处将存在较大的剪力和弯矩，情况与纵向加速度相似。

横向加速度的典型极值范围，在生存工况下一般为 $0.15g\sim0.2g$，作业工况下一般为 $0.1g\sim0.15g$，运输状态下一般为 $0.2g\sim0.25g$。

7．甲板质量的垂向加速度 a_V

甲板质量的垂向加速度导致半潜式平台上部模块产生惯性力。业界设计实践表明，当前主流形式的四个立柱、双浮筒（下浮体）形式的半潜式平台在大部分工况下，其甲板质量的垂向加速度对总体结构的影响不是很大，一般情况下不予考虑。垂向加速度演示见图7-8，典型极值范围为 $0.2g \sim 0.25g$。

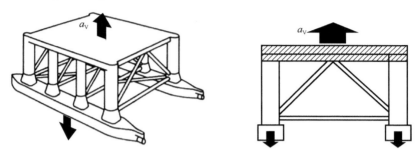

图 7-8　甲板质量的垂向加速度

对应以上 7 个特征响应量推算对应的波浪参数。但是在实际计算中，一般只需考虑分离力、纵向剪力、横向扭矩和垂向波浪弯矩四个特征响应量到达极值时所得的波浪参数即可。

这些总体水动力载荷的计算可以通过浮体湿表面上的压力积分获得。例如，对于扭矩 M_t 的计算，可以将中纵剖面一侧的所有构件的作用力取矩积分，取矩的参考轴可以考虑取在重心以上的水线面的中线上。甲板加速度的计算通常选择甲板面积中心点，应包括由纵摇和横摇引起的转动分量。通过这些载荷的计算，可用于建立作业和运输状态的设计波数据及环境衡准条件。

应特别注意分离力和纵向剪力的联合作用。一般情况下，最大纵向剪力出现的浪向与最大分离力出现的浪向不同。发生最大应力的浪向不一定是某一个载荷极值发生的浪向。

7.1.2　半潜式平台强度评估

根据规范指南和工业界的实际做法，海洋平台结构的强度分析主要采用直接计算方法，这类方法是直接由波浪载荷计算程序得到环境载荷，进而通过结构有限元方法得到结构的应力响应。在实际应用中，直接计算方法可以有多种形式，根据载荷的确定方式主要有设计波法和随机性方法（谱分析法）。

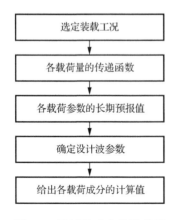

图 7-9　设计波确定的流程图

设计波法一般是根据波浪载荷等效原则确定一组规则波，使得结构物在该规则波下受到一定概率水平的最大波浪载荷。该方法的关键在于如何确定设计波参数（浪向、波高、周期、相位）。正确的途径是通过平台结构波浪载荷的长期分析，得到规定超越概率水平或重现期的横向分离力、纵向剪力等有代表性的控制参数值，然后选择典型的规则波，使之产生与长期预报值相等的波浪载荷，由此来确定设计计算用的波浪参数。图7-9是半潜式平台结构强度评估中，采用设计波方法确定控制载荷的分析流程图。

1．分析原则

目前，中国船级社（CCS）、美国船级社（ABS）、挪威船级社（DNV）等已在平台直接计算中采用设计波法来对各种载荷分量进行组合，但在如何选择和确定装载工况与等价波高、波长和航向角时，各船级社的做法是不完全相同的。

根据设计波法的原理，海浪和其诱导的浮体响应可以通过一个或几个主要的载荷参数来反映。主要载荷参数指的是对结构强度最有影响的受力状态所对应的多组波浪载荷，主要用来建立用于浮体结构分析的计算载荷。如 7.1.1 节所述，船级社规范中考虑的主要特征载荷参数有横向分离力、横向扭矩、垂向弯矩、纵向剪力、甲板处的三个加速度分量。

实际上，主要载荷控制参数的选取与要考察的结构构件有关。对于半潜式平台，存在很多的重要构件，如甲板、立柱、下浮体的外板及内部框架、横舱壁等。根据某一载荷控制参数选定的设计波，一般只能考察其中一部分构件的危险受力状况。例如，半潜式平台迎浪时下浮体的中垂状态只能考察下浮体作为箱形梁的顶板板架、底板板架等的应力水平，而对盒式的封闭甲板、立柱等部分的结构作用不明显。因此需要有效地选择多个典型的设计波，才能全面地考察平台结构各个主要构件在服役海况下的可能的危险状态。不同的载荷控制参数，其考察的结构构件的侧重点是不同的。设计波系统的确定就是各主要载荷参数对应的设计波中各因素的定义。

2．确定性设计波法

当进行半潜式平台结构强度分析时，设计波参数的计算方法包括确定性方法和随机性方法，其中确定性方法在平台设计中较为常用。设计波参数的确定通过特征波浪载荷传递函数和指定的特定危险海域的极限规则波波陡来确定。例如，DNV 建议的确定性设计波法（简化的设计波法）分析步骤如下。

（1）根据平台主尺度确定各典型波浪工况下的浪向和特征周期范围。

（2）计算平台在典型波浪工况下特征波浪载荷的传递函数（幅值响应算子 RAO）。例如，波浪周期范围取 3～25s，在特征周期附近步长取 0.2～0.5s，在其他区域可取 1.0～2.0s。

（3）按照给定的波陡，计算各波浪周期所对应的极限规则波波高 H：

$$S = \frac{2\pi H}{gT^2} \tag{7-1}$$

ABS 规范推荐的极限规则波波陡 S 为 1/10，而 DNV 规范规定的极限规则波波陡为

$$S = \begin{cases} \dfrac{1}{7}, & T \leqslant 6 \\ \dfrac{1}{7 + \dfrac{0.93}{H_{100}}(T^2 - 36)}, & T > 6 \end{cases} \tag{7-2}$$

式中，H_{100} 为百年一遇的最大极限波高，一般取 32m。

（4）将各特征波浪载荷响应的传递函数与其波浪周期所对应的极限规则波幅（极限波高的一半）相乘。

（5）计算结果中最大值所对应的周期和波幅即为设计波的周期和波幅，进而可以在特征波浪载荷相频响应中得到该设计波的相位。这样，可以进一步进行设计波浪载荷计算和结构强度评估。

3．结构分析模型和载荷施加

各船级社都对半潜式平台结构总强度分析结构模型做了要求，现在主要采用有限元方法。

目前，半潜式平台波浪载荷预报一般采用三维线性频域水动力理论。在用设计波法对半潜式平台进行波浪载荷预报和结构强度评估时，需要将平台湿表面的水动压力、液舱载荷以及惯性载荷施加到有限元模型上，并且要确保模型的静力和动力平衡。

整体结构采用大体积薄壁结构的三维有限元模型，总体强度分析结构模型应正确表达结构的整体刚度分布情况，通常采用板壳（或膜）单元结合梁单元建模。图 7-10 为典型半潜式平台结构总体强度评估模型示意图。

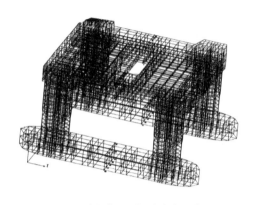 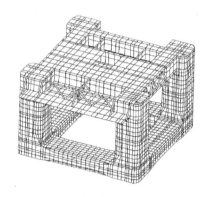

（a）双浮筒半潜式平台内部框架梁单元模型　　　　（b）环形浮筒半潜式平台板壳单元模型

图 7-10　半潜式平台结构总体强度评估模型

4．位移边界条件

为了避免结构模型发生刚体位移，必须在模型中施加一定的位移边界条件。通常在结构强度较大并且远离结构强度评估区域选取 3 个不共线的节点（图 7-11），每个节点施加如下的位移边界条件。

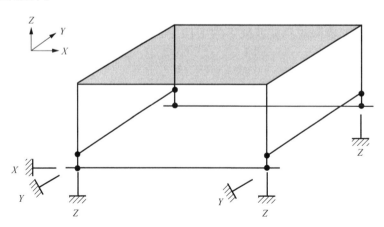

图 7-11　总体强度评估模型边界条件设置

节点 1：限制 X、Y、Z 三个方向的位移。

节点 2：限制 Y、Z 两个方向的位移。

节点 3：限制 Z 方向的位移。

5．应力衡准

屈服应力和等效应力的安全因子选取标准见表 7-1。

表 7-1　屈服应力安全因子

应力	工况	
	静水工况	波浪组合工况
轴向拉伸、弯曲应力	1.67	1.25
剪切应力	2.50	1.88
等效应力	1.43	1.11

7.1.3　系泊缆强度分析

中浅水深中的半潜式平台，通常采用多点系泊定位系统（图 7-12），即在浮体平台周围分布一定数量的系泊缆，把浮体运动幅度限制在一定范围内，以保证正常作业和安全。指定设计工况下多点系泊定位系统的强度，具体反映在局部少数几根或单根系缆的承载能力问题。

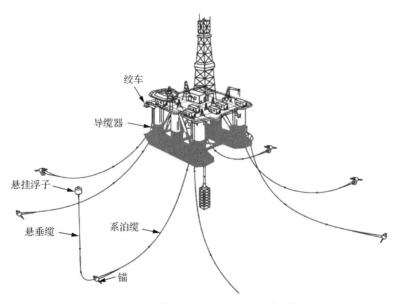

图 7-12　半潜式平台多点系泊定位系统

对浮式结构系泊系统的力学分析主要有静力分析和动力分析两种方法。静力分析研究在稳态条件下系泊线的受力情况和系统的平衡状态，预估系泊线的几何形状及应力分布。动力分析则研究在不定常外界环境载荷作用下系泊线的动力响应，以判断设计的系统是否稳定、系泊线的应力是否在许用应力范围之内、系泊系统是否能满足特定的系泊要求等。对系泊线的静力分析方便、快捷，多在设计初期采用。本节从单根系泊缆的受力开始，讨论基本的悬链线式系缆的静力强度分析方法。

1）无弹性系缆的悬链线方程

悬链线式系泊是对浮式结构定位的常用方式，因系泊线的外形呈悬链形状而得名。根据不同需要，系泊线可以由单一锚链或多段成分组合而成，常见的组合方式有顶部链条+中段钢缆+底部链条的组合，顶部和底部的链条可以防止长期摩擦以及起伏碰撞破坏，发挥各种成分的效能。

悬链线式系泊线的恢复力主要由其自身的重量而产生，系泊线的底部通常保持有足够的长度与海底相接触，即使在浮式结构系统处在最恶劣的海况下，底部系泊线仍有与海底相切的部分，这样，海底锚只受水平方向的力，而不承受垂向力。因此，悬链线式系泊线在海底占据的范围，即系泊点的影响半径将会很大。

悬链线式系泊缆是指具有均质、完全柔性而无延伸的链条或钢缆自由悬挂于两点上时所形成的曲线。一般浮式结构的系泊缆，由于本身有拉伸和受到海流力的作用，故与理论上的悬链线不能完全吻合，但为了计算分析方便，尤其是系泊系统初步设计与评估时，仍常用悬链线来描述系泊缆的特性，忽略系泊缆弹性伸长的影响。

图 7-13（a）为无弹性悬链线式系泊线及其受力的二维示意图，并选择其中的悬垂段 ab 段进行研究，其中，T_a、θ_a，T_b、θ_b 为 ab 段两端的张力及其倾角；T_0 为 T_a 和 T_b 的水平分量；l 为 ab 段的长度；x、y 分别为 ab 段在 X 方向和 Y 方向的长度。

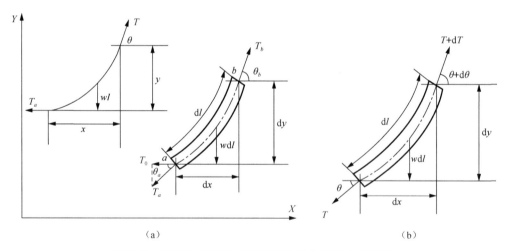

图 7-13　无弹性悬链线式系缆整体和单元静力示意图

要对 ab 段系泊线进行分析，需要采用微元法，首先任意选择系泊线上一小段单元，如图 7-13（b），对其进行受力特性分析。其中，w 是系泊线的单位长度重量；$\mathrm{d}l$ 为单元的长度；T 为单元下端张力；$\mathrm{d}T$ 为张力在 $\mathrm{d}l$ 上的增量；θ 为 T 的方向与 X 方向的夹角；$\mathrm{d}\theta$ 为 θ 在 $\mathrm{d}l$ 上的增量。对该单元沿 X 方向与 Y 方向建立平衡方程，可得

$$(T + \mathrm{d}T)\cos(\theta + \mathrm{d}\theta) - T\cos\theta = 0 \tag{7-3}$$

$$(T + dT)\sin(\theta + d\theta) - T\sin\theta - \omega dl = 0 \tag{7-4}$$

将式（7-3）与式（7-4）展开，忽略高阶小量，即 $\cos d\theta \approx 1, \sin d\theta \approx d\theta, dT d\theta \approx 0$，则可简化得

$$T\sin\theta d\theta - \cos\theta dT = 0 \tag{7-5}$$

$$T\cos\theta d\theta - \sin\theta dT - \omega dl = 0 \tag{7-6}$$

由式（7-5）与式（7-6）可得

$$Td\theta = \omega\cos\theta dl \tag{7-7}$$

$$dT = \omega\sin\theta dl \tag{7-8}$$

根据几何关系可得

$$dx = dl\cos\theta \tag{7-9}$$

$$dy = dl\sin\theta \tag{7-10}$$

由图 7-13 中的 ab 段系泊线从 a 点到 b 点水平方向受力平衡：

$$T_0 = T\cos\theta = T_a\cos\theta_a = T_b\cos\theta_b \tag{7-11}$$

可见，在同一段系缆上张力 T 的水平分力 T_0 保持不变。

由式（7-7）与式（7-9）可得

$$Td\theta = \omega dx \tag{7-12}$$

同理，由式（7-8）与式（7-10）可得

$$dT = \omega dy \tag{7-13}$$

对式（7-13）积分可得

$$T = \omega y + T_0 \tag{7-14}$$

因 $T = T_0 / \cos\theta$，由式（7-12）得

$$dx = (T_0 / \omega)(1 / \cos\theta)d\theta \tag{7-15}$$

积分后可得

$$\begin{aligned}
x &= \frac{T_0}{\omega}\left[\ln\left(\tan\theta_b + \sqrt{\tan^2\theta_b + 1}\right) - \ln\left(\tan\theta_a + \sqrt{\tan^2\theta_a + 1}\right)\right] \\
&= \frac{T_0}{\omega}\left[\text{arcsinh}(\tan\theta_b) - \text{arcsinh}(\tan\theta_a)\right]
\end{aligned} \tag{7-16}$$

同理，由 $T = T_0 / \cos\theta$ 根据式（7-13）可得

$$dy = dT / \omega = (T_0 / \omega)(\sin\theta / \cos^2\theta)d\theta \tag{7-17}$$

T_0 / ω 在积分范围内为常量，则积分后可得

$$y = (T_0 / \omega)(1 / \cos\theta_b - 1 / \cos\theta_a) = (T_0 / \omega)\left(\sqrt{\tan^2\theta_b + 1} - \sqrt{\tan^2\theta_a + 1}\right) \tag{7-18}$$

最后由式（7-7）得

$$dl = (T_0 / \omega)(1 / \cos^2 \theta)d\theta \qquad (7\text{-}19)$$

积分后可得

$$l = (T_0 / \omega)(\tan \theta_b - \tan \theta_a) \qquad (7\text{-}20)$$

式（7-14）、式（7-16）、式（7-18）、式（7-20）反映了无弹性悬链线式系泊线各有关参数之间的基本关系，当然，各式之间不是独立的，需要根据具体情况和已知条件的不同，进行联合求解或转换成其他公式进行求解。

对于单一成分组成的悬链线式系泊线，其最低点的切线方向水平，即倾角为零，则此处的系泊力 T_0 等于系泊线任一悬点处受力的水平分力。用水深 h 代表 y，横距 S 代表 x，则式（7-14）、式（7-16）、式（7-18）、式（7-20）可转换为

$$T = T_0 + \omega h = \sqrt{(\omega l)^2 + T_0^2} \qquad (7\text{-}21)$$

$$h = T_0 / \omega \left[\sqrt{(\omega l / T_0)^2 + 1} - 1 \right] = \frac{T_0}{\omega} \left(\sqrt{\tan^2 \theta + 1} - 1 \right) = \frac{T_0}{\omega} \left[\cosh(\omega S / T_0) - 1 \right] \qquad (7\text{-}22)$$

$$S = \frac{T_0}{\omega} \operatorname{arcsinh}(\omega l / T_0) = \frac{T_0}{\omega} \operatorname{arcsinh}(\tan \theta) \qquad (7\text{-}23)$$

$$\tan \theta = \omega l / T_0 \qquad (7\text{-}24)$$

在以上一组 4 个公式中，共 7 个变量：θ、ω、l、T_0、T、h 和 S，若再增加 3 个条件，即可求解以上方程组，得到另外 4 个未知量。

（1）若已知：水深 h、系泊线单位长度重量 ω、系泊线顶端所受水平外力 T_0。即可求解：保持系泊线下端切线方向水平所需的悬链线长度 l、系泊线顶端张力 T 及其倾角 θ、悬链线上下端的横距 S。

（2）若已知：水深 h、系泊线长度 l、系泊线单位长度重量 ω。即可求解：保持下端张力水平所能承受的最大水平外力 T_{0m} 及其他参数值，然后需要进行以下判断。

① 如果 $T_0 < T_{0m}$，则系泊线未被全部提起，根据已知条件可算出实际提起的悬链线长度 l 及相应的其他参数。

② 如果 $T_0 > T_{0m}$，则系泊线被全部提起，下端倾角大于零，则需要根据前述式（7-21）～式（7-24）计算各有关参数。

2）系缆的强度分析

对于浮式结构定位系统的设计，船级社规范都进行了详细的分析与说明，阐述了业内的常用设计标准，主体内容基本是一致的。下面主要参考美国石油协会的浮式结构定位系统设计分析规范（API RP 2SK）进行相关的介绍。

（1）系泊力的计算分析方法。

当进行系泊系统强度分析时，首先要明确各种工况下系泊缆的受力及其极值。对系泊系统总体运动方程的求解，主要有三种方法：时域分析、频域分析、时域分析与频域分析相结合。对于系泊线的受力分析，可采用拟静态分析和动态分析两种方法。而系泊系统与浮式结构之间的耦合关系的处理，有非耦合、半耦合和全耦合分析的方法。

通常所说的环境力主要是指风力、波浪力、流力，根据频率范围不同，常将环境力分为三种。

① 定常力：力的大小、方向不随时间变化，使浮式结构沿某一方向产生平均位移。

② 低频力：使浮式结构产生低频运动，浮式结构在纵荡、横荡和艏摇方向的低频运动周期接近于结构自身的固有周期，一般在 1～10min 之间。

③ 波频力：使浮式结构产生波频运动，其周期一般在 5～30s 之间。浮式结构的波频运动受到系泊系统刚度的直接影响。

（2）系泊分析条件。

对系泊系统进行设计分析时，需要考虑多种可能发生的条件，以全面了解系统适应各种外界环境条件的能力，通常需要考虑以下分析条件。

① 完整条件：系统在任何外界条件下所有系泊线在整个作业时间内是完整无损的。

② 有损坏的条件：有一根或少数几根系泊线已经破坏，系统达到一个新的平衡位置，分析此时其他系泊线的受力和浮式结构的响应情况，判断系统是否能够继续安全作业。

③ 瞬态条件：有一根或几根系泊线破坏，或者动力定位系统失效，整个系统产生瞬态运动的过程。瞬态分析主要用于可移动式系泊系统，以检查瞬态过程中浮式结构的位移情况以及是否满足安全要求。

（3）强度准则。

系泊系统设计与分析完毕后，需要将计算分析的结果与实际要求进行比较，验证设计方案的可行性。因此，API RP 2SK 规范提出了以下基本设计准则。

系泊线受力的限制：首先确定系泊线的安全系数，即系泊线本身的极限载荷与系泊线在外部载荷作用下受力最大值的比值。然后将计算所得安全系数与规范要求的安全系数进行比较，如果前者大于后者，则系泊线是安全的，系泊系统的设计是合理的，反之则不安全，需要重新对系泊系统进行设计。规范对不同分析条件、不同分析方法的系泊线受力的极限和安全系数进行了确定，如表 7-2 所示，可以此作为系泊系统分析的一个基本标准。当然，如果业主根据实际情况对系泊线受力的最大值有更高或者其他要求，需要根据实际要求进行比较分析，确定最终的系泊方案。

表 7-2　系泊力极限及安全系数

分析条件	分析方法	应力极限（破断强度/%）	安全系数
完整条件	拟静态	50	2.00
	动态	60	1.67
有破坏条件	拟静态	70	1.43
	动态	80	1.25

（4）系泊线长度的限制。

系泊线的长度由系泊线的布局方式、海底锚和土壤类型等决定，对于拖曳式锚系统，系泊线的长度要足够长，而且在作业时间内不会对锚产生垂向力。对于沙质和坚硬土质的海底，锚的入土深度较小，不能对锚产生垂向力尤其重要。对于其他能够承受垂向载荷的锚系统，系泊线的长度可以短很多。

浮式结构运动位移的限制：一般由船东根据实际情况确定浮式结构各自由度位移的极限值，或者由周围已有设施的限制来确定。例如，浮式结构周围由其他工作船、生活船、舷梯、立管等的具体要求来确定其位移的极限值。

（5）锚的极限承载力。

锚的极限承载能力是指锚在某一土质条件下受到长期的拖曳所能承受的最大拉力。同样，定义锚的安全系数为锚的极限承载力与作用于锚的最大载荷的比值。将此安全系数与规范要求的锚的安全系数进行比较，如果前者大于后者，则锚是安全的，锚的设计与选型是合理的，反之则不安全，需要重新对锚进行设计。对于不同类型的锚，其安全系数是不同的，规范对不同分析条件、不同分析方法时的拖曳式锚、吸力锚、桩锚、法向承力锚、重力锚等的安全系数分别进行了确定，可以此作为锚的选择是否合理的一个基本标准。当然，如果业主根据实际情况对锚的受力极限有更高或者其他要求，需要根据实际要求进行比较分析，确定最终的锚方案。

7.2　圆筒形平台结构强度分析

（1）圆筒形（SPAR）平台的主体一般为垂向直立悬浮的，带中央井的圆柱壳体结构，主体吃水均为 100m 以上，深吃水使得平台的垂荡和纵荡运动幅度很小；而底部的压载导致平台重心降低、稳定性增加。

（2）SPAR 平台采用半张紧的系泊缆定位，系泊缆与平台主体的连接位置为平台硬舱外板重心高度附近，海底基础大多采用抓力锚、桩基或是吸力锚固定。在系泊系统和主体浮力控制的作用下，六个自由度上的运动固有频率都远离常见的海洋能量集中频率范围，具备良好的运动性能。

（3）SPAR 平台的中心处开有中央井。中央井内安装刚性的垂直立管系统，立管上部与平台上体的控井和生产处理设施相连，向下一直延伸到海底油井。部分 SPAR 平台的主体具有储油功能，然后用油轮将石油向岸上运输；也可通过柔性输油管、钢悬链线式立管（SCR）或顶部张紧式立管（TTR）将油气资源输送至海底管道系统。

除此之外，SPAR 平台还具备良好的机动性和经济性能，便于拖航和安装，特别适宜于分布面广、出油点较分散的海洋区域进行石油探采工作，平台造价也远低于现有的固定式平台及张力腿平台。SPAR 平台稳性好、运动性能好、较低的维护费用等众多优秀特点使其深受业主青睐，具有非常好的市场应用前景。

7.2.1　SPAR 平台结构有限元强度分析

桁架式圆筒形（Truss SPAR）平台主要由上部模块、硬舱、中部桁架和软舱组成。上部模块是平台生产和生活中心，设有钻井模块、生产模块和生活模块，通常设置两至三层的矩形甲板，甲板之间采用立柱及斜撑连接固定。上部模块与硬舱的连接通常采取立柱直接与立柱支座对接的方式。

硬舱为多层多舱的封闭大直径圆柱体结构，每层由水密的甲板分开，水线处附有双层隔水舱壁，是整个平台系统的主要浮力来源。硬舱内部可分为浮力舱和可变压载舱，可变压载舱位于硬舱底部，可根据需要充入空气或海水调整平台的吃水；浮力舱内可存放设备、油料和生活物资。硬舱中心部分设置有中央井，供顶部张紧式立管穿过。

中部为桁架和垂荡板，桁架在连接软舱和硬舱的同时降低了波浪及海流对平台的作用，并保护中央井内的立管系统，垂荡板提高了系统附加质量和阻尼，见图 7-14。

软舱位于平台最底部，平台的大部分压载由软舱提供，可分为固定压载舱和临时浮舱两部分。固定压载舱内有金属压载或海水，保证平台的稳定性。临时浮舱处于固定压载舱之上，可自由地充满海水或空气，在拖航时可提供浮力，正常工作时与固定压载一起提供压载。

1）分析流程

采用基于三维水动力理论的随机设计波方法，根据百年一遇的极端海况条件，按照规定工况对波浪周期、波高及相位等进行搜索，确定一个能在结构上产生最大载荷的规则波，得到作用在结构上的波浪力。建立 SPAR 平台的结构有限元模型，将各典型波浪工况下的波浪载荷、惯性加速度和其他载荷以及边界条件施加到结构有限元模型上，通过准静态有限元分析计算出平台主体结构的应力水平，并根据规范推荐的强度衡准进行强度校核。

2）载荷分析

图 7-14 Truss SPAR 平台

直立正常作业的 SPAR 平台的浮体部分在波浪作用下遭受弯曲和横向剪切作用。因此 SPAR 平台重要的结构承载状态沿平台高度方向不同高度的剖面处存在最大弯矩状态、最大水平剪力状态，特别是甲板与硬舱连接位置所在剖面的最大剪力状态。可以沿着 SPAR 平台高度方向设置多个不同高度的水平控制截面，采用随机设计波法，按照百年一遇的极端海洋环境对各种极限承载状态进行筛选分析，找到剖面载荷极值对应的设计波参数。图 7-15 为某 SPAR 平台的水平弯矩分布。

进行平台结构水动力载荷分析时，需根据平台构件尺寸来选择分析理论方法，并采用合适的湿表面单元离散。一般地，对于大尺度结构物（$D/L>0.2$，D 为结构的特征长度，如 SPAR 硬舱直径；L 为入射波长），如平台主体硬舱和软舱，由于尺寸较大，其兴波辐射作用较为突出，作用于其上的水动力根据三维势流理论计算，其湿表面部分采用四边形或三角形边界元离散。而对于小尺度构件，如平台的桁架结构，拖曳力在水动力中占较大成分，故采用莫里森（Morison）单元进行离散，作用于其上的水动力采用莫里森公式进行计算。

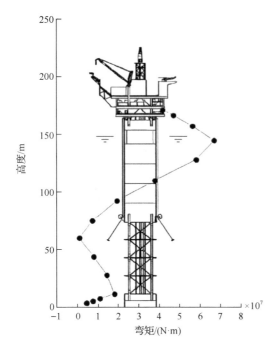

图 7-15　设计波下各截面的弯矩

对 SPAR 平台进行结构强度分析要确定平台结构所受的外部载荷。SPAR 平台除受自重、静水载荷及风浪流环境外部载荷的作用外，还受到来自系泊、锚链和立管的力。因此，需要采用适当方法建立 SPAR 平台与系泊、立管的耦合分析模型，通过系统的总体响应分析得到危险状态下结构的运动状态和环境载荷受力，如波浪、风、流、系泊力以及立管力，还包括平台的惯性力（加速度），将计算所得到的各典型波浪工况下的外部载荷添加在有限元模型上。

水动压力载荷可通过 SPAR 平台的水动力模型提取数据，施加在结构有限元模型上。风载荷以集中力的形式施加在风力作用中心。流载荷以压力形式施加在对应板壳单元和梁单元上。系泊力和立管张力以集中力的形式加载到相应位置的节点处。

3）结构模型

SPAR 平台属于大型板梁组合空间结构体系，上部模块、硬舱、中段、软舱结构形式相差较大，在建模过程中可采取分块建模的策略，最后组装成整体结构。在 SPAR 平台结构有限元模型中，甲板、软舱、硬舱和垂荡板上的板材用板壳单元模拟，对于板上的加强材、桁架撑杆等构件采用梁单元。SPAR 平台结构中几个重要的连接部位，如甲板与硬舱的连接处，硬舱与桁架、桁架与软舱的连接处等，为了考察局部重点区域的强度，可在连接节点区域采用网格细化。

有限元建模后，需要设置一定的边界条件，用以约束结构模型刚体位移。边界条件的选取位置和具体约束形式没有强制要求，原则上要求约束的设置对结构主要考察区域的强度响应不会产生较大干扰。对于 SPAR 平台，一般选择平台重心或系泊点所在平面的结构外廓上的三点进行不同自由度的约束。例如，节点 1 限制 X、Y、Z 三个方向的位移；节点 2 限制 Y、Z 两个方向的位移；节点 3 限制 Z 方向的位移。

对 SPAR 平台的软硬舱内外舱壁、硬舱内甲板、中央井壁、垂荡板等板壳结构采用壳单元进行模拟；对附着在软硬舱壁和垂荡板上的加强骨材采用梁单元进行模拟；对中段桁架和上部结构的桁架采用管单元（圆截面梁单元）进行模拟，对平台上部结构上的设备设施和软硬舱室内的压载水或压载物采用质量单元进行模拟，见图 7-16。

4）结果后处理

根据结构材料参数指标，对危险区域的板壳结构和支撑梁系结构进行屈服强度和屈曲强度校核。相关分析工况的安全系数取值可根据船级社规范选取。

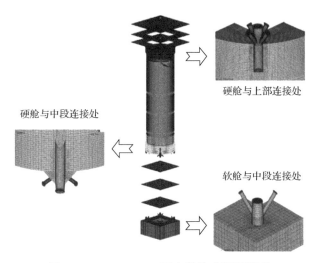

图 7-16　Truss SPAR 平台结构有限元模型

7.2.2　SPAR 平台下水、运输、安装阶段强度

一般来说，桁架式圆筒形平台（Truss SPAR）的建造场地距离作业安装海域较远，需要通过半潜驳船进行运输，服务前状态（Pre-service Condition）包括以下几个过程：拖拉装船（Load-out），将平台由码头经滑道拖拉至半潜驳船甲板，完成平台装载；干拖或干运（Dry Tow），将平台主体运输到距离作业安装地较近的码头或浅水遮蔽海域；浮卸（Float-off），半潜驳船压载下潜至平台完全自浮，将其拖离半潜式平台；湿拖（Wet Tow），由拖轮拖曳平台至安装作业海域；扶正或立直（Upending），向平台软舱加压载，使平台竖立起来；最后进行系泊系统及上部模块的安装。

1）下水结构强度

SPAR 平台在拖拉装船过程时，见图 7-17，需要在沿平台长度方向布置若干个特殊形式的支架，底部与滑靴相接，以支撑平台的硬舱、垂荡板及软舱，滑靴在滑移过程中承受

图 7-17　SPAR 平台装船

主要的拉力及滑道摩擦力，平台与支架相连的支撑处承受较大的集中力。目前，为了确保平台的安全，拖拉装船工程进行十分缓慢，一般在 20 小时以上。在拖拉过程中，平台的重量逐渐向驳船转移，必须不断调整驳船吃水以确保驳船甲板始终与码头保持水平。但由于平台尺寸较长、重量巨大且分布不均匀，驳船压载调节有一定的延时性以及长时间施工过程中的潮汐变化等因素，驳船甲板与码头之间会出现一定的垂向位移，将导致平台产生总体变形，这种变形会引起垂向弯矩及剪力，增大支架与平台连接处的集中力。因此，当进行平台拖拉装船过程的设计时，对滑移各关键步骤进行逐步计算，并对平台结构强度进行计算评估十分必要。

2）运输结构强度

SPAR 平台的运输过程包括两部分：一是由半潜驳船从生产地点经过远距离运输至安装地点附近的码头，此过程为干拖，也称为干运，图 7-18（a）中为用半潜驳船驳运平台的干拖；二是浮卸后，由安装码头湿拖至安装地点，图 7-18（b）为 Truss SPAR 平台的湿拖。这样的运输流程避免了 SPAR 平台壳体由建造地点直接湿拖至安装地点，受到风浪作用时间较长，平台结构特别是垂荡板部分会产生严重的应力集中和显著的疲劳破坏。

（a）干拖　　　　　　　　　　　　　　　　　　（b）湿拖

图 7-18　SPAR 平台运输方式

SPAR 平台的干拖是整个平台运输安装工程中最具挑战的环节。干拖过程跨越距离长，遭遇海况复杂恶劣，驳船和平台联合体运动响应及载荷较大。同时，如果不合理安排干拖项目的进度，无法使平台按时到达安装地点，将会对工程费用及时间安排造成严重的影响。

半潜驳船在拖运过程中的整体变形，如中拱、中垂，以及局部变形会导致作用在平台和驳船上的载荷重新分配。因此，为了确保干拖中 SPAR 平台的安全，需要对整个驳运系统联合体进行水动力性能及整体结构强度的可行性分析。考虑干拖路线下的海况环境条件，一般选取历经海域内十年一遇的环境条件作为极限海况。

SPAR 平台的驳运不同于一般平台，其尺寸、自重均较大，航行过程中平台-驳船系统重心高，运动响应明显，因此支撑 SPAR 平台与驳船甲板相连的支架承受了巨大的载荷。这种由系统波浪诱导运动及惯性力引起的载荷会造成支架、驳船和平台相连区域附近结构的高应力水平，进而可能引起结构破坏。为了掌握在平台干拖过程中有可能面对的问题，需要对平台和半潜驳船在波浪下的运动响应和水动力载荷进行分析，并讨论其对平台壳体、船体，特别是相连机构支架附近的结构影响，对于 SPAR 平台干拖工程前期及设计阶段方案的选取至关重要。

干运过程中,需要考虑干运路线下的海况环境条件,一般选取历经海域内十年一遇的环境条件作为极限海况(有义波高为 5~9m);得到干拖下的设计波参数后,对驳运系统进行设计波下的波浪诱导载荷计算并加载于驳运系统结构有限元模型,对联合体进行结构强度直接计算,计算中采用有限元方法,进行总体结构准静态分析。在干运的过程中,滑靴、软舱和硬舱的外板结构出现高应力,应安装紧固装置降低应力水平。

SPAR 平台与干拖或干运对应的运输方式为湿拖。在湿拖过程中,SPAR 平台水平放置,靠自身的硬舱及软舱提供浮力漂浮在水中,并由拖轮拖曳航行至安装海域,有时也会在软舱上设置浮箱,以保证平台的浮态。湿拖过程不仅对于平台的运输安装必不可少,同时,有些 SPAR 平台可以在不同海域重复使用,平台的转移也离不开湿拖。

一般情况下,桁架式圆筒平台的水平拖航速度为 2~3kn,有义波高为 2.5~3.5m。湿拖过程的分析关键是正确地将 SPAR 平台承受的静载荷及波浪诱导载荷传递至平台结构特别是桁架及垂荡板上。

由于 SPAR 平台的外形较特殊,因此 SPAR 平台的湿拖有别于一般平台或船舶的湿拖。当 SPAR 平台水平漂浮于水面时,位于两端的硬舱和软舱提供浮力,中间部位的桁架及垂荡板浮力很小,桁架结构的刚度较小,使平台在波浪下的整体弯扭效果显著;垂荡板及桁架位置受到的非线性波浪力作用明显,拖曳力影响很大,垂荡板还会受到波浪砰击作用;在桁架结构与硬舱、软舱、垂荡板的连接位置,应力集中明显,容易产生疲劳现象,在湿拖过程中,SPAR 平台的桁架结构受力会远大于作业过程。

SPAR 平台的湿拖过程是整个 SPAR 平台技术研究中的一个重要问题,需要对整个湿拖过程进行水动力性能及结构性能分析和研究,为确保工程的安全和可靠应用上的指导。

湿拖过程中,SPAR 平台所受载荷主要分为静载荷和动载荷。根据载荷分类,将 SPAR 平台的湿拖结构强度分析分为两部分:第一部分是基于三维线性势流理论,进行波浪诱导载荷作用下的结构整体准静态分析;第二部分是固定载荷作用下的结构强度计算,包括 SPAR 平台的风力、流力及拖曳力。两部分结构强度分析结果进行合并,得到湿拖过程风、浪、流联合作用下 SPAR 平台实际强度结果。在湿拖过程中,硬舱结构高应力出现在硬舱底部与桁架连接区域和顶部的拖拉区域,也就是中央井舱壁顶部区域。软舱结构高应力出现在与桁架连接区域,尤其是软舱外壳下部与桁架连接区域。在湿拖作业中,SPAR 平台的桁架结构承受的载荷要远大于平台作业时桁架部分的载荷。在结构设计及校核时,应格外注意这几个区域的结构强度。

3)浮卸强度分析

Truss SPAR 平台由半潜驳船运输到距离安装地不远的港口或浅水遮蔽海域进行浮卸,图 7-19 为 Truss SPAR 平台在码头进行浮卸作业。一般浮卸过程主要步骤为:①解开固定于半潜驳船上的紧固装置与支架,将其固定于 SPAR 平台;②确保海况及环境条件在 48 小时内符合浮卸作业要求后,半潜驳船载着 SPAR 平台压载下潜,此时半潜船和 SPAR 平台可看作单浮体系统;③当 SPAR 平台自浮于水中后,驳船继续压载下潜一段距离,此阶段二者为双浮体系统;④最后用拖轮将 SPAR 平台从侧方拖离半潜船。

在整个服务前过程中,无论从 SPAR 平台结构强度分析角度还是从施工难度及技术掌握水平来说,浮卸作业都相对较为困难。一般情况下,浮卸作业对现场环境条件的选择要求极为严格，应在海面较为平静、水深较浅处进行，但也要防止因为水深过浅而限制半潜船的下潜深度，同时又避免水深过深情况下，发生驳船沉没事故而加大打捞难度。在半潜船下潜过程中，在 SPAR 平台的各个方向布置拖轮，防止 SPAR 平台在风浪作用下发生剧烈摇晃，威胁船体结构安全。在设计阶段，SPAR 平台及驳船的稳性是最关键的控制因素，必须满足相关规范要求。

图 7-19　Truss SPAR 平台浮卸作业

从运动性能及结构强度角度来看，浮卸作业时，两浮体的垂荡、纵摇以及横摇运动造成双浮体之间可能发生接触，接触力对两个浮体具有不可忽视的显著影响，这一阶段是浮卸作业中最危险的状态。在某些特殊情况下，例如，海况突然恶化超出浮卸条件，双浮体之间的碰撞力增大可能导致 SPAR 平台结构破坏，因此需要对浮卸系统进行考虑双浮体影响及相互接触下的水动力性能及结构性能分析。目前国内关于浮卸阶段的结构强度分析几乎没有，可见，进行浮卸阶段 SPAR 平台水动力性能及结构强度分析，掌握此过程强度分析方法，得到平台的运动响应、波浪诱导载荷与碰撞接触载荷，研究平台结构整体应力水平的数值解，对确保浮卸过程的安全是有重要意义的。

浮卸过程中，需要进行整体强度分析和局部接触力分析。将频域计算下得到的波浪表面压力分布和六自由度运动惯性力，由水动力模型中传递到 SPAR 平台结构有限元模型的表面节点，进行平台在波浪诱导载荷作用下的准静态整体结构强度计算，这一步骤称为整体强度分析；以支架上的碰撞接触力垂向合力为标准，找到总力最大时刻的浮体相互接触力，此结果相当于重现期为 1 小时下短期预报的最大值。对这组接触力作用在 SPAR 平台与支架相接的对应位置处进行静力计算，得到两个浮体在碰撞接触力作用下的应力水平，这一步骤称为局部接触力分析。将整体强度分析结果和局部接触力分析结果以线性叠加方法进行组合，即可得到 SPAR 平台在浮卸作业双浮体阶段的结构强度分析结果。在浮卸过程中，桁架分别与软舱、硬舱相交区域的构件产生高应力。但是，受到浮卸作业环境条件的严格限制，计算海况比较良好，无论是波浪诱导载荷还是双浮体的碰撞接触力都较小，这些高应力区域的应力水平都不高。尤其是双浮体之间的碰撞接触力，在整个过程都维持在相对较小的水平，对 SPAR 整体结构应力水平影响较小。

4）扶正结构强度分析

在海上安装 SPAR 平台时，首先需要实现主体由水平到竖直的过程，该过程浮态的调整通过改变硬舱、软舱中的压载重量实现，当平台的初始排水量达到一定重量时，扶正过程才能顺利实现。湿拖到位时软舱内充满空气，打开软舱舱门，海水逐渐进入舱体，空气由排气孔压出。由于 SPAR 平台的受力平衡被破坏，导致软舱逐渐下沉，硬舱上浮，软硬舱重力、浮力变化产生的力矩使平台由水平状态逐渐转为垂直悬浮状态（图 7-20）。

图 7-20　SPAR 平台的扶正

SPAR 平台扶正属于结构大变位过程，此过程中所承受载荷与服役期完全不同，平台硬舱与桁架的连接处会产生较大的总纵弯矩，并且平台上部的出水处附近会产生较大剪力，因此需要在平台的结构分析过程中予以验证。此外，平台在扶正过程中可能会绕纵向轴线发生横摇转动，这也是安装扶正设计过程中需要特别注意的地方。

由于 SPAR 平台扶正过程较为缓慢，因此可采用准静态分析法进行模拟计算：主要通过改变软舱中压载水的重量，求解压载改变后 SPAR 平台整体的重量重心位置，再通过迭代计算调整结构的浮态，求得新的平衡位置，然后将一系列平衡位置组合，模拟整个扶正的准静态运动历程。SPAR 平台的强度分析通过静力分析实现，根据扶正过程的典型倾斜工况，通过模拟平台的重量分布情况计算结构沿高度方向上的剪力及弯矩曲线，进行结构强度分析。SPAR 平台的重量、重心位置对于平台安装扶正分析至关重要，因为软舱加载过程中重量、重心存在不确定性，而这种不确定性直接影响平台的稳定性，以及纵摇和横摇运动，因此模拟时需要对平台的重量、重心进行准确模拟。

平台扶正过程的运动预测是通过迭代计算实现的，其运动变化并非连续。通过线性增加软舱的质量模拟加载，平台受力平衡被打破，由该步的位移和外力计算下一步的位移，再由下一步的位移计算外力，如此迭代直至平台由水平转为竖直，如图 7-21 所示。

将迭代计算的扶正过程中间各状态所受到的载荷施加在有限元模型上进行结构分析。在进行强度分析时，取从 0°～90° 的纵倾角来分析工况，计算相应工况下的应力分布。

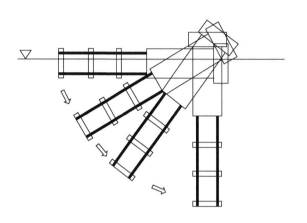

图 7-21　SPAR 平台扶正过程示意图

在扶正过程中,最大应力一般处于硬舱处。因此,需要分析硬舱的应力分布。扶正过程中,软舱下沉,硬舱上浮引起的内部剪力弯矩导致整体的变形,前后状态变形小,中间状态变形大,而且变形与转动速度有关,所以桁架和硬舱的连接部一直有较大的应力,且开始和最后阶段应力分布区域较小,中间阶段分布区域较大。但在扶正的中后期,随着硬舱承受的水压力的增大和转动速度的减小,水压力成为最大应力的主要诱因,加上速度效应的叠加,硬舱迎水面的中下部成为最大应力部位。与硬舱连接的桁架顶部也在这种变形影响下呈现相似的应力变化趋势,先增大后减小。扶正的最后时刻,平台基本处于静止状态,硬舱四周无加强肋区域的应力最大。

7.3　张力腿平台结构强度分析

7.3.1　张力腿平台载荷

张力腿平台(TLP)与其他浮式平台相比,最大特点是张力腿平台排水量大于平台自身重量,需要通过张紧系泊的筋腱提供张力保持平衡。这样的设计,一方面,使得张力腿平台垂向运动(垂荡、纵摇和横摇)固有周期小于 5s(通常为 2~4s),在典型波浪频率范围之外;另一方面,使得张力腿平台水平运动(纵荡和横荡)固有周期与传统半潜式平台类似,大约为 100s。

由于张力腿平台采用强大张力约束的筋腱定位,因此浮体-筋腱系统类似于质量-弹簧系统,除了需要考虑波频和低频的波浪力作用外,还要考虑预张力作用下筋腱的高频振动特性,如振动导致的筋腱钢管及接头部件的疲劳问题。以频率范围为基准划分,相关的载荷可以分为平均环境载荷、波频载荷、低频载荷与高频载荷。

静水力载荷是在静水条件下,即在不存在风、浪、流和潮汐作用的条件下,能够使张力腿漂浮在一个固定的、平衡位置的载荷。静水力载荷作用是由重力、浮力、系泊预张力和立管预张力引起的。设计中一般将浮心和重心(由重力和预张力引起的)设置在通过浮体几何中心的垂线上。一般的平台操作包括移动设备、提供有效重量,这些操作会导致张力腿间整体预张力的一些重新分布。通过压载控制可使这些作用保持在可接受的限定范围内,即可以近似地认为平台自身的载荷是固定不变的。

环境载荷主要包括风、浪、流载荷。风力包括平均风载荷、阵风引起的波动风载荷;流力包括平均流力、波动流载荷和涡流引起的振动。这些载荷的存在会导致平台在水平方向的偏移以及作用在浮体上的倾覆力矩。这两者的存在均会导致张力筋腱上产生轴向载荷。同时,平台的水平偏移还会导致浮体的下沉,即吃水增加,进一步增加了张力筋腱上的张力。张力筋腱的水平恢复力并不是线性的，其主要源自于张力筋腱和管状结构的轴向刚度。在海洋工程设计中，比较受关注的是极值情况，也就是环境力合力最大时风、浪、流的作用情况。

1）平均环境载荷

通常情况下，将来自风、流的平均力和波浪的长周期漂移力称为平均环境载荷，由风、流载荷以及波浪载荷中独立于时间的部分组成。波浪载荷中定常或长周期的部分可通过势流理论计算得出。流载荷与风载荷可以选用合适的拖曳系数计算拖曳力来确定，也可以采用模型试验来获得。由于风载荷（包括平均风载荷和动力风载荷）的重要性，在基本设计和详细设计阶段一般需要进行风洞模型试验。

由于平均环境载荷与静水力载荷具有相似性，所以在分析中往往将平均环境载荷与静水力载荷进行组合，并将组合结果作为时域分析的初始条件。

2）波频载荷

以波浪频率振荡的，能够引起平台一阶波浪运动并且直接作用在平台浮箱、张力腿和立管上的波浪载荷称为波频载荷。波频载荷的周期一般为 5～20s。一般来说，最大的波高不一定引起平台最大的响应，当波浪的频率与平台的固有周期相近时，平台容易发生共振，此情况下平台的响应剧烈。作用在张力腿平台浮体上的一阶波浪载荷可采用线性绕射辐射理论、Morison 公式或实验方法进行估算。

波频载荷的分析采用随机过程理论，基于线性动力系统假设，首先获得平台主体结构剖面载荷或张力筋腱张力的传递函数，再根据随机海况的波浪谱参数进行极值和其他一定超越概率统计值的预报。

3）低频载荷

低频载荷由波浪漂移力和阵风载荷所引起，这两种载荷的量级比较小。低频载荷的特征周期为 60～180s，与张力腿平台平面内的固有周期接近，并且阻尼相对不高，因此会使结构产生慢漂振荡，所以影响不容忽略。如果不加以控制，则会使平台的偏移超过许用范围。

不规则波中低频载荷可通过二阶势流理论来估算。低频载荷产生的响应受到阻尼水平的控制，在波浪周期范围内，势流阻尼可以忽略，黏性阻尼也可忽略（尤其是不存在海流的情况下）。因此，波浪漂移阻尼是控制缓慢变化的漂移运动的一个重要阻尼来源。从绕射程序中至少可以根据规则波中的平均漂移力形式得到慢漂激励力，即二次传递函数的主对角线上的数据。低频载荷取决于短期风浪条件，短期风浪也是随机过程。

4）高频载荷

张力腿平台固有频率与常见的海洋波频带并不重合，因此，也就在一定程度上避免了共振现象的产生。但是这种在一般波频范围内避开平台固有频率并不是绝对的，在某些高频和低频范围仍然有非线性响应的产生，如波浪的和频和差频作用。

由二阶或者高阶波浪使平台产生高频共振的载荷称为高频载荷。非线性波浪载荷作用导致张力腿平台两类特殊的高频响应现象发生，即弹振（Springing）和颤振（Ringing）。两者都会导致张力筋腱轴向的高频振动，弹振对筋腱疲劳寿命有很大影响，而颤振主要影响筋腱极端响应。这两种共振的区别在于，弹振具有相对稳定的特征，颤振具有相对瞬时的特性。一般来说，弹振是张力筋腱疲劳强度分析需要重点考虑的因素，而颤振主要在设计张力筋腱与浮体和甲板连接结构加以考虑。

此外，因为张力腿平台立柱和筋腱都是圆柱形，结构周围漩涡脱落有可能会引起振动，即平台主体涡激运动（Vortex Induced Motion，VIM）和筋腱的涡激振动（Vortex-Induced Vibration，VIV）。

7.3.2　张力腿平台强度分析

张力腿平台主体结构形式和总体的特征承载状态（横向分离、纵向剪切等）与半潜式平台相似，但局部波浪载荷与半潜式平台不同。由于张力筋腱的约束作用，故平台不能随波面的升降发生明显的垂向运动，底部表面会产生较高的局部压力。又因为 TLP 内部舱室很少配置压载，舱内没有压载水压的抵消作用，外部压力相对显著。如图 7-22 所示，传统式张力腿平台的环形水下浮箱，不仅受到较大的外部压力，而且总体受到浮力作用，产生向上的中拱挠曲。平台的立柱主要传递甲板载荷，主要承担轴向和水平剪力作用。

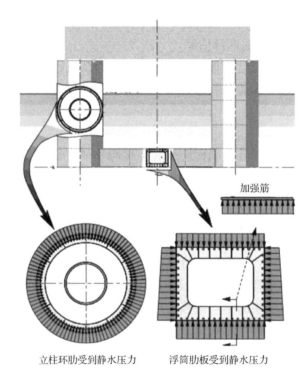

图 7-22　TLP 典型框架结构及静水载荷

1）环境工况

张力腿平台强度评估需要考虑所有模式的操作工况，用于确定危险的情况。表 7-3 为在整体强度分析中对于每种设计工况需要考虑的环境条件和安全系数。

表 7-3　环境工况条件

设计条件	环境条件	安全系数		
		梁单元轴向 或弯曲应力	板单元中心应力 或合成应力	剪应力
装船	无风条件	1.67	1.43	2.50
远洋拖航（干拖）	拖航路径海域 十年一遇风暴	1.25	1.11	1.88
油田拖航	拖航路径海域 一年一遇风暴	1.25	1.11	1.88
组块安装	平静环境条件	1.67	1.43	2.50
在位作业	一年一遇风暴	1.67	1.43	2.50
在位极端	百年一遇风暴	1.25	1.11	1.88
在位破损	一年一遇风暴	1.25	1.11	1.88
在位自存	千年一遇风暴	1.00	1.00	1.54

2）张力腿平台主体的强度评估

传统结构形式的张力腿平台采用四立柱环形浮箱的结构形式，选取某一侧面的结构框架，甲板受到重力载荷作用，浮筒主要受到浮力的作用，立柱作为甲板和浮筒之间的连接结构，以轴力的形式传递甲板重力与水下浮力。同时，通过立柱与甲板、立柱与浮筒节点的耦合，产生分布的弯矩作用。整个框架的总体变形趋势如图 7-23 所示。

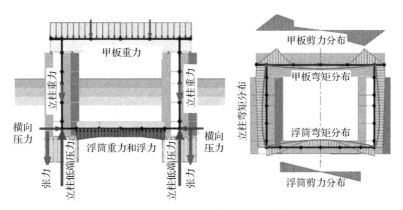

图 7-23　静平衡状态时张力腿平台结构的总体受力及变形趋势

当波浪节点位于平台中心时，平台立柱结构总体受到水平方向的波浪力作用，在重力、浮力的联合作用下，浮筒和甲板结构产生如图 7-24 所示的弯矩和剪力分布。水平力的作用，致使平台产生水平方向的加速度，在极端情况下，横向甲板加速度可超过 0.2g，框架变形显然是剪切力作用的结果。这种载荷状态有时称为"水平剪切载荷系统"，以甲板和立柱顶端之间的水平剪切载荷为主。

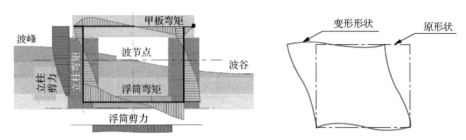

图 7-24　波浪节点位于平台中心时结构受力与变形趋势

　　TLP 主体结构与半潜式平台相似，采用设计波法进行强度分析时，需要筛选最严重的波浪载荷作用。假设一定参数的波浪与平台的相对位置（相位），平台受到最严重的载荷作用，类似半潜式平台的特征载荷，详见 7.1.1 节。斜浪条件下波峰位于平台中心时，将会导致在波浪方向上两个对角立柱产生外分的趋势。这种场景的载荷模型和平台结构相应的总体变形趋势，见图 7-25。

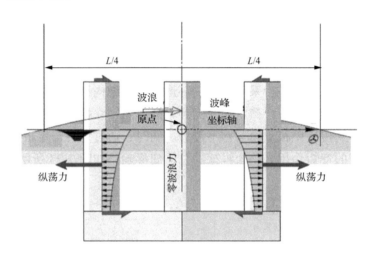

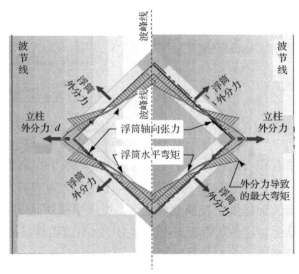

图 7-25　典型斜浪条件下的波浪载荷与结构总体变形趋势

3）张力筋腱的强度评估

在正常作业条件、极端条件和自存条件下，需要对筋腱的最小张力进行校核。对于正常作业条件，所有张力筋腱的最小张力应为正值。对于极端条件和折减的极端条件，如果平台每个角处至少有一根张力筋腱的最小张力为正时，可以接受张力筋腱临时出现负值的情况。对于自存条件，至少有这样的三个角存在：每个角至少有一根张力筋腱的最小张力为正。当所有张力筋腱不能维持正张力时，需要进行张力筋腱的耦合分析，以说明底部接头的再接合是合适的，或者通过相关模型试验验证也可以接受。当上述的筋腱临时负张力可接受时，需要进行合适的动态分析，以说明张力损失不会导致筋腱主体、接头或挠性单元产生不可接受的效应。此时，需要对张力筋腱的屈曲和底部挠性单元接头的下冲程进行评估，表明没有因旋转或者垂荡而解锁筋腱。当底部接头再接合时，应对引起的应力予以考虑。

张力筋腱的最大张力用于进行筋腱管子、接头和其他部件的强度校核。筋腱管子的设计应符合美国石油协会《张力腿平台规划、设计和建造的推荐做法》的要求。张力筋腱的作用应力用于进行强度校核，通过合适的有限元方法计算得到。在计算张力筋腱的最大应力时，一般要考虑张力筋腱的轴向力、弯矩、环向载荷、热应力（如适用时）等的作用。

在评估最大和最小筋腱张力时，一般需要考虑以下因素：

（1）在平均水线处的设计预张力；

（2）由于潮汐和风暴潮使得海平面上升引起的筋腱张力；

（3）由于装载工况和压载条件引起的筋腱张力；

（4）张力筋腱的重量和浮力引起的筋腱张力；

（5）风和海流形成的倾覆力矩引起的筋腱张力；

（6）由风、波浪慢漂力、海流使得平台下沉和缓慢变化的偏移而引起的筋腱张力；

（7）平均偏移位置附近的波致平台运动引起的筋腱张力；

（8）由高频的垂荡、纵摇、横摇振荡（弹振和鸣振）引起的筋腱张力；

（9）由涡激振动引起的筋腱张力。

张力筋腱的强度校核采用美国石油协会《张力腿平台规划、设计和建造的推荐做法》中的总体张力-压溃强度衡准，可以采用工作应力设计法，也可以采用载荷抗力系数法作为替代方法。对于直径或厚度过渡变化的区域，采用其中的局部应力衡准。

由于张力筋腱的高频振动特性，应对张力筋腱进行疲劳损伤计算，以验证张力筋腱具备足够的疲劳寿命。通常，设计阶段的疲劳寿命计算采用 S-N 曲线方法，断裂力学方法用于为张力筋腱焊缝的无损检测确定检验标准。疲劳计算需要考虑在张力筋腱预期寿命内的所有海况，以及在位和安装条件下的涡激振动导致的疲劳损伤。评估张力筋腱载荷可以采用频域或时域方法。疲劳载荷考虑张力筋腱的总应力，包括由波频、低频、高频载荷所引起的轴向应力和弯曲应力。

习　　题

1. 当半潜式平台处于横浪状态，设计波长等于 2 倍的平台宽度，波峰位于平台中心线时，简述平台立柱和下浮体的受力特征。

2. 对半潜式平台进行强度校核,通常要考虑哪些工况? 为什么要选多种工况进行强度校核?

3. 从桁架式 SPAR 平台的几何与结构形式角度,分析平台在运输、安装、在位作业状态下的强度特征。

4. 张力腿平台中张力筋腱结构的强度该如何分析计算?

5. 张力筋腱的轴向刚度很大,高频激励下会产生哪些特有的现象?

第8章 有限元法在船舶与海洋工程结构物 强度分析中的应用

随着计算机技术的发展和计算能力的提高，大型和新型船舶与海洋平台结构强度评估越来越多地采用"强度直接计算方法"，促使有限元法在船舶与海洋工程结构物设计开发中得到了快速普及和应用。本章参考中国船级社《钢质海船入级规范》和《海上移动平台入级规范》，阐述船舶与海洋工程结构物强度有限元分析的方法和规定，以案例形式介绍有限元分析方法在船舶与海洋工程结构物强度分析中的应用。主要内容如下：

（1）集装箱船结构有限元强度分析；

（2）半潜式平台结构有限元强度分析。

8.1 集装箱船结构有限元强度分析

8.1.1 船舶结构有限元分析通用原则

本节以中国船级社《钢质海船入级规范》（以下简称规范）中集装箱船的强度直接计算为例，对有限元模型建立及强度分析要求进行说明。

集装箱船货舱段的直接计算适用于货舱区域主要构件在典型装载工况下的强度评估。主要构件包括双层底结构（船底板、内底板、纵桁和实肋板）、双舷侧结构（舷侧板、内壳板、纵向平台和横向强框架）、横舱壁结构（横舱壁板、舱壁桁材）和甲板结构（甲板、抗扭箱）。

结构模型可以采用整船模型。主尺度和材质等满足一定要求的常规船型，也可以采用分段模型。分段模型的纵向范围一般应至少覆盖船中货舱区的 1/2 个货舱+1 个货舱+1/2 个货舱长度，即 "1/2+1+1/2" 舱段。通常，当主要构件和设计载荷对称于纵中剖面时，可以仅模型化船体结构的右舷（或左舷）。当舱段结构或载荷不对称于纵中剖面时，应采用全宽模型。垂向范围应取主船体范围内的所有构件，包括主甲板上的所有主要构件。

结构构件采用的单元类型，一般来说，船体的内外壳板与强框架、纵桁、肋板、平面舱壁桁材、肋骨等的高腹板以及槽形舱壁和壁凳用板壳单元模拟。在高应力区和高应力变化区应尽可能避免使用三角形单元，如减轻孔、人孔、舱壁与壁凳连接处、邻近折角或结构不连续处。对于承受水压力或货物压力的各类板上的扶强材，用梁单元模拟，并考虑偏心的影响；纵桁、肋板上加强筋、肋骨和肘板等主要构件的面板和加强筋可用杆单元模拟。

结构单元网格划分应符合下述原则：①在横向或垂向按纵骨间距或类似的间距划分，纵向按肋骨间距或类似的间距大小划分，舷侧也参照该尺寸划分，网格形状应尽量接近正方形；②船底纵桁和肋板在腹板高度方向应不少于 3 个单元，底边舱与顶边舱强框架在腹板高度方向应不少于 2 个单元；③一般来说，槽形舱壁每一翼板和腹板至少应划分为一个板单元；在槽形舱壁下端接近底凳处的板单元和凳板的邻近单元，其长宽比应接近 1；④板单元的长宽比通常应不超过 3，槽形舱壁板单元的长宽比应不超过 2，模型中应尽可能减少使用三角形板单元；在可能产生高应力或高应力梯度的区域内，板单元的长宽比应尽可能接近 1，并应避免使用三角形单元。

应对舱段模型纵向范围内的中部货舱（含舱壁）中的所有主要构件进行强度评估。当主要构件的开孔影响到构件的应力分布或刚度时，如减轻孔、人孔等，可按一定的等效方法处理（参见规范）。

当采用详细应力分析时，开孔四周的最内两圈单元网格大小应不大于 50mm×50mm，网格划分应保证从细化区域向粗网格区域的平稳过渡，如图 8-1 所示。直接与开孔边缘焊接的加强筋应以板单元模拟；位于开孔附近距离边缘 50mm 以外的腹板加强筋可以用杆或梁单元模拟。加密网格部分的强度许用应力为

$$[\sigma_e] = 1.6 \times 235 / K \quad (\text{N/mm}^2) \tag{8-1}$$

式中，K 为材料系数，定义为普通钢屈服极限（235MPa）与实际材料的屈服极限的比值。

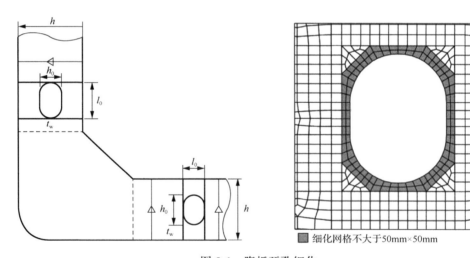

细化网格不大于50mm×50mm

图 8-1 腹板开孔细化

8.1.2 集装箱船案例分析

1. 货舱区域主要结构模型化

根据上述的结构模型化要求，货舱段模型纵向范围取船中货舱区域的"1/2+1+1/2"货舱范围，即"1 个 40ft 箱位+2 个 40ft 箱位+1 个 40ft 箱位"的长度（1ft=3.048×10^{-1}m），垂

向取至舱口范围，横向取全宽范围。模型中一般包括横向水密舱壁和横向支撑舱壁，横向支撑舱壁位于模型的中间和前、后端，典型有限元模型见图 8-2 与图 8-3。

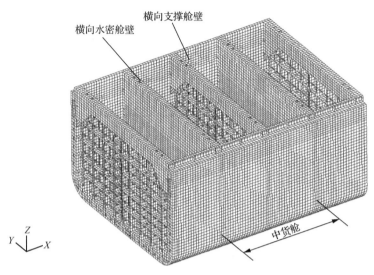

图 8-2　典型有限元模型

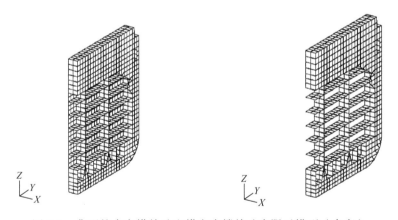

图 8-3　典型的水密横舱壁和横向支撑舱壁有限元模型（半宽）

2．计算工况

计算工况表示进行结构强度分析时采用的不同载荷的组合形式。参考规范做法，表 8-1 给出了集装箱船的部分计算工况，图 8-4 为表 8-1 中所列各计算工况的示意图。其中 WTB 表示水密舱壁，NWTB 表示非水密舱壁。这三种工况都是在模型范围内，中部货舱（含 2 个货箱位）的第 1 个箱位全空或舱内空的情况，同时考虑了 40ft 货箱和 20ft 货箱的装载布局。

表 8-1　计算工况

工况	工况描述	静水弯矩	波浪弯矩	吃水	海水动压力	箱重	动载荷加速度
1	一个 40ft 箱位的舱内和舱盖上为空；其余舱内和舱盖上装满	中拱	中拱	d	p_{hd}	40ft 重箱	a_V
2	一个 40ft 箱位的舱内为空，舱盖上装满；其余舱内和舱盖上装满	中拱	中拱	d	p_{hd}	40ft 重箱	a_V
3	一个 40ft 箱位的舱内为空，舱盖上装满；其余舱内和舱盖上装满	中拱	中拱	d	p_{hd}	20ft 重箱	a_V

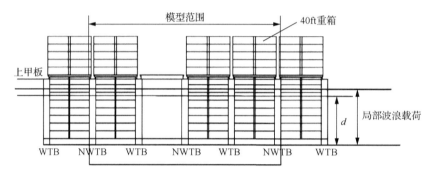

（a）工况1

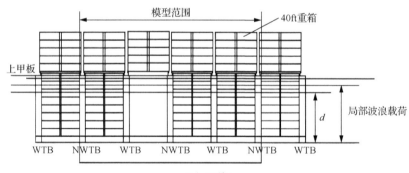

（b）工况2

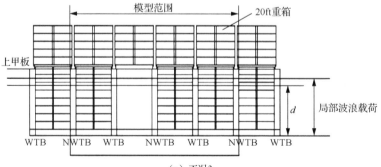

（c）工况3

图 8-4　计算工况示意图

3．边界条件

由于结构分析时选择了部分舱段模型，为了达到接近实际或设计的受力效果，就要人为给舱段模型施加合理的边界条件。同时，结构评估时，为了避免边界条件带来的影响，评估目标要选择远离边界条件的中部货舱区域。集装箱船总体的载荷工况下边界条件见表 8-2，仅适用于船体梁的弯曲应力的计算。具体做法是：在端面 A 与 B 内中和轴与纵中剖面相交处建一个独立点 D（图 8-5），在独立点上施加总纵弯矩，端面各纵向构件节点自由度 δ_x、δ_y、δ_z 与独立点相关。端面 A 与 B 内独立点 D 的横向线位移、垂向线位移、绕纵向轴的角位移约束，即 $\delta_y = \delta_z = \theta_x = 0$；端面 A 内独立点 D 纵向线位移约束，即 $\delta_x = 0$。

表 8-2　总体载荷边界条件

位置	线位移约束			角位移约束		
	δ_x	δ_y	δ_z	θ_x	θ_y	θ_z
节点 J	—	固定	—	—	—	—
端面 A、B	相关	相关	相关	—	—	—
独立点 D（端面 A）	固定	固定	固定	固定	弯矩	—
独立点 D（端面 B）	—	固定	固定	固定	弯矩	—

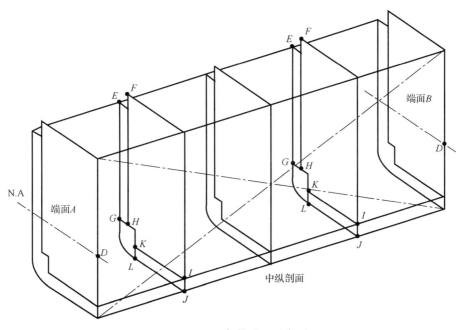

图 8-5　边界条件设置示意图

N.A-中和轴线

4．强度评估

结构模型选取的"1/2+1+1/2"舱段模型，主要对中间货舱及中间货舱前后各延伸一个横框架范围内的主要构件进行评估。应将局部载荷工况与总体载荷工况产生的应力合成后进行强度校核。板单元应力取为单元中点处的相当应力。各工况下，主要构件的许用应力（正应力[σ_e]和剪应力[τ]）见表 8-3。

表 8-3　许用应力

构件名称	计算工况	许用应力/（N/mm²）	
		[σ_e]	[τ]
甲板板	LC1、2、3	225/K	—
船底外板、内底板	LC1、2、3	225/K	—
舷侧板、纵舱壁	LC1、2、3	225/K	115/K
船底纵桁	LC1、2、3	235/K	115/K
双层底肋板	LC1、2、3	175/K	90/K
横向强框架	LC1、2、3	195/K	95/K
边舱纵向平台	LC1、2、3	225/K	—
横舱壁板	LC1、2、3	180/K	100/K
横舱壁桁材	LC1、2、3	175/K	—
肘板趾端部局部应力集中	LC1、2、3	220/K	—

注：表中 K 为式（8-1）所定义的材料系数。

8.2　半潜式平台结构有限元强度分析

8.2.1　半潜式平台建模

随着深水半潜式平台向大型化、模块化和多功能方向发展，平台总体结构形式虽然趋向简化，但是内部结构构件及其连接形式仍然较为复杂，合理地建立平台整体结构有限元模型对于平台总强度评估非常重要。

1．构件分类

根据构件的受力情况和失效后果，构件加工制造所应用的材料具有不同的分类要求。移动式平台结构构件根据材料应用可分为次要构件、主要构件和特殊构件。

半潜式平台的次要构件是指其失效后不影响平台结构整体完整性的一般构件，主要包括：①立柱、甲板、下浮体和撑杆等部分的内部结构，包含舱壁、加强材、舱底平台和一般桁材（主要或特殊构件者除外）；②甲板结构（上甲板及下甲板等主要构件除外）及立柱部分区域（连接部位除外）；③直升机甲板、甲板上舱室结构、救生艇甲板、立管架、火炬塔支撑结构。

主要构件是指对平台结构整体完整性有重要作用的构件，主要包括：①立柱、下浮体、甲板、撑杆等部分的外板（作为特殊构件者除外）；②参与形成"箱式"或"工字式"支撑的甲板板、强面板和舱壁（作为特殊构件者除外）；③节点处存在局部加强或使结构连续的舱壁、甲板、平台板及其骨架（作为特殊构件者除外）；④重要基座和设备支撑结构，如钻台基座、起重机基座、推进器基座，锚链导向装置及支撑结构（导缆器等）。

特殊构件是指在关键载荷传递点和应力集中处的主要构件，主要包括：①立柱分别与甲板、下浮体交接部分的外板；②参与形成"箱式"或"工字式"支撑结构的且承受重要集中载荷的甲板板、面板、外壳板和舱壁，撑杆与立柱连接处的肘板；③主要结构构件交接处承受集中载荷的肘板、舱壁、平台和骨架；④甲板结构、立柱及下浮体连接处提供方向对齐和载荷传递的"贯穿"构件。

建模的主要构件包括：上部结构的甲板、连续舱壁、箱式甲板骨架，立柱外壳板、垂向连续舱壁、水平连续舱壁，浮体外壳板、纵舱壁、横舱壁，横撑外壳板及连续舱壁；建模的次要构件包括：甲板加强筋、舱壁扶强材，立柱的垂向及水平桁材、扶强材、强框架，下浮体强框、扶强材、纵桁、纵骨，横撑内部强框及舱壁；建模的特殊构件包括：立柱与上部结构甲板和浮体交接部分的外壳板，立柱、上部结构甲板、及上浮体外壳板连接处提供适当对齐和足够载荷传递的"贯穿"构件。

2. 坐标系的定义

建立 OXYZ 右手直角坐标系作为整体结构的总体坐标系，X 轴沿平台纵向并且指向艏部为正，原点在浮筒的中部；Y 轴从右舷指向左舷，原点在左右舷的正中；Z 轴垂直向上为正，原点在浮筒底部。

3. 单元类型

采用板壳单元、梁单元和质量点单元建立结构的有限元模型。板壳单元主要用来模拟具有平面内和横向压力作用下的板结构，通常浮筒、立柱和甲板上大型的肋板与桁材腹板也用板壳单元模拟。对于立柱、甲板盒、浮筒等内部的普通横梁、纵骨、加强筋等，一般采用梁单元模拟。

为了模拟平台在各种工况载荷作用下受到的惯性力（包括重力），结构模型的总质量、质心、分布情况等需要与设计值一致。平台钢建模的结构构件可以通过单元材料参数设定实现质量分布，而平台上设备、物料、压载、非必要的附属设施及管、电、通风等舾装件重量，在结构模型中一般采用增加质量单元或者其他等效方式，使模型质量分布与平台设计方案的质量分布近似。在部分强度评估指南或推荐做法中甚至建议了结构模型质量参数与设计目标值的误差精度要求。

4. 边界条件

在外界载荷的作用下，平台整体刚体可能发生位移，为了消除这种位移，必须在模型中施加一定的位移边界条件，防止模型发生整体运动。约束点一般选取 3 个不共线的节点，这些位置结构强度较大，对整体强度评估影响小。每个节点施加的位移边界条件包括：第一个点施加 X、Y 和 Z 轴三个方向的平动约束，第二个点施加 Y 轴和 Z 轴方向的平动约束，第三个点仅施加 Z 轴方向的平动约束，见图 8-6。这样，三个约束点的联合作用，既限制了平台发生整体平动，也防止了平台发生整体转动，还不会限制平台结构在各方向的变形。约束点建议选取在下浮筒底甲板上立柱内部中间的纵舱壁和横舱壁十字交叉点对应的位置，该位置刚度比较大，变形较小，适宜于施加约束。

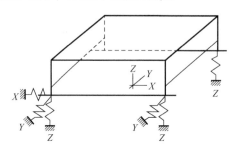

图 8-6　平台边界条件示意图

8.2.2　半潜式平台案例分析

1. 平台结构模型

如图 8-7（a）所示为某半潜式平台模型。坐标系定义如下，X 轴方向与目标平台的纵向平行，正方向指向下浮体艏部；Y 轴方向为平台横向，正方向从右侧下浮体指向左侧下浮体；Z 轴方向垂直于基平面，正方向指向甲板。

总体单元的平均网格尺寸设置为 1.5m，在结构节点连接处由于几何变化和应力成分复杂等因素，单元网格需要加密处理。在立柱和浮筒交接处，加密部分的单元网格尺寸为 1m，如图 8-7（b）所示。

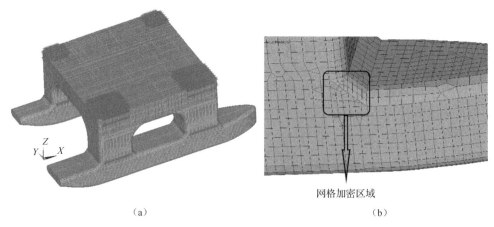

（a）　　　　　　　　　　　　　　　网格加密区域　　（b）

图 8-7　平台坐标系及结构模型

2. 波浪载荷分析

如 7.1 节所述，参考现行的主要船级社规范，典型双下浮体半潜式平台的特征载荷是平台选定工况下强度评估的控制载荷。对于半潜式平台，ABS 和 DNV 都制定了推荐的特征载荷：中纵剖面横向分离中纵剖面扭矩、中纵剖面纵向剪切力、中横剖面垂向弯矩、甲

板横向加速度、甲板纵向加速度、甲板垂向加速度。本案例中，选取前 4 种典型载荷进行
介绍。

　　在计算波浪载荷前需要先选取载荷面，其中横向分离力、纵向剪切力、横向扭转力矩
均取在平台的中纵剖面处，而垂向弯矩取在平台的中横剖面处，选取剖面载荷的位置如
图 8-8 所示。通过剖面载荷幅值响应算子（RAO），如图 8-9 所示，筛选得到该极值对应的
设计波参数见表 8-4，以此设计波与浮体相互作用得到作用于浮体湿表面的水动压力，同
时考虑静水压力作为环境波浪力施加到结构模型进行强度评估。

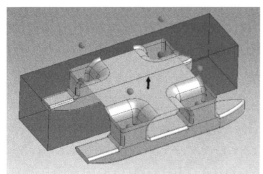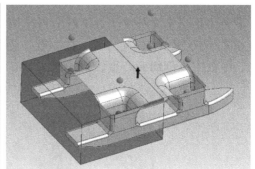

图 8-8　中纵剖面与中横剖面

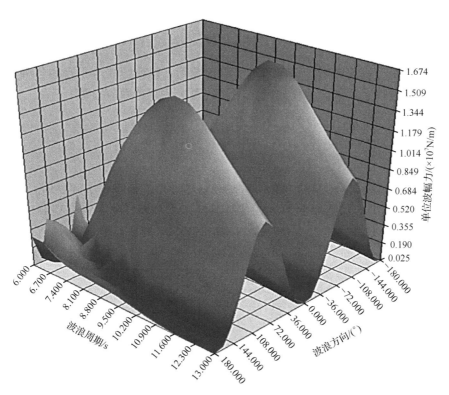

图 8-9　作业工况下横向分离力的 RAO

表 8-4　设计波参数

工况	波浪方向/(°)	周期/s	相位/(°)	波幅/m	载荷/N 或（N·m）
作业工况横向分离	-90	10	6.90	2.12	3.54×10^7
作业工况垂向弯矩	0	9.5	35.6	2.18	5.84×10^8
作业工况纵向剪切	15	6.5	-178	3.33	1.53×10^7
作业工况横向扭转	60	8.5	-156	2.36	4.06×10^8

3．作业工况总强度分析

下面仅给出横向分离状态下的分析结果。横向分离状态下总体结构及内部板架的结构响应如图 8-10 所示。横向分离力的主要作用是使两侧下浮体向外侧分离，立柱与甲板的连接处、甲板中纵剖面会产生较大的应力分布区。

（a）结构变形　　　　　　　　　　　（b）应力分布

图 8-10　作业工况下横向分离状态总体结构响应

值得注意的是，横向分离、垂向弯矩、纵向剪切、横向扭转等平台的各种典型承载状态是同时发生的总体载荷效应，仅仅是在不同的工况下某种效应显著。

习　　题

1．总结船舶与海洋工程结构物结构有限元强度评估的通用环节和要求。

2．除本书所列的船型和平台形式，了解其他船型和海洋平台的结构强度有限元评估做法。

习 题 答 案

第 1 章

1. 海洋平台结构规范中对于平台结构设计与强度评估的技术体系和船舶结构规范有何不同？其原因是什么？

答：船舶规范中给出了各船型结构强度评估和设计要求，一般包括载荷、船体梁强度、船体局部尺寸、直接强度分析、屈曲、疲劳、其他结构以及上层建筑等部分内容。要求船舶应设计为能在完整条件下，针对恰当的装载工况，承受设计寿命中预期的环境条件。

海洋平台结构规范中对于平台结构设计与强度评估的技术体系和船舶结构规范相似，但也有所不同。海洋平台规范首先给出了环境载荷的计算方法，包括风载荷、波浪载荷、流载荷、甲板载荷以及涡激振动载荷等；其次给出了结构设计通则，包括构件尺寸要求、结构分析方法、结构强度（包括屈服、屈曲和疲劳强度）校核方法、节点连接强度和细部设计方法、局部加强和井架结构强度校核方法；最后考虑到不同平台（包括自升式平台、柱稳式平台、坐底式平台、水面式平台、坐底箱形平台等）结构与作业特点，给出了各类平台具有特殊性的结构强度评估方法。

海洋平台与船舶规范存在不同的主要原因有：结构形式不同、发展历史不同。

2. 相较于规范方法，船舶结构强度直接计算方法的优点和缺点是什么？

答：船舶结构强度直接计算方法是随着结构有限元分析方法和波浪载荷理论预报方法的发展建立起来的。结构有限元分析方法将船体结构离散为能够模拟船体结构的微观细节的有限个单元，可准确求出各个构件或区域的变形与应力。波浪载荷理论预报方法能够根据船舶与海洋平台的实际航行或工作海况，考虑船舶与平台的船型特点，对波浪载荷进行准确的预报。将两种方法结合起来形成的直接计算方法是目前船体强度分析中能够体现使用环境和结构特点的一种先进的结构分析方法。相较于规范方法，直接计算方法建模分析较为复杂，需要熟悉相关软件及原理。

3. 船舶与海洋平台结构强度校核一般包括哪些内容？

答：船舶与海洋平台结构强度校核一般包括屈服强度校核、屈曲强度校核以及疲劳强度校核，有的还包括极限强度校核。

第 2 章

1. 如何获得实际船舶的重量分布曲线?

答: 通常将船舶重量按 20 个理论站距分布 (民船艉-艏, 军船艏-艉编排), 用每段理论站距间的重量作出阶梯形曲线, 并以此来代替重量曲线。作梯形重量曲线时, 应使每一项重量的重心在船长方向坐标不变, 其重量分布范围与实际占据的范围应大致对应, 而每一项理论站距内的重量则当作均匀的。最终, 重量曲线下所包含的面积应等于船体重量, 该面积的形心纵向坐标应与船体重心的纵向坐标相同。

实际做法: 将船舶重量分成全船性重量和局部性重量, 分别处理, 再在同一理论站距内合并各项重量。

全船性重量的分配方法如下。

围长法: 假设船体结构单位长度重量和剖面围长成比例。

$$w(x) = Wh \cdot l(x) / A$$

抛物线法: 假定船体和舾装品构成的曲线可用抛物线和矩形之和表示。总重量的一半作为均匀分布, 另一半按抛物线分布。

梯形法: 重量分布用梯形曲线表示。

2. 说明计算船舶静水剪力、弯矩的主要步骤。

答:

原理: 认为船是在重力、浮力作用下平衡于波浪上一根自由-自由梁。

步骤: (1) 获得船舶重量数据和型值, 绘出船舶重量分布曲线 $w(x)$。

(2) 根据邦戎曲线得出某一吃水下的平衡位置和浮力曲线 $b(x)$。

(3) 计算载荷曲线 $q(x) = w(x) - b(x)$。

(4) 利用积分法或截面法得到剪力弯矩曲线。

$$\begin{cases} N(x) = \int_0^x q(x)\mathrm{d}x \\ M(x) = \int_0^x N(x)\mathrm{d}x = \iint q(x)\mathrm{d}x\mathrm{d}x \end{cases}$$

3. 静置法对计算波浪的波型、波长、波高及与船舶相对位置做了怎样的规定。

答: 对于静置法, 标准波浪的波形取为坦谷波, 计算波长等于船长, 波高则随波长变化 (依据统计资料或经验公式求得)。波船相对位置: 中拱 (波峰在船舯) 和中垂 (波谷在船舯) 两种典型状态。

4．区别下列名词的不同含义：静水弯矩、波浪弯矩、波浪附加弯矩。

答：静水弯矩：指在静水中船体在重力和浮力的总载荷作用下发生弯曲变形产生的弯矩。

波浪弯矩：静水弯矩与波浪附加弯矩之和。

波浪附加弯矩：指在波浪中由于吃水变化引起浮力的变化从而产生的弯矩。

5．海洋环境载荷主要包括哪些载荷，它们各有何特点。

答：环境载荷是指直接或间接由自然环境引起的载荷，如风、波浪、流、冰以及锚泊力。

各种环境载荷的特点如下：

风载荷：风载荷作用于海洋平台的上层建筑，是海洋平台主要环境载荷成分之一。风载荷与风速、风向、平台上层建筑高度、正投影面积、构件几何特征等因素相关。

波浪载荷：波浪载荷是直接作用于船体和平台浮体结构的外部载荷，直接作用于船体的载荷与船舶的航速、航向角、装载状态、海况等因素相关。

流载荷：流载荷直接作用于平台桩腿和浮体等结构上，对平台的稳性和强度产生影响，流载荷与流速、流向、构件几何特征等因素相关。

冰载荷：冰载荷作用主要表现为因海水流动携带的冰块对平台局部结构撞击，以及巨大冰块对平台的整体挤压，对平台局部强度和整体强度造成影响，冰载荷与冰的力学特性、尺寸与运动、桩腿结构力学与几何参数相关。

锚泊力：锚泊力是由风、浪、流间接引起的环境载荷，对平台的运动、平台局部结构与系泊缆强度产生影响。锚泊力与布锚形式、直接作用于平台的风、浪、流载荷相关。

6．长方形浮码头，长 20m、宽 5m、深 3m，空载时吃水为 1m（淡水）。当其中部 8m 范围内承受均布载荷时，吃水增加至 2m，如图 2-38 所示。假定浮码头船体重量沿其长度方向均匀分布，试绘出该载荷条件下的浮力曲线、载荷曲线、剪力曲线和弯矩曲线，并求出最大剪力和最大弯矩值。

答：单位长度浮力

$$\Delta b = \frac{LB(T-T_0)\gamma}{L} = 50\text{kN/m}$$

均布载荷

$$ql_0 = \Delta bL \Rightarrow q = 125\text{kN/m}$$

所以

$$q_s(x) = -50 + 125\|_6 - 125\|_{14} \quad \text{（原点取在船艉）}$$

$$N_s(x) = -50x + 125(x-6)\|_6 - 125(x-14)\|_{14}$$

$$M_s(x) = -25x^2 + \frac{1}{2} \times 125(x-6)^2\|_6 - \frac{1}{2} \times 125(x-14)^2\|_{14}$$

7. 长方形货驳长 $L = 10\text{m}$，均匀装载正浮于静水中。假定货驳自重沿船长均匀分布，且在货驳中央处加一集中载荷 $P = 100\text{kN}$，如图 2-39 所示。试绘出其载荷、剪力和弯矩曲线。

答：P 引起附加浮力 Δb，根据静力平衡条件为

$$\Delta b = \frac{P}{L} = \frac{100}{10} = 10(\text{kN/m})$$

所以

$$q(x) = -\Delta b$$

由截面法：

$$N(x) = \begin{cases} -\Delta b \cdot x = -\dfrac{P}{L} \cdot x, & 0 \leqslant x \leqslant \dfrac{L}{2} \\[2mm] p - \Delta b \cdot x = P - \dfrac{P}{L} \cdot x, & \dfrac{L}{2} < x \leqslant L \end{cases}$$

$$M(x) = \begin{cases} -\Delta b \cdot \dfrac{x^2}{2} = -\dfrac{P}{L} \cdot \dfrac{x^2}{2}, & 0 \leqslant x \leqslant \dfrac{L}{2} \\[2mm] p\left(x - \dfrac{L}{2}\right) - \dfrac{P}{L} \cdot \dfrac{x^2}{2}, & \dfrac{L}{2} < x \leqslant L \end{cases}$$

载荷曲线：

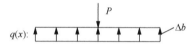

剪力曲线：

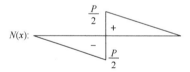

弯矩曲线：

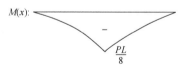

由 q-N-M 曲线可知：

$$N_{\max} = \pm\frac{P}{2} = \pm 50\text{kN}, \qquad M_{\max} = -\frac{PL}{8} = -\frac{100 \times 10}{8} = 125(\text{kN} \cdot \text{m})$$

8. 长方形驳船长 $L = 50\text{m}$、宽 $B = 10\text{m}$、高 $H = 6\text{m}$，正浮于静水中。已知其自重沿船长均匀分布，其集度为 $w = 200\text{kN/m}$，在甲板中部向艏、艉各 $l = 10\text{m}$ 的范围内堆放了 $q = 500\text{kN/m}$ 的均布载荷。

（1）试绘出其在静水中的载荷、剪力和弯矩曲线，并求船舯处的弯矩值；

（2）若船体静置于一波高 $h = 3\mathrm{m}$、波长 $\lambda = 50\mathrm{m}$ 的正弦波中，试计算当波峰位于船舯时的波浪附加弯矩和合成弯矩。水的比重取 $\gamma = 10\mathrm{kN/m}^3$。

答：（1）静水中空船 $w = 200\mathrm{kN/m}$，$b(x) = 200\mathrm{kN/m}$

$$b(x) = \gamma w(x) = \gamma \cdot B \cdot T$$

所以

$$T = \frac{b(x)}{\gamma \cdot B} = 2 \quad (\mathrm{m})$$

按照静力平衡条件，确定新浮力分布：

$$q \cdot 2L = \Delta b_1(x) \cdot L$$

所以

$$\Delta b_1(x) = 200\mathrm{kN/m}$$

则

$$\Delta T_1 = 2\mathrm{m}, \text{即} T_1 = 4\mathrm{m}$$

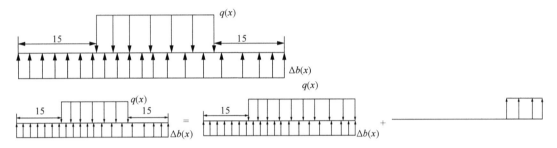

$$q(x) = -200 + 500\|_{15} - 500\|_{35}$$
$$N(x) = -200x + 500(x-15)\|_{15} - 500(x-35)\|_{35}$$
$$M(x) = -100x^2 + 250(x-15)^2\|_{15} - 250(x-35)^2\|_{35}$$

（2）

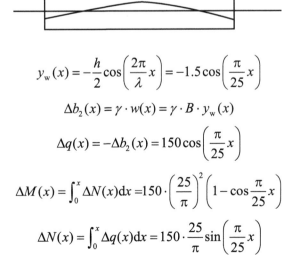

$$y_{\mathrm{w}}(x) = -\frac{h}{2}\cos\left(\frac{2\pi}{\lambda}x\right) = -1.5\cos\left(\frac{\pi}{25}x\right)$$

$$\Delta b_2(x) = \gamma \cdot w(x) = \gamma \cdot B \cdot y_{\mathrm{w}}(x)$$

$$\Delta q(x) = -\Delta b_2(x) = 150\cos\left(\frac{\pi}{25}x\right)$$

$$\Delta M(x) = \int_0^x \Delta N(x)\mathrm{d}x = 150 \cdot \left(\frac{25}{\pi}\right)^2\left(1 - \cos\frac{\pi}{25}x\right)$$

$$\Delta N(x) = \int_0^x \Delta q(x)\mathrm{d}x = 150 \cdot \frac{25}{\pi}\sin\left(\frac{\pi}{25}x\right)$$

9. 某箱形船长 100m、宽 18m，在淡水中正浮时吃水为 5m。假定船体重量沿船长均匀分布，现将一重量为 150t 的物体置于船艉处。

（1）求船体平衡时的平均吃水和纵倾角；

（2）计算船体的最大剪力值和最大弯矩值。

答：

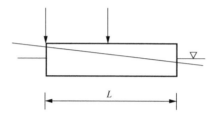

（1）设施加重物后平均为 $\bar{d}$，纵倾角为 α。

由题设知：

$$d_0 = 5\text{m}$$

$$\gamma = 1\text{tf/m}^3$$

$$P = 150\text{tf}$$

由整体平衡：

$$\begin{cases} \gamma \cdot L \cdot B \cdot (\bar{d} - d_0) = P \\ 2 \cdot \gamma \cdot \left[\dfrac{1}{2} \cdot \dfrac{L}{2} \cdot \left(\dfrac{L}{2} \alpha \right) \cdot B \cdot \left(\dfrac{2}{3} \cdot \dfrac{L}{2} \right) \right] = P \cdot \dfrac{1}{2} \end{cases}$$

可解：

$$\bar{d} = 5.0833\,\text{m}, \quad \alpha = 0.286°$$

（2）驳船吃水的函数表达为

$$d(x) = \bar{d} - \left(x - \dfrac{L}{2} \right) \cdot \alpha$$

原点取在船艉

$$q(x) = -\gamma \cdot B \cdot [d(x) - d_0] = 6 - 0.09x$$

$$N(x) = \int_0^x q(x)\mathrm{d}x = 150 - 6x + 0.045x^2$$

$$M(x) = \int_0^x N(x)\mathrm{d}x = 150x - 3x^2 + 0.015x^3$$

$$N_{\max} = 150\mathrm{tf}$$

$$M_{\max} = 0.22 \times 10^4\,\mathrm{tf} \cdot \mathrm{m}$$

第 3 章

1. 船体总纵强度校核通常包括哪三项主要内容？

答：通常包括总合正应力、剪应力、极限弯矩。

2. 举例说明船体结构中，什么是纵向构件，什么是横向构件？它们对船体总纵强度的贡献有何不同？

答：纵向构件是指沿着船身纵向方向布置的构件，如纵骨、纵向桁材等。横向构件是指沿着船体横向方向布置的构件，如肋板等。

纵向构件主要是支撑船体的纵向载荷，在船体总纵强度中贡献较大。横向构件主要是承担横向强度，配合纵向构件，增加船体整体的结构刚度，使得船体能够更好地抵抗不同方向的荷载。

3. 何谓"等值梁"？在计算船体总纵弯曲正应力 σ_1 的过程中，要逐步近似的主要原因是什么？

答：在计算总纵弯曲应力时，通常将实际船体结构视为一根具有与原结构相当抗弯刚度的实心直梁来处理，称为等值梁假设。

要逐步近似的主要原因：一些柔性构件在受到压力作用时发生皱折现象，从而使构件中的应力分布发生变化，使得与之相连的刚性构件中的应力大大提高，有可能导致结构的损坏。从折减系数的计算中可以看出，该值的大小与总纵弯曲应力有关，而计算总纵弯曲应力时又假定折减系数已知，因此总纵弯曲应力的计算必定是个逐步近似的过程。

4. 船舯横剖面如图 3-15 所示，其内底高 h 与型深 H 之比 $h/H=2/7$，最小剖面模数为 W。又已知 b 点和 c 点的总纵弯曲正应力（第一近似）之比为 1/3。若剖面弯矩为 M，求图中 a、b、c 各点的总纵弯曲正应力。

答：设中和轴距船底为 e，由弯曲正应力公式：

$$\begin{cases} \sigma_a = \dfrac{M}{I}(H-e) \\[2mm] \sigma_b = \dfrac{M}{I}(h-e) \\[2mm] \sigma_c = \dfrac{M}{I}(0-e) \end{cases}$$

已知：$\sigma_b : \sigma_c = 1 : 3$ ，得 $e = \dfrac{3}{2}h = \dfrac{3}{7}H$ ，代入上式得

$$\begin{cases} \sigma_a = \dfrac{M}{I}\left(\dfrac{4}{7}H\right) \triangleq \dfrac{M}{W} \\[2mm] \sigma_b = \dfrac{M}{I}\left(-\dfrac{1}{7}H\right) = -\dfrac{1}{4}\dfrac{M}{W} \\[2mm] \sigma_c = \dfrac{M}{I}\left(-\dfrac{3}{7}H\right) = -\dfrac{3}{4}\dfrac{M}{W} \end{cases}$$

5. 某船舯剖面如图 3-16 所示，其几何特性如下：全剖面面积 $A = 5000\,\text{cm}^2$ ，中和轴距基线高度 $e = 6\text{m}$ ，剖面惯性矩 $I = 30000\,\text{cm}^2 \cdot \text{m}^2$ ，甲板剖面模数 $W_d = 6000\,\text{cm}^2 \cdot \text{m}$ 。因加工装配时发生差错，误将上下甲板的纵桁互相调换（即上甲板装配了 4 根截面积各为 $f_2 = 15\,\text{cm}^2$ 的小纵桁，而下甲板装配了 4 根截面积各为 $f_1 = 25\,\text{cm}^2$ 的大纵桁）。若已知型深 $H = 11\text{m}$ ，两层甲板的间距 $d = 2.5\text{m}$ ，试计算实际的甲板剖面模数 W_d' 。

答：取原中和轴为参考轴， $A' = A = 5000\,\text{cm}^2$

$$\Delta B = 4 \times (f_2 \times 5 + f_1 \times 2.5 - f_2 \times 2.5 - f_1 \times 5) = -100\,\text{cm}^2 \cdot \text{m}$$

$$B' = B + \Delta B = 0 - 100 = -100\,\text{cm}^2 \cdot \text{m}$$

$$\Delta C = 4 \times (f_2 \times 5^2 + f_1 \times 2.5^2 - f_2 \times 2.5^2 - f_1 \times 5^2) = -750\,\text{cm}^2 \cdot \text{m}^2$$

$$C' = C + \Delta C = 30000 - 750 = 29250\,\text{cm}^2 \cdot \text{m}^2$$

$$\varepsilon = \frac{B'}{A'} = -0.02\text{m}$$

$$I' = C' - \frac{B'^2}{A'^2} = 29248\,\text{cm}^2 \cdot \text{m}^2$$

$$W' = \frac{I'}{H - e - \varepsilon} = 5826\,\text{cm}^2 \cdot \text{m}^2$$

6. 说明船体局部弯曲正应力 σ_2 、 σ_3 和 σ_4 的含义。

答：分别对应的含义是：板架弯曲应力、纵骨弯曲应力、板的弯曲应力。

7. 在进行船体总纵强度校核时，应如何选择计算剖面的数目及位置？

答：通常选取 3～5 个危险截面，选择弯矩最大（船中附件）、剖面最弱（甲板大开口处）、剪力最大（距船艉 1/4 附近）的位置。

8. 某船舯横剖面如图 3-17 所示，型深 $H = 10\text{m}$ ，全剖面面积 $F = 4000\,\text{cm}^2$ ，甲板横梁间距 $a = 150\text{cm}$ ，纵骨间距 $b = 40\text{cm}$ 。已知在总纵弯曲正应力 σ_1 的第一近似计算中，剖面计算弯矩（波峰位于船舯）为 $M = 50000\,\text{kN} \cdot \text{m}$ ，甲板和外底板的正应力分别为 $\sigma_{1a} = 120\,\text{N/mm}^2$ ， $\sigma_{1b} = -80\,\text{N/mm}^2$ 。

（1）求剖面的中和轴位置，全剖面的惯性矩 I 和最小剖面模数 $W_{\min}$。

（2）在中垂极限弯矩校核中，仅①号甲板板失稳（该板尺寸为 6mm×2000mm）。设船体钢材的屈服极限 $\sigma_s = 240\text{N/mm}^2$。问：剖面中和轴将如何移动？极限剖面模数 W_S 是多少？这里只要求做一次近似计算即可。

答：（1）设中和轴与船体基线的距离为 e，则有

$$\frac{H-e}{0-e} = \frac{\sigma_{1a}}{\sigma_{1b}} \Rightarrow e = 4 \quad (\text{m})$$

$$z_a = H - e = 10 - 4 = 6(\text{m}) > \frac{1}{2}H$$

$$I = \frac{M \cdot z_a}{\sigma_{1a}} = 25000 \quad (\text{cm}^2 \cdot \text{m}^2)$$

$$W_{\min} = \frac{M}{\sigma_{1a}} \approx 4167 \quad (\text{cm}^2 \cdot \text{m})$$

（2）
$$\sigma_E = 80\left(\frac{100 \times 6}{400}\right)^2 = 180 \quad (\text{N/mm}^2)$$

$$\phi = \frac{\sigma_E}{\sigma_S} = \frac{180}{240} = 0.75$$

$$\Delta A = A_{\text{柔}}(1-\phi) = \frac{0.6 \times 200}{2} \times (1 - 0.75) = 15 \quad (\text{cm}^2)$$

$$\begin{cases} A_2 = F - \Delta A = 4000 - 15 = 3985 \\ B_2 = 0 - \Delta A \cdot z_a = -90 \\ C_2 = I - \Delta A \cdot z_a^2 = 24460 \end{cases}$$

$$\Delta \varepsilon = \frac{B_2}{A_2} = \frac{-90}{3985} \approx -2.3\text{cm}，\text{即中和轴向下移动 2.3cm}$$

$$I_2 = C_2 - \frac{B_2^2}{A_2} \approx 24458 \quad (\text{cm}^2 \cdot \text{m}^2)$$

$$W_S = W_2 = \frac{I_2}{z_a - \Delta \varepsilon} \approx 4061 \quad (\text{cm}^2 \cdot \text{m})$$

9. 在船体结构的局部强度计算中，对于外部构件和内部构件，分别需要考虑哪些主要载荷？

答：外部构件要考虑波浪偶遇压力。

内部构件：

（1）船体的中间甲板、内底板和水密舱壁——破损水压；

（2）油水舱周界——偶遇液压、经常液压。

10. 某船舯剖面如图 3-18 所示。设型深为 H，全剖面面积为 F。中和轴距基线高度为 $0.4H$，剖面对中和轴的惯性矩为 $0.11408FH^2$。若在中拱极限弯矩校核中，仅内底板失稳。设内底板距基线高度为 $0.2H$，其面积为 $0.05F$。已知内底板的欧拉应力 $\sigma_E = 0.2\sigma_s$，其中 σ_s 为钢材的屈服极限。试计算：

（1）内底板的减缩系数。

（2）剖面的中拱极限弯矩 Mj 与 $\sigma_s FH$ 之比是多少？

答：（1）以中和轴为参考轴

$Z_{\max} = 0.6H$，甲板达到屈服极限，则内底板处应力为

$$\sigma_1 = \frac{Z_1}{Z_{\max}}\sigma_s = \frac{-0.2H}{0.6H}\sigma_s = -\frac{1}{3}\sigma_s$$

内底板欧拉应力：$\sigma_E = 0.2\sigma_s$，故内底板减缩系数为

$$\varphi_1 = \frac{\sigma_E}{\sigma_1} = \frac{0.2\sigma_s}{-\left(-\dfrac{1}{3}\sigma_s\right)} = 0.6$$

（2）以中和轴为参考轴

内底板减缩面积：

$$\Delta A = A_{柔} \times (1-\varphi) = 0.05F \times 0.5 \times (1-0.6) = 0.01F$$

内底板减缩后面积：

$$A' = A - \Delta A = 0.99F$$

修正后的船体剖面中和轴与参考轴的距离：

$$\Delta e = \frac{A \times 0 - \Delta A \times Z_1}{A'} = \frac{-0.01F \times (-0.2H)}{0.99F} = \frac{1}{495}H$$

修正后的甲板距参考轴距离：

$$Z'_{\max} = \left(0.6 - \frac{1}{495}\right)H$$

修正后的船体剖面对参考轴的惯性矩：

$$I' = I - \Delta A \times Z_1^2 - A' \times \Delta e^2$$

$$= 0.11408FH^2 - 0.01F \times (0.2\mathrm{H})^2 - 0.99F \times \left(\frac{1}{495}H\right)^2$$

$$= 0.113676FH^2$$

$$W_{\mathrm{I\,min}} = \frac{I}{Z_{\max}} = \frac{0.11408FH^2}{0.6H} = 0.19013FH$$

$$W_{\mathrm{II\,min}} = \frac{I'}{Z'_{\max}} = \frac{0.113676FH^2}{\left(0.6 - \dfrac{1}{495}\right)H} = 0.19010FH$$

极限弯矩：

$$M_j = \sigma_s \times W_{\text{II min}} = 0.19010\sigma_s FH$$

则

$$\frac{M_j}{\sigma_s FH} = 0.1901$$

11．某船甲板为纵骨架式，其舯剖面如图 3-19 所示。甲板板①和②的尺寸分别为 6mm×2100mm 和 8mm×900mm（板厚×板宽）。型深 $H=7$m，内底高 $h=2$m，纵骨间距 $b=60$cm。在总纵弯曲正应力 σ_1 的第一次近似计算中，已知中垂状态时的内底板和外底板的正应力分别为 $\sigma_{1b}=25\text{N/mm}^2$，$\sigma_{1c}=75\text{N/mm}^2$。求：

（1）甲板板的总纵弯曲正应力 σ_1；

（2）甲板板①和②的减缩系数 φ_1 和 φ_2；

（3）甲板板的被减缩掉面积，即非工作面积 ΔA（按半剖面计算）。

答：（1）$\sigma_1(z)$ 呈线性分布，可得

$$\sigma_1 = \frac{H}{h}(\sigma_{1b} - \sigma_{1c}) + \sigma_{1c} = -100\text{N/mm}^2$$

（2）欧拉应力计算公式：

$$\varphi = \frac{\sigma_E}{\sigma_1}$$

$$\sigma_{E1} = 80 \times \left(\frac{100 \times 0.6}{60}\right)^2 = 80 \quad (\text{N/mm}^2)，\quad \varphi_1 = \frac{\sigma_{E1}}{-\sigma_1} = \frac{80}{100} = 0.8$$

$$\sigma_{E2} = 80 \times \left(\frac{100 \times 0.8}{60}\right)^2 = 142 \quad (\text{N/mm}^2)，\quad \varphi_2 = \frac{\sigma_{E2}}{-\sigma_1} \geqslant 1 = 1$$

（3）

$$A_{\text{柔}} = \frac{1}{2} \times 0.6 \times 210 = 63 \quad (\text{cm}^2)$$

$$\Delta A = A_{\text{柔}}(1 - \varphi_1) = 12.6 \quad (\text{cm}^2)$$

12．对某船舯舱段进行总强度校核，其剖面如图 3-20 所示，其中 $H=6.3$m，$h=0.9$m。已知 $\sigma_{1b}=-40\text{N/mm}^2$，$\sigma_{1c}=-60\text{N/mm}^2$。假定 σ_2 可按两端刚固定的单跨梁进行简化计算，计算出舱壁处的正应力 $\sigma_{2b}=-10\text{N/mm}^2$，$\sigma_{2c}=10\text{N/mm}^2$。又给定许用应力 $[\sigma_1]=120\text{N/mm}^2$，$[\sigma_1+\sigma_2]=144\text{N/mm}^2$。试校核舱壁及跨中剖面处 a、b、c 三点的总和正应力。

答：根据题中给出的条件，可以由 σ_{1b}、σ_{1c} 的值求出 σ_{1a}，首先通过总纵弯曲正应力计算公式 $\sigma = \dfrac{M}{I}Z$，得

$$\sigma_{1b} = \frac{M}{I}Z_b，\quad \sigma_{1c} = \frac{M}{I}Z_c$$

由题意可知

$$[Z_c] = [Z_b] + 0.9, \quad \frac{\sigma_{1b}}{\sigma_{1c}} = \frac{Z_b}{Z_c} = \frac{40}{60} = \frac{2}{3}$$

联立这两个公式可以求出

$$Z_b = -1.8\text{m}, Z_c = -2.7\text{m}$$

于是

$$Z_a = H - [Z_c] = 6.3 - 2.7 = 3.6 \quad (\text{m})$$

由 $\dfrac{\sigma_{1a}}{\sigma_{1b}} = \dfrac{Z_a}{Z_b} = -2$，可以推出 a 处 $\sigma_{1a} = 80\text{N/mm}^2$。

因为 a 为甲板，所以只存在 σ_1，a 处的总应力：$\sigma_a = 80\text{N/mm}^2$，$\sigma_a < \sigma_1$，符合许用应力要求。

对于 b 处，同时存在 σ_1 和 σ_2，并且要分舱壁和跨中处两个位置计算，由题已知舱壁处，$\sigma_{1b} = -40\text{N/mm}^2$，$\sigma_{2b} = -10\text{N/mm}^2$。

那么舱壁处得总应力 $\sigma_{b壁总} = \sigma_{1a} + \sigma_{2b} = -50\text{N/mm}^2 < [\sigma_1 + \sigma_2]$ 符合许用应力要求。

对于 b 处跨中处，$\sigma_{1b} = -40\text{N/mm}^2$，由简化模型可知跨中处的 σ_{2b} 为舱壁处的一半且取反号，也就是 $\sigma_{2b} = -\dfrac{-10}{2} = 5(\text{N/mm})^2$。

那么跨中处的总应力 $\sigma_{b跨中总} = \sigma_{1b} + \sigma_{2b} = -35\text{N/mm}^2 < [\sigma_1 + \sigma_2]$ 符合许用应力要求。

对于 c 处有

舱壁处：$\qquad\qquad\qquad \sigma_{1c} = -60\text{N/mm}^2, \sigma_{2c} = 10\text{N/mm}^2$

由题已知：$\qquad\qquad \sigma_{c壁总} = \sigma_{1c} + \sigma_{2c} = -50\text{N/mm}^2 < [\sigma_1 + \sigma_2]$

跨中处：$\qquad\qquad\quad \sigma_{1c} = -60\text{N/mm}^2, \sigma_{2c} = -\dfrac{10}{2}\text{N/mm}^2 < [\sigma_1 + \sigma_2]$

则 $\qquad\qquad\qquad\qquad \sigma_{c跨中总} = \sigma_{1c} + \sigma_{2c} = -65\text{N/mm}^2 < [\sigma_1 + \sigma_2]$

13. 在船体局部强度计算中，选择不同许用应力的主要依据是什么？

答：主要依据是载荷的性质和构建的重要程度。

$$\begin{cases} 经常载荷：[\sigma] = 0.6\sigma_S, \quad [\tau] = 0.3\sigma_S \\ 偶然载荷：[\sigma] = 0.8\sigma_S, \quad [\tau] = 0.4\sigma_S \end{cases}$$

第 4 章

1. 在船体结构的局部强度计算中，对于外部构件和内部构件，分别需要考虑哪些主要载荷？

答：对于外部构件，考虑偶然波浪压力；对于内部构件，考虑中间甲板、内底板和水密舱壁的破损水压以及液舱周界构件的液压。

2. 在船体结构的局部强度计算中，对于露天甲板、内底板，分别需要考虑哪些主要载荷？

答：对于露天甲板，考虑波浪偶然压力、固定载荷、经常性载荷、人群重量；对于内底板，考虑破损压头、偶然液压、经常性载荷、固定载荷。

3. 在纵骨架式的船体底部板架局部强度计算中，怎样选取主向梁和交叉构件？如何才能相对准确地确定该板架的边界条件？

答：选取实肋板作为主向梁，纵骨为交叉构件。对于船体底部板架的局部强度计算，可以将该板架视为简支梁或固支梁，并根据实际情况选择适当的支座条件。此外，为了相对准确地确定边界条件，还需考虑板架的实际工作情况和受力特点。根据实际情况对边界条件进行验证和优化，可以提高计算精度和结果的可靠性。

4. 船体局部强度计算中，选择不同许用应力的主要依据是什么？

答：主要依据是载荷性质和构件类型。

5. 何谓纵骨架式与横骨架式？在船体结构设计中采用纵骨架式的主要目的是什么？

答：纵骨架式是指板格长边与船长方向平行的板架形式，横骨架式是指板格长边与船长方向平行的板架形式。采用"纵骨架式"的主要目的是提高船体的强度和刚度，使其更能适应复杂的水动力载荷。

6. 若船体总纵强度满足要求，能否保证其局部强度也自然满足？为什么局部强度计算的应力不与总纵强度计算中的应力（σ_1、σ_2、σ_3 和 σ_4）相叠加？

答：不能。不同的局部结构强度计算考虑其所处的区域、所受的载荷和边界条件与总纵强度是不同的。

7. 对于军船和海船而言，为什么其底部和上甲板骨架的设计通常采用纵骨架式？

答：军船和海船的船长比较大，纵向弯矩比较大，而底部和甲板的应力最大，纵骨架式的纵向强度比横骨架式大，为满足足够的纵向强度，故采用纵骨架式。

8. 横舱壁在船舶设计中起什么作用？

答：提高纵向构件刚度，间接保证总纵强度；保证横向载荷作用下的局部强度；保证横向总强度的主要构件；分割舱室，保证船体不沉性。

9. 在船体横舱壁上加设的支条通常取作垂向布置，其主要目的是什么？

答：其主要目的是考虑到甲板与船底竖向作用力的传递，与上下纵骨相连，有利于甲板和底部垂向力传递。

10. 在上层建筑与主船体连接处相互作用的垂向力和水平剪力，它们对上层建筑的单独作用效果有何不同？

答：水平剪力使上层建筑产生与主船体方向相反的弯曲变形，阻止上层建筑与主船体的纵向相对位移；垂向力使上层建筑产生"同向弯曲"，阻止上层建筑与主船体的垂向分离。

11. 简述关于上层建筑参与总纵弯曲计算的组合杆理论的基本原理。通常在什么情况下需要采用这一理论？

答：组合杆理论的基本原理是上层建筑与主船体作为两根不同的梁，各自遵循"平断面"假设且彼此间满足变形协调条件。计算上层建筑应力分布时，采用这一理论。

12. 何谓"剪切滞后"现象？为什么上层建筑参与总纵弯曲的计算应考虑"剪切滞后"的影响？

答："剪切滞后"现象是指在一个长而细的结构（如一根梁或桥梁）中，由于自身的刚度和屈曲形变，上面的应力与下面的应力之间存在差距。由于不同截面之间存在刚度的变化，每个截面上应力或挠度的分布是不连续的。当结构发生纵向弯曲运动时，结构的上部和下部所受的应力是不同的，由此产生的差异导致两部分结构的弯曲程度不同。如果这种差异不加考虑，最终计算出来的结果会偏大，造成误差。

13. 说明上层建筑端部在它与主船体相连接处产生应力集中现象的原因。

答：在上层建筑端部与主船体连接处，断面形状发生突然变化，使得该处主船体结构中产生应力集中现象。

第 5 章

1. 船体产生扭转的原因是什么？

答：船舶在斜浪中航行时，由于两舷吃水不同，在船前半部分和后半部分产生的横向力相反，产生扭矩使得船体产生扭转。

2. 在扭转时，船体所受的外力有哪些？

答：浮力、风浪力、左右舷吃水不同引起的横向力。

3. 开口薄壁杆件自由扭转计算原理是什么？

答：在进行自由扭转计算时，需要将杆件简化为一根长条形的弹性体，并假设它满足线性弹性力学模型的基本假设,另外还需要满足弗拉索夫的刚周边假定(在小变形情况下,可以认为杆件扭转后断面在其原来平面上的投影形状与原断面形状相同)。

4. 如何判定薄壁杆件的弯曲和扭转是否耦合?

答:薄壁杆件的弯曲和扭转是否耦合与杆件断面的形状有关。当杆件的所有断面均有两条相互垂直的对称轴时,弯曲和扭转不发生耦合。当杆件的断面有一条对称轴时,在对称轴平面内的弯曲与扭转不耦合,但与对称轴相互垂直的另一个方向的弯曲与扭转就发生耦合。最一般地,当薄壁杆件的断面是非对称的时候,两个方向的弯曲与扭转均发生耦合作用。

第 6 章

1. 焊接结构名义应力和热点应力的区别和联系是什么?

答:名义应力和热点应力是表征焊接构件疲劳强度的两种常用应力。名义应力一般定义为未被扰动的远端应力,热点应力包含了由结构形式引起的应力增加效应,但是不包括局部几何形状引起的非线性应力成分。一般用名义应力乘以相应的应力集中系数得到热点应力。

2. 采用有限元法计算热点应力的基本步骤是什么?

答:①建立有限元模型,划分网格;②提取参考点的应力;③线性外推得到焊趾处热点应力。

3. 工程中使用的 S-N 曲线一般代表多大的生存概率?

答:工程设计中应用的 S-N 曲线由相关试验数据的平均数减去两倍的标准偏差绘制而成,因此,得到的 S-N 曲线有 97.7% 的生存概率。

4. 发生疲劳破坏时,疲劳累积损伤值一般为多少?

答:Dallow 是发生疲劳破坏时的累积损伤值,即许用累积损伤值,一般取 1。需要注意的是,针对一些无法有效检测的可靠性要求高的重要结构构件,Dallow 会取小于 1 的值。

5. 长期疲劳应力范围一般服从什么分布?

答:应力范围在结构整个寿命期间的分布称为应力范围的长期分布。在疲劳评估的简化方法中,用双参数 Weibull 分布表示应力范围的长期分布。

6. 假设短期疲劳应力为窄带平稳正态随机过程,疲劳应力范围一般服从什么分布?

答:根据随机过程理论,若短期疲劳应力为窄带平稳正态随机过程,则应力范围服从 Rayleigh 分布。

7. 若实际疲劳应力为宽带随机过程，如何更准确地计算疲劳损伤？

答：对应宽带交变应力过程，雨流计数法能够根据一定的力学原理进行应力循环计数，是目前公认的计数方法，可以得到较为准确的疲劳损伤。

第 7 章

1. 当半潜式平台处于横浪状态，设计波长等于 2 倍的平台宽度，波峰位于平台中心线时，简述平台立柱和下浮体的受力特征。

答：该描述的状态主要参考书中最大分离力的工况，相关结构的受力已有具体描述。较大的分离力会导致双浮筒半潜式平台横向水平撑杆的最大轴向力，导致水平撑杆的拉伸。如果横向没有水平撑杆，浮筒的分离力将通过立柱传递到甲板，导致立柱与甲板连接处和甲板中纵剖面产生较大的弯矩。分析平台横向水平撑杆时，除了分离力产生的轴力之外，还应该考虑撑杆上的局部外压力。

2. 对半潜式平台进行强度校核，通常要考虑哪些工况？为什么要选多种工况进行强度校核？

答：确定平台承载状态时，需要对平台的受力情况进行分析筛选，得出平台总体或局部结构最不利的受力状态。根据理论分析和工程实践经验，同时也列入规范要求，半潜式平台强度校核主要考虑最大分离力、横向扭矩、纵向剪力、下浮体（浮筒）最大弯矩、甲板最大加速度（水平分量和垂向分量）等工况。多种工况可以充分反映平台不利的承载状态，更大范围覆盖承载最严重的整体和局部结构，保证结构安全。

3. 从桁架式 SPAR 平台的几何与结构形式角度，分析平台在运输、安装、在位作业状态下的强度特征。

答：运输阶段，干运时平台主体结构固定在运输驳船上，结构受力主要通过平台与运输驳船的动力耦合分析获得，同时考虑固定支撑结构力的传递作用；湿拖主要考虑平台水平自浮状态下静载荷和动载荷的作用，根据浮力、重力、局部压力的作用分析。

安装阶段，考虑浮卸、扶正不同环节及各中间状态的载荷和强度特征。

在位作业状态，考虑平台垂向深吃水阶段，在装载及风、浪、流等环境载荷作用下的强度特征。

4. 张力腿平台中张力筋腱结构的强度该如何分析计算？

答：张力筋腱结构强度主要包括①作业条件、极端条件下张力筋腱的最大和最小筋腱张力的评估；②对张力筋腱的屈曲和底部挠性单元接头的下冲程进行评估，表明没有因旋转或者垂荡而解锁筋腱；③对张力筋腱进行疲劳损伤计算，以验证张力筋腱具备足够的疲劳寿命。

5．张力筋腱的轴向刚度很大，高频激励下会产生哪些特有的现象？

答：张力筋腱具有较大的轴向刚度，在高频波浪载荷、陡波瞬态激励等载荷作用下，会产生高频振动。这两种非线性波浪载荷作用导致张力腿平台产生的高频响应现象，在当前的研究中称为弹振和颤振，高频振动对筋腱的疲劳会产生较大影响。

第 8 章

1．总结船舶与海洋工程结构物结构有限元强度评估的通用环节和要求。

答：船舶与海洋工程结构有限元强度评估主要包括如下环节。

载荷分析：确定装载重力载荷、环境载荷、惯性载荷（加速度）等。

结构建模：根据不同构件的承载特点，建立合理的有限元模型。

边界条件：根据总强度或局部强度分析目标，确定合理的边界条件，设置的边界条件对评估区域结构不会造成较大影响。

计算工况：根据对所评价结构最不利的载荷组合，确定计算工况。包括装载重力载荷、环境载荷、惯性载荷（加速度）等组合。

评估衡准：根据强度评估主要考察的类型（屈服、屈曲、疲劳），确定结构评估的标准屈服应力、临界应力、变形等许用值。

强度评估：主要包括结构的屈服强度、屈曲强度和疲劳强度评估三个方面。

2．除本书所列的船型和平台形式，了解其他船型和海洋平台的结构强度有限元评估做法。

答：根据书中集装箱船和半潜式平台结构强度有限元评估的分析基础，可参考散货船、油轮、张力腿平台等其他船型与海洋平台有限元强度评估的规范或其他文献资料，根据不同船型特点和平台结构形式来学习和体会。

参 考 文 献

陈伯真, 胡毓仁, 1998. 薄壁结构力学[M]. 上海: 上海交通大学出版社.

陈铁云, 陈伯真, 1980. 船舶结构力学[M]. 北京: 国防工业出版社.

胡毓仁, 李典庆, 陈伯真, 2010. 船舶与海洋工程结构疲劳可靠性分析[M]. 哈尔滨: 哈尔滨工程大学出版社.

刘波, 梁瑜, 2012. 深水桁架式 SPAR 平台干式拖航强度分析[J]. 中国造船, 53(2): 227-232.

罗勇, 2015. 浮式结构定位系统设计与分析[M]. 哈尔滨: 哈尔滨工程大学出版社.

斯曼斯基, 1980. 船舶结构力学手册(第 3 卷)[M]. 孙海涛, 译. 上海: 上海科学技术出版社.

孙丽萍, 闫发锁, 马刚, 等, 2017. 船舶与海洋工程结构物强度[M]. 哈尔滨: 哈尔滨工程大学出版社.

徐芝纶, 1979. 弹性力学[M]. 北京: 人民教育出版社.

杨代盛, 1981. 船体强度与结构设计[M]. 北京: 国防工业出版社.

杨永谦, 1994. 大开口船舶结构计算力学[M]. 北京: 人民交通出版社.

尤学刚, 周守为, 张秀林, 等, 2022. "深海一号"能源站建设实践与创新[J]. 中国工程科学, 4(3): 66-79.

张健祯, 杨玥, 闫发锁, 等, 2021. 非对称半潜平台结构承载均衡性比较研究[J]. 海洋工程装备与技术, 8(1): 51-58.

中华人民共和国船舶检验局, 1991. 内河建造规范[S]. 北京: 人民交通出版社.

中国船级社, 2020. 钢质海船入级规范[S]. 北京: 中国船级社.

中国船级社, 2020. 海上移动平台入级规范 [S]. 北京: 中国船级社.

中国船级社, 2021. 船体结构疲劳强度指南(GD 18—2021)[S]. 北京: 中国船级社.

中国船级社, 2022. 海洋工程结构物疲劳强度评估技术指南(GD 12—2022)[S]. 北京: 中国船级社.

American Petroleum Institute(API), 2005. Design and analysis of station-keeping systems for floating structures [S]. API RP 2SK. 3rd Edition.

BAI Y, JIN W L, 2015. Marine structural design[M]. Oxford: Elsevier.

HALKYARD J, 2013. Design and analysis of floating structures [M]. 3rd ed. Houstton: John Halkyard & Associates.

NIEMI E, FRICKE W, MADDOX S J, 2006. Fatigue analysis of welded components: designer's guide to the hot-spot stress approach[M]. Cambridge: Woodhead Publishing.

RADAJ D, SONSINO C M, FRICKE W, 2006. Fatigue assessment of welded joints by local approaches[M]. Cambridge: Woodhead publishing.

SHAMA M, 2013. Buckling of ship structures[M]. Berlin: Springer.

SOARES C G, MOAN T, 1991. Model uncertainty in the long-term distribution of wave-induced bending moments for fatigue design of ship structures[J]. Marine Structures, 4(4): 295-315.

SURESH C M, 2015. Design principles of ships and marine structures[M]. Boca Raton: Taylor and Francis CRC Press.

WIRSCHING P H, LIGHT M C, 1980. Fatigue under wide band random stresses[J]. Journal of the Structural Division, 106(7): 1593-1607.

YAO T, FUJIKUBO M, 2016. Buckling and ultimate strength of ship and ship-like floating structures[M]. Oxford: Elsevier.